U0936654

珍藏本·增订本

纪念版

汉译世界学术名著丛书

康德与形而上学疑难

〔德〕海德格尔 著

王庆节 译

商务印书馆
SINCE 1897
The Commercial Press

Martin Heidegger
Kant und das Problem der Metaphysik
Hrsg. von Friedrich-Wilhelm v. Herrmann

本书根据德国维托里奥·克劳斯特曼出版社 1991 年全集版第 3 卷译出

汉译世界学术名著丛书
（120 年纪念版·珍藏本）
增订本出版说明

2017 年 10 月，为纪念商务印书馆创立 120 周年，本馆推出“汉译世界学术名著丛书”（120 年纪念版·珍藏本），计七百种。近五六年来，仰赖学界同人倾力支持，订正旧译，增补新译，拓展新著，积累日多。为满足读者需要，本馆在七百种的基础上，继续推出“汉译世界学术名著丛书”（120 年纪念版·珍藏本·增订本）三百种。至此，“汉译世界学术名著丛书”累计出版已达千种。

今后，本馆将继续推进丛书的翻译出版工作，在积累单本名著的基础上陆续分辑刊行，汇印出版。为促进中外文明互鉴、推动我国学术发展，使“汉译世界学术名著丛书”这项对我国学术文化有基本建设意义的重大工程发挥更大作用，诚望海内外学术界、翻译界继续给予支持，帮助我们把这套丛书出得更好。

商务印书馆编辑部

2024 年 2 月

汉译世界学术名著丛书
（120年纪念版·珍藏本）
出 版 说 明

2017年2月11日，商务印书馆迎来120岁的生日。120年前，商务印书馆前贤怀揣文化救国的理想，抱持“昌明教育，开启民智”的使命，立足本土，放眼寰宇，以出版为津梁，沟通中西，为中国、为世界提供最富智慧的思想文化成果。无论世事白云苍狗，潮流左右激荡，甚至战火硝烟弥漫，始终践行学术报国之志，无改初心。

逐译世界各国学术名著，即其一端。早在20世纪初年便出版《原富》《天演论》等影响至今的代表性著作，1950年代后更致力于外国哲学和社会科学经典的译介，及至1980年代，辑为“汉译世界学术名著丛书”，汇涓为流，蔚为大观。丛书自1981年开始出版，历时三十余年，迄今已推出七百种，是我国现代出版史上规模最大、最为重要的学术翻译工程。

丛书所选之书，立场观点不囿于一派，学科领域不限于一门，皆为文明开启以来，各时代、各国家、各民族的思想与文化精粹，代表着人类已经到达过的精神境界。丛书系统译介世界学术经典，引领时代思想，为本土原创学术的发展提供丰富的文化滋养，为推动中国现代学术和现代化进程做出了突出的贡献。

为纪念商务印书馆成立120周年，我们整体推出“汉译世界学术名著丛书”120年纪念版的珍藏本，寄望既利于文化积累，又便于研读查考，同时向长期支持丛书出版的译者、编者和读者致以敬意。

两甲子后的今天，商务印书馆又站在了一个新的历史时间节点上。我们不仅要铭记先辈的身影和足迹，更须让我们的步伐充满新的时代精神。这是商务人代代相传的事业，更是与国家和民族的命运始终紧密相连的事业。我们责无旁贷，必须做好我们这代人的传承与创造，让我们的努力和成果不仅凝聚成民族文化的记忆，还能成为后来人可以接续的事业。唯此，才能不负前贤，无愧来者。

商务印书馆编辑部

2017年10月

纪念

马克斯·舍勒

目　　录

将《纯粹理性批判》阐释为形而上学的一次奠基活动，
由此来展开一种基础存在论的理念

附录

[海德格尔《康德书》评注手稿页]

第四版序言

在本书第一版样本的扉页处，夹有一张纸条。根据字迹判断，纸条应当写于1930年代中期，上面写着：

《康德书》。

仅仅通过《存在与时间》——这一点很快就清楚了——
还没有进入真正的问题。（参见第一部分第三篇[①]和拆建[②]）

一条避难出路[③]——在途中，
并不是一些对康德的语文学上的
新发现。——

[存在]存在物性——对象性

① 指未完成的《存在与时间》第一部分，第三篇。

② 指未完成的《存在与时间》第二部分：存在论历史的拆建。

③ “Zuflucht”在德文中的本义为“避难所”“救助地”“出路”等。海德格尔在这里使用此词，不仅暗示《存在与时间》一书的思路遇到了疑难，而且更想强调对《康德书》作为帮助其整理思路，积聚能量，找出出路之尝试的期待之心。因此，译为“避难出路”。——译注

与“时间”
图式化。

但同时:本己的道已被遮断,
曲径丛生。
参见第 4 章。[①]
《论稿》[②]——新的开端之开端——反思概念。

上面的笔记点明了决定出版《康德书》的动因,这就是:到 1929 年,已经变得很清楚,人们误解了《存在与时间》中提出的存在问题。在准备 1927/1928 冬季学期关于康德《纯粹理性批判》的课程时,我关注到有关图式化的那一章节,并在其中看出了在范畴问题,即在传统形而上学的存在问题与时间现象之间有一关联。这样,从《存在与时间》开始的发问,作为前奏,就催生了所企求的康德阐释的出场。康德的文本成为一条避难出路,在康德那里,我寻觅我所提出的存在问题的代言人。

如此这般规定的避难出路就引导我们,从《存在与时间》的发问视野来阐释《纯粹理性批判》;然而事实上,这就将康德的问题置放在一个它所陌生的,尽管它是以其为前提的发问之上了。

在后来的作品中(参见 1965 年第三版前言),我曾试图从对康德的过度诠释中退回,而不是在同时相应地重新撰写《康德书》

① 《康德书》第 4 章。
② 《哲学论稿》(全集本第 65 卷)。

本身。

汉斯格奥格·霍培〈Hansgeorg Hoppe〉在由维托里奥·克劳斯特曼出版社出版的论文集《概观》(1970年,第284—317页)中,对于我早年批判性地解释康德的立场中所发生的变化,提出了富有教益的、批评性的观察意见。

赫尔曼·默兴〈Hermann Moerchen〉在其马堡大学的博士论文《康德的想象力》[载于《哲学与现象学研究年鉴》,第11卷,马克斯·尼美耶·哈斯(沙勒)出版,1930年,311—495页;第二版(未更动),马克斯·尼迈耶,图宾根,1970年(单行本)]里,对《康德书》中开始的关于"超越论想象力"的讨论进行了补充。

《康德书》是第二次达沃斯高等学校的讲课结束之后(1929年3月17日至4月6日),我在以前手稿的基础上立即写成的(参见本书第一版序言)。

目前这一版的《附录》中有一个概要,这是经过我过目的,为我的关于"康德的《纯粹理性批判》与形而上学的一次奠基任务"的三次达沃斯讲演所做的概要(发表在《达沃斯杂志》1929年4期7号,第194—196页)。

此外,还有一个关于我和恩斯特·卡西尔〈Ernst Cassirer〉之间的,在我们的讲座结束后的辩论的报导。卡西尔曾就"哲学人类学",更确切地说,就空间、语言和死亡为题作了三次讲演。①

《康德书》保持为一在某种充满质疑诘问曲径上探寻的导引,

① 达沃斯辩论的文稿由O.F.博尔诺〈O.F.Bollnow〉与J.里特〈J.Ritter〉编撰而成。他们是达沃斯讲座的参与者。根据博尔诺的说法,这里不是逐字逐句的记录,而是事后根据在场笔记的重新整理。博尔诺提供了用于排印的打字稿,对此表示感谢。

这一导引将我们引向关于存在问题的可疑问性〈Fragwürdigkeit〉，这一可疑问性在《存在与时间》中就已经启端，还在进一步的延伸中。

对思的恐惧在不断增长，我们不愿坦诚地面对它，这就使我们不再洞察笼罩着这个时代的对存在的遗忘。

出版人，荣誉法学博士、荣誉哲学博士维托里奥·克劳斯特曼先生长期以来对此书表示关心，在这里我要予以特别的感谢。威斯巴登的黑尔德伽德·菲珂博士与弗莱堡的大学讲师 F. W. v. 海尔曼博士为本书作了细心的校勘工作，我对此也深表谢意。

马丁·海德格尔

1973 年 8 月底

第一版序言

下面解释中的主要部分首先来自1927—28年冬季学期的一个四课时的课程。后来,它又多次出现在讲演和系列讲座中(1928年9月在里嘎〈Riga〉的赫尔德学院与今年3月在达沃斯高等学校的讲座)。

对《纯粹理性批判》的这一阐释与最初拟写的《存在与时间》第二部分紧密相关。(参见《存在与时间》,《哲学与现象学研究年鉴》第一部分,埃·胡塞尔主编,第8卷,1927年,第23页注。单行本和现在出版的,经过校阅的第二版页码与“年鉴”版的页码相符。)

在《存在与时间》的第二部分中,本书研究的主题将在一个更为宽广的发问基础上得到探讨。在那里,我们对《纯粹理性批判》将不会进行某种逐步展开的阐释,目前的这本书应当成为其准备性的补充。

同时,本书作为“历史性”的导论会使得《存在与时间》第一部分中所处理的疑难索问变得更加清晰可见。

作者的另一部作品:《根据的本质》(参见《纪念胡塞尔》,《哲学与现象学研究年鉴增刊》,1929年,第71—110页),进一步地澄清了这一导引性的发问,此书也以单行本的形式出版。

本书献给马克斯·舍勒,以作追忆。本书的内容曾经是〈我们〉最后一次交谈的话题。在此次交谈中，作者得以重新感受到无拘无束的精神之力量。

巴登黑森林的托特瑙堡

1929年五旬节

第二版序言

这部作品20年前出版，立即售罄。这次未做任何改动。这样，它继续保留着它的样式，其中包含已引起反响的和尚未引起反响的方方面面。

我的阐释的暴力不断地引起不满。人们对这一暴力的谴责完全可以在这部作品中找到很好的支持。每当谴责将矛头对准思想者之间所要进行的一场思想对话的企图之际，哲学历史的研究甚至每次都会理直气壮地站在谴责这一方。历史语文学有着自身的任务，与它使用的方法迥异，一场思想的对话遵循不同的法则。这些法则更具冒犯性。在一场对话中，走向错失的危险越逼近，错失者就越多。

随着时空的流迁，手头的这部研究作品中的已造成的错失和正在错失之处，对于正行进在思的道路上的我而言，变得如此清晰，这也使得我拒绝，通过订正式的增补、附录以及后记，将本部作品变成为一个东填西补的劣质货。

从错失中，运思者学得更为恒久。

1950年6月于弗莱堡

第三版前言

下面的提示或许有助于正确地理解本书的标题。对形而上学来说,疑难[①]即是对存在物自身之整体的疑问,而这一疑问就使得形而上学作为形而上学成为疑难。于是,“形而上学疑难”这一说法就有了双重的含义。

作为对本书的补充,现在可以参阅《康德关于存在的命题》,法兰克福:维多里奥·克劳斯特曼出版社,1963年;以及《物的追问:康德关于超越论原理的学说》,图宾根:马克斯·尼迈耶尔出版社,1962年。

1965年春于弗莱堡

---

① 在德文中,“das Problem”的意义为“难题”,通常也和“die Frage”〈问题〉混用,只是较为广泛,较为难解和难缠的问题罢了。海德格尔这里将此用在书名中,不仅强调形而上学的问题性质,而且更强调那在更加源初意义上的,使之成为问题的疑难、疑问之境域。和一般发问不同,形而上学的Problem作为疑问并不必然寻求解答,往往也没有答案,甚至它的发问方式本身都成为疑问。所以,海德格尔在书名中用Problem一词,旨在深掘和打开那使形而上学的问题成为问题的源头或源初境域。基于这一理解,我在译文中将“Problem”主要译为“疑难”,偶尔也根据上下文和语气需要译为“疑问”“问题”或“疑难问题”。与此相关联,Problematik说的是疑难的整个索问路向、提法和线索,包括背景情境、疑难性质,故译为“疑难索问”或“疑难”。——译注

导言：本书探究的主题及其章节 1

本书探究的任务在于将康德的《纯粹理性批判》阐释成形而上学的一次奠基活动，其目的在于将形而上学疑难作为一种基础存在论[①]的疑难展现出来。

基础存在论就是对有限的人的本质作存在论上的分析工作。这一存在论上的分析工作应当为“包含在人的天性中的”形而上学准备基础。基础存在论就是人的亲在[②]的形而上学，而只有人的亲在的形而上学才能使形而上学成为可能。它与所有的人类学，

① 海德格尔用 Fundamentalontologie 主要指“亲在的形而上学”，旨在强调“亲在的生存论分析”在全部形而上学问题探究中的枢纽和优先作用，故译为“基础存在论”或“基本存在论”。但需注意，海德格尔用这一术语不仅想强调它的“基础”含义，同时也强调它的“初步”和“初始”的含义。从理解上说，“基础存在论”一词也许更为恰当。——译注

② “Dasein”是海德格尔思想，尤其是其前期思想的核心词，指的主要是“人的存在”或“人的存在关联”。现流行中译名为“此在”，意在强调“人的存在关联”乃“存在在此”之义，这也和其德文词的字面义契合。另有一译名为“缘在”，意在指出“人的存在关联”不仅“在此”，而且更是一因缘发生、相摩互荡的动态关联过程。但考虑到前两个译名均漏失海德格“Dasein” 作为“人的因缘关联存在”中极强的“亲近”“亲身”“亲自”“亲临”“亲缘”之义，我采用熊伟先生旧译 “亲在”，意在强调“Dasein”作为动态的“人的存在关联”中的“存在亲临”与“亲临存在”之义。也就是说，Dasein 作为“亲在”，是一种和存在“因缘”关联，但这又不是任何一种随随便便的因缘之在，而更是一种和存在亲切和近旁的“亲缘”之在。不过，当此词在传统德国古典哲学的意义上使用时，仍依旧例，译作“定在”，意指“确定的存在物”。——译注

甚至与哲学的人类学都保持着根本性的区别。对一个基础存在论的观念做阐释工作，这就意味着：将标明出来的亲在存在论上的分析工作作为必需的要求展现出来，并由此清楚地表明，出于何种意图，以怎样的方式，在什么范围之内以及在什么样的前提条件之下，它提出“什么是人？”这一具体问题。但是，只要一种观念可以首先通过其澄明力量来呈现自身，那么，基础存在论的理念，就应当可以在将《纯粹理性批判》阐释成为形而上学的一次奠基活动之中，表明和呈现自身。

这里需要预先说明一下，“奠基”说的究竟是什么意思？这一词语的意义在建筑领域里可以看得很清楚。形而上学虽然不是什么现成的就在那里的建筑物，但却作为“自然天性”实际存在在所
2 有的人那里的。[①] 因此，形而上学之奠基或许就可以叫作：为这一
自然的形而上学置入一个基础，或者更确切地说，用一个新的基础替换掉旧有的。不过，这一将某种已建成的建筑物的基础搬过来的想法，恰恰应当同奠基的观念区别开来。奠基毋宁是对建筑计划本身的筹划，使这一计划与关于此建筑在什么之上奠基以及如何奠基的指示相合辙。但是，作为建筑计划之筹划工作的形而上学奠基，却绝不是对某个体系及其内层的空洞建造，而是对形而上学之内在可能性所进行的构筑术意义上的划界与标明，这也就是说，去具体地规定形而上学的本质。但是，所有的本质规定性却只有在首先对本质性根基进行发掘中才可达到。

---

① 《纯粹理性批判》第 2 版，第 21 页。——第 1 版(A)和第 2 版(B)在瑞莫德·史密特(麦茵哲学丛书，1926 年)版中以一种完美的方式相互比照。以下我们总是同时引证 A 版和 B 版。

这样说来,奠基之为形而上学内在可能性的筹划必然就是让所奠立的基础的承载成之为有效的。这一切是否以及如何发生,就构成了一种奠基活动之渊源深度和广度的标准。

假如下面所进行的对《纯粹理性批判》的解释探明了形而上学起源中的源生性的话,那么,这种源生性,只有当其被带到了任其涌流的具体发生之中,亦即当这一形而上学的奠基活动得以复返之际,才可能依其本质得到真正的领会。

只要形而上学属于"人的天性"并在实际上与人同在,那么它
就总已经以某种形态出现了。因此,一种形而上学的明确奠基绝 3
不会从虚无中发生,而是在某一传统的有力和无力的力道中发生,而开端的诸种可能性,则为形而上学的奠基预先描画出了这一传统。但这样,由于在奠基活动中已经包含有一传统,每一次奠基活动,就其与先前的奠基活动的关系而言,都只是同一任务的变形。所以,下面正要进行的对《纯粹理性批判》的解释,作为对形而上学的一次奠基之解释,必须企求说明四个方面的问题:

1.形而上学奠基的开端;

2.形而上学奠基的进程;

3.形而上学奠基的渊源性;

4.形而上学奠基的一次复返。

5 **将《纯粹理性批判》阐释为形而上学的一次奠基活动，由此来展开一种基础存在论的理念**

第一章　形而上学奠基的开端

拈出形而上学奠基中的康德开端，就意味着回答这一问题：为什么在康德那里，形而上学的奠基变成了纯粹理性批判？回答必须通过讨论以下的三个分题来达成：第一，什么是康德发现的形而上学概念？第二，什么是这一传统形而上学之奠基的开端？第三，为什么这一奠基是一种对纯粹理性的批判？

第1节　形而上学的传统概念

鲍姆伽腾〈A. G. Baumgarten〉的定义大体上可以标明康德看待形而上学的视域范围，康德必定在这一视域范围内开始他的奠基工作。鲍姆伽腾的定义是：Metaphysica est scientia prima cognitionis humanae principia continens〈形而上学是包含人类知识之第一原理的科学〉①。形而上学乃包含人类认知所把握的东

① 鲍姆伽腾，《形而上学》，第2版，1743年，第1节。

西之第一根据的科学。[①] 在“人类知识之第一原理”这一概念里，存在着某种特有的、而且首先是必要的歧义性。Ad metaphysicam referuntur ontologia，cosmologia，psychologia et theologia naturalis〈存在论、宇宙论、心理学以及自然神学都归于形而上学〉。[②] 这里所要描述的并不是形而上学这一学院概念如何形成 6
以及如何确立的动因与历史。但是，对本质性东西进行某种简要的提示，应当可以解开这一概念的疑难内涵，并为理解这一奠基的康德开端的基本意义做好准备。[③]

众所周知，那起初作为纯粹书籍编撰意义的术语μετὰ τὰ φυσιχά〈物理学之后〉（作为亚里士多德的、编排在那些隶属于“物理学”的文献后面的文献的总名），后来就变成了关于那些编排在

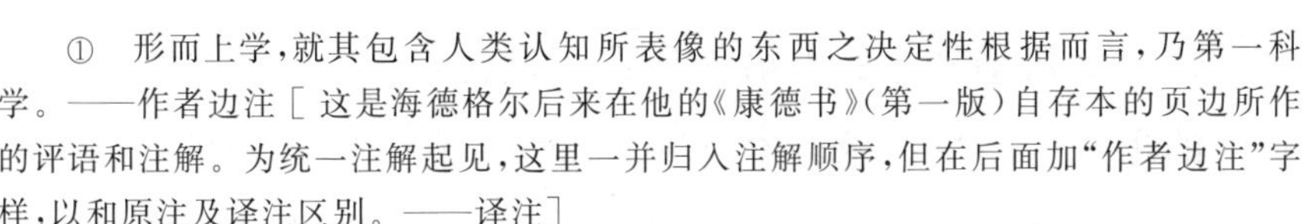

① 形而上学，就其包含人类认知所表像的东西之决定性根据而言，乃第一科学。——作者边注［这是海德格尔后来在他的《康德书》（第一版）自存本的页边所作的评语和注解。为统一注解起见，这里一并归入注解顺序，但在后面加“作者边注”字样，以和原注及译注区别。——译注］

② 鲍姆伽腾，《形而上学》，第2节。

③ 在H. 彼歇乐〈Pichler〉的《关于克里斯蒂安·沃尔夫〈Christian Wolff〉的存在论》（1910年）开了先声之后，康德与传统形而上学的关系新近得到了更为深入和广泛的研究。首先参见H. 海姆绥特〈Heimsoeth〉的研究：“批判观念论之形成的形而上学动机”，载于《康德研究》第29卷（1924年）第121页及之后；还有克鲁修斯〈Crusius〉的“早期形而上学和批判——一篇关于纯粹理性批判在18世纪的存在论前史的论文”（载于《哥尼斯堡学者协会文集》第III年鉴，精神科学类，第3册，1926年）。——此外还有冯特〈Wundt〉的巨著《作为形而上学家的康德——一篇关于18世纪德国哲学史的论文》（1924年）。——克罗讷〈Kroner〉从康德之后的形而上学史为视野来描述康德哲学，见《从康德到黑格尔》，两卷，1921年和1924年；关于德国观念论的形而上学历史，见N. 哈特曼（Hartmann）的《德国观念论的哲学》，1923年，第1部，1929年，第2部。在此不可能对这些研究作批评性的考察。只是有一点值得注意，所有这些研究开始时都坚持认为，《纯粹理性批判》乃“知识理论”，而现在，它们同时也强调形而上学和“形而上学的动机”。

后的文献的、具有某种哲学阐释意味的特称。但是，这一意义的转变，并非像人们通常所误解的那样是毫无害处的。相反，这一意义的转变把对这些文献的解释挤压向一个完全被规定了的方向，并由此来判定，亚里士多德所论述的东西一定就是“形而上学”。可是，在亚里士多德的“形而上学”名下集撰在一起的东西，是否就真是“形而上学”吗？对此我们必须提出质疑。当然，康德本人也想
7 直接赋予这一术语以某种实质性的含义：“至于形而上学这一名称，因为它和科学竟如此精确地吻合，我们不应当相信它是偶然产生的。在这里，φύσις就叫自然，但我们只有通过经验而非其他什么东西，才能得到自然的概念，所以，这样的一门紧跟在经验之后的科学就叫形而上学（由μετὰ〈后〉和 physica〈物理学〉而来）。这是一门仿佛在物理学领域之外的，在其彼岸的科学”。①

这一书籍编纂上的术语就导致了确定的、有着实质性内容的解释的出现。但这一术语本身则源出于一种对如此编排的亚里士多德遗稿文献的实质性理解的窘境。正是亚里士多德在这里力图视为πρώτη φιλοσοφία〈第一哲学〉，视为本真的哲学，视为第一位的哲学活动的东西，在后来的学院哲学（逻辑学、物理学、伦理学）中，找不到任何能够将之容纳的学科和位置。μετὰ τὰ φυσικά〈物理学之后〉乃是某种根本性的哲学窘境的标题。

然而，这一窘境反过来又有它的缘由，这是由于这些文稿中所

① M. 海因茨（Heinze），《康德关于形而上学的三个学期的讲座》，皇家萨克森科学协会文集，第 XIV 卷，哲学－历史类，1894 年，第 666 页（单行本第 186 页）。又见康德：《关于自莱布尼茨和沃尔夫以来的形而上学的进步》，《全集》（卡西尔编），第 VIII 卷，第 301 页及以下。

讨论的疑难和知识之本质的不清晰性。按照亚里士多德自己的说法，有某种值得注意的双重性正好表明在“第一哲学”之本质的规定性中：第一哲学既是“存在物之为存在物（ὂν ᾗ ὄν）的知识”，又是存在物的最高级的类域（τιμιώτατον γένος）的知识，存在物的整体（καθόλου〈一般〉）从这一最高类域来得到规定。

πρώτη φιλοσοφία〈第一哲学〉的这一双重特性说的不是将两种不同根据的、互不依赖的思路包括在一起。它也不允许为了讨好其中一方的缘故，去削弱和排除另一方，它更不是要将这一表面的两分，匆匆忙忙地调解在某种统一性之中。恰当的情形倒是：从关于存在物的“第一哲学”的这一主导性问题出发，弄清楚这一 8
貌似两分的诸个根据，以及弄清楚这两种规定性如何相互隶属的方式。这一任务是如此的紧迫，因为上述的二重性不是在亚里士多德那里才出现，它自古代哲学的开端以来，就完全支配着存在之疑难。

但是，为了紧紧抓住“形而上学”本质规定性的这一疑难，我们预先能说的就是：形而上学乃是对存在物之为存在物以及存在物整体的根本性认知。然而，这一“定义”只能作为疑难的指引，即作为下面这些问题的指引才是有效的：存在物的存在之认知的本质在哪里？在何种程度上这种认知必然扩展为对存在物整体的认知？而为什么这种认知复又凸现为某种关于存在认知的认知？这样，“形而上学”就一直还完全是个关于哲学窘境的标题。

亚里士多德之后的西方形而上学，并不是在接纳和继续了据称是一直存活着的亚里士多德体系过程中形成起来的，它的形成毋宁是由于对柏拉图与亚里士多德的核心问题的可质疑性与开放性的不理解所造成。主要有两个原因决定了上述的形而上学的学院概念的形成,并且越来越多地妨碍着重新去进行原始质疑的可能性。

其中的一个原因涉及形而上学的内容划分。这一原因源出于基督教的虔信的世界观念。依据这一观念,一切非神的存在物都是被造物:宇宙万物。而在被造物中,人又拥有一卓绝的地位,这是因为一切都要依赖于他的灵魂得救与永恒的存在。因此,按照
9 这一基督教的关于世界－亲在的意识,存在物的整体就被划分成了上帝、自然与人,他们的领域也就随即被按序划分为(神学,它的对象为 summum ens〈最高存在物〉)、宇宙学和心理学。它们就组成了 Metaphysica specialis〈特殊形而上学〉的分科。与特殊形而上学相区别,Metaphysica generalis〈一般形而上学〉(存在论)就以"一般"存在物(ens commune)作为对象。

形成形而上学的学院概念的另一个根本原因在于其认知方式和方法。因为形而上学将普遍的存在物与最高的存在物视为其对象,而且,对于这一对象,"每个人都存有某种兴趣"(康德),于是,形而上学就成为具有最高荣耀的科学,成为"科学中的女王"。因此之故,形而上学的认知方式也就必须是最严格的,必须具有绝对的约束力。这也就要求形而上学有一相应的认知理想与之相匹配。"数学的"认知适合这一理想。数学认知,因为其独立于偶然的经验,乃最高意义上的、理性的和先天的认知,这也就是说,它是纯粹理性的知识。关于一般存在物的认知(一般形而上学)和追求存在物的诸主要领域(特殊形而上学)的认知就这样成了"出自单纯理性的科学知识"。

于是，康德坚守这一形而上学的意图，进而还在特殊的形而上学中把这一意图强化。康德将之称为“本真的形而上学”“终极目的的形而上学”。[①] 然而，有鉴于这样一门科学中的所有努力都不断地招致“不幸”，以及它的不协调性与无效性，我们必须首先中断所有扩展纯粹理性的企图，直至这一科学的内在可能性的问题得以澄清为止。于是，在形而上学的某种本质规定性意义上来进行奠基的任务就出现了。那么，康德如何开始对形而上学进行这种根本性的划界工作的呢？

第2节　传统形而上学奠基的开端 10

形而上学是纯粹的、理性的、关于存在物“一般”和关于存在物的主要领域中各自整体的认知。在这一形而上学中，发生着某种“逾越”，这一“逾越”是对总是能够呈现出特殊和部分经验的东西的超出。通过对感性事物的逾越，这一认知力图把捉超感性的存在物。可是，“它的进程”“至今依然处在某种纯粹的四下摸索之中，而且最为糟糕的是，它仅仅是在纯粹的概念中四下摸索”。[②]形而上学对其主张的观点缺乏某种有说服力的证明。那么，究竟是什么东西，赋予了形而上学所想要成为的东西的内在可能性呢？

对形而上学的内在可能性进行划界，在这一意义上为形而上学进行某种奠基。这一奠基现在首先必须对准形而上学的终极目

---

① 康德《关于自莱布尼茨和沃尔夫以来的形而上学的进步》，同前引，第238页。

② 《纯粹理性批判》第2版，第XV页。

标，这也就是说，指向特殊形而上学的本质规定性。因为在某种特别的意义上，这就是关于超感性存在物的认知。然而，对这样的认知之内在可能性的发问，发现自己又退回到了更普遍的发问，即对存在物本身的一般公开状态的内在可能性进行发问。现在，奠基就是要弄清某种与涉及存在物的关联活动的本质，在此之中，这一存在物自己显现自身，而所有关于它的陈述都由此从而成为可说明的。

不过，这样的一种涉及存在物的关联活动的可能性中包含有什么呢？有某种“指引”来指明使得如此的关联活动成为可能的东西吗？事实上这就是自然研究者们的操作程序。在他们面前，“升起了……一束亮光。他们理解到，理性仅只看到它自己根据自己的筹划而产生出来的东西，理性必须带着它的依据恒常法则而
11 来的判断原理走在前面，并必须强迫自然回答它的发问，但理性一定不要让自身似乎仅仅听任自然牵着鼻子走”。[①]这个为某种一般自然“预先筹划的计划”，首先将存在物的存在法理〈Seinsverfassung〉预先给了出来，而所有正在探究的问题都应当能够和存在物的存在法理关联起来。这一先行的、有关存在物的存在计划被包括在相关的自然科学的基本概念和基本原理中。因此，使得与存在物的关系（在存在物层面上的认知）成为可能的东西，就是对存在之法理的先行领会，就是存在论的认知。

对于这一在存在物层面上的经验与存在论认知之间的根本性条件关联，数学自然科学提供出了一些启示。但它为形而上学的

① 《纯粹理性批判》第2版，第XIII页。

奠基所起的作用也就仅限于此。因为有关这一条件关联的启示还远非问题的解决，它仅只是一个方向上的指引，而在这一方向上，首先必须去寻找在其根本的普遍性上被领会的问题。我们是否就能够在那里找到它以及到底能不能找到，换句话说，特殊形而上学的理念在根本上是否只可以依照实证的（科学）认知的概念来裁度，这恰恰是应当首先要决定的事情。

对特殊的形而上学之内在可能性的筹划，越过了对存在物之可能性的发问，回溯到了去询问使得存在物层面上的认知成为可能的东西的可能性问题。但这是对在先的存在领悟之本质的疑问，亦即疑问最广泛意义上的存在论认知的本质。然而，对存在论的内在可能性的疑难就蕴含着对一般形而上学的可能性进行发问。为特殊形而上学的奠基的企图就在自身中迫使自己回到了询问一般形而上学之本质的问题。

但是，在这样开始为形而上学奠基之际，康德就使自己与亚里 12
士多德、柏拉图展开了直接的对话。现在，存在论第一次从根本上成了疑难，随之而来的就是传统形而上学大厦的第一次、也是最内在的震荡。一般形而上学迄今在处理 ens commune〈一般存在物〉的“普遍性”时的那种不可规定性和自明性都消失不见了。奠基的发问第一次要求澄清普遍化的方式，并由此澄清包含在对存在之法理的认知中的逾越特性。至于康德自己是否达到了对这一问题的完全澄清，只是一个次要的问题。说康德认识到了这一问题的必要性并首先将它提了出来，就已经足够了。但因此也就变得清楚了，存在论原本完全不是要为实证的科学奠基。它的必要性和作用植基于某种“更高的旨趣”，即伴随着人类理性自身而来

的旨趣。不过，既然一般的形而上学现在为特殊的形而上学提供了必要的“准备”，[1]那么，在为前者奠基的过程中，后者的本质规定性也就必须自身发生改变。

形而上学的奠基在整体上就叫存在论的内在可能性的开显。这就是在康德“哥白尼式的转向”的标题下总被误解的东西的真实意义，而它之所以是真实的，因为它是形而上学的（以形而上学为其唯一主题）。“迄今为止，人们假定，我们的一切认知都必须以对象为准，可是，通过概念先天地构成有关对象的某物，并由此来扩展我们的知识的所有尝试，都在这一假定下以失败告终。因此，我们不妨可以尝试一下，倘若假设对象必须以我们的判定（nach unserem Erkenntnis）为准，形而上学的任务是否可获得更好的进
13 展呢？这样的假设已经更好地与所要求的关于对象的先天性认知的可能性一致。这一认知应当在对象被给与我们之前，就已确立了关于对象的某种东西”。[2]

康德这里要说的是：并非“所有的认知”都是在存在物层面上的认知。而且，举凡有存在物的认知的地方，存在物的认知之所以可能，是因为有某种存在论认知存在。经过哥白尼式的转向，“旧有的”在认知与存在物之间“符合”（adaequatio）意义上的真理观所受到的冲击极小，以至于可以说哥白尼式的转向假设了这一真理观，甚至，它首先就是这一真理观的基础。只有当某个存在物作为存在物，率先已经开放了出来，也就是说，在其存在之法理中被

① 康德，《关于自莱布尼茨和沃尔夫以来的形而上学的进步》，同前引，第302页。

② 《纯粹理性批判》第2版，第XVI页。

显现，在存在物层面上的认知才有可能和存在物（对象）相符合。诸对象，亦即它们的存在物层面上的可规定性，必定会和这后一种认知相符合。存在物的开放性（存在物层面上的真理）围绕着存在物的存在之法理的开显性（存在论的真理）。但是，存在物层面上的认知绝无可能自为地去符合“于”对象，因为倘若没有存在论的认知，存在物层面上的认知绝不会有某种可能的、它向之去符合的东西。

于是就很清楚：借助于询问存在论本身的内在可能性，传统形而上学的奠基工作才得以启端。但是，为什么这一奠基就变成为一种“纯粹理性批判”呢？

第3节　形而上学奠基之为“纯粹理性批判”

康德将存在论的可能性之疑难归结为这样的问题：“先天综合判断如何可能”？对这一提问方式的阐释力求说明，为形而上学的奠基是作为对纯粹理性的批判来进行的。对存在论认知的可能性的发问要求对这一存在论认知有某种先行的特征描述。在这一提 14
问方式中，康德和传统做法一样，将认识把握为判断。那么，在存在论领会中，现在有着怎样的认知方式呢？这正是存在物在其中得到知晓的认知方式。但是，那种在此被知晓的东西，不管它是如何一再被经验到和被规定，都属于存在物。在存在论认知中，这一被知晓的存在物的“是什么”（Wassein），在所有存在物的经验之前——虽然正是为了这些存在物的经验——就已被先天地提供了出来。康德将某种提供出存在物的“实质内容”（Wasgehalt）的认知以及那显明存在物自身的认知，称为是“综合的”。这样，对存在论认知的可能性的发问就变成了去疑问先天综合判断的本质。

关于存在物之存在的具有实质内容的判断之合法性，不能在经验中予以根本性的判定；因为有关存在物的经验本身，总已经由存在物的存在论领悟所引导，而这种存在物的存在领悟，又理应经由经验，从某个确定的方向来通达。因此，存在论的认知，是一种依据那非依照经验而来的根据（原理）所进行的判断。

但是，康德将我们的、从先天原理出发来认知的能力，称为“纯粹理性”。[①] 纯粹理性是“这样的一种理性，它含有绝对先天地认知事物的诸原理”。[②]因此，只要那些包含在理性中的原理构成了某种先天认知的可能性，对存在论认知的可能性的暴露就必然变成为对纯粹理性之本质的澄清。但是，对纯粹理性之本质的界定，同时也就是对其非本质（Unwesen）的有所区别的限定，从而也就是对其本质的可能性的限制和节制（批判）。形而上学奠基作为存
15 在论之本质的暴露，就是“纯粹理性批判”。

存在论的认知，即先天的“综合”，也就成为“那整个批判所真正要达到的”东西。[③]这样，在确立形而上学奠基的主导性疑问之际，更进一步地规定这一综合，就已经变得更为紧迫了。康德不仅一般地在多重含义上使用这一术语，[④]而且，他恰恰更在那

① 《判断力批判》，第1版序言，1790年，《全集》（卡西尔编），第V卷，第235页。

② 《纯粹理性批判》第1版，第11页，第2版，第24页。

③ 同上书，第1版，第14页，第2版，第28页。

④ 见下文第7节，第38页。

形而上学奠基的疑问方式中，将这多重含义交织缠绕在一起。问题要问的是先天综合判断的可能性。现在，每一判断自身都已经是一个“我关联……”，也就是说有主词和谓词的关联。“分析”判断，作为判断，也已经是综合的，即使它的主谓词联结的一致性的根据仅仅在主体的表像①之中。但这样一来，综合判断就在双重的意义上为“综合的”：首先，作为判断一般；其次，其表像“连接”（综合）的合法性是从判断所及的存在物自身那里“提供”（综合）出来的。

然而，那些成为疑难所在的先天综合判断，涉及的则是另一种方式的综合。这种综合方式应当提供出某种有关存在物的东西，这种东西并非依据经验、但又从存在物那里得来。这一将存在物的存在规定性提供出来，就是某种对此存在物的、先行的自我关涉，而这一自我关涉之纯粹的“关涉所及……”〈Beziehung auf...〉（综合）首先就形成了关涉之“所涉”〈Worauf〉和“境域”。在此关
涉之所涉及的境域中，存在物就在经验性的综合中自身成为可经 16
验的。这一先天综合的可能性需要得到澄清。康德将某种关涉到

① “Vorstellung”是一近代知识论的概念，在汉语中一般译为“表像”或“意象”。海德格尔认为，这种知识论层面上的“Vorstellung”必须立基于更为源初的存在论－生存论层面才能得到真正的理解和说明。我借用汉语中“象”和“像”之间的细微差别，将其译为“表像”，想以此说明这只是存在论上第二义的“象”，以及指出海德格尔哲学中强调的这一知识论与存在论的差别。因此，举凡译文中出现知识论层面上的“象”，统一译为“像”，例如，除了“表像”外，还有“现像”〈Erscheinung〉，“图像”〈Bild〉等。凡在存在论层面或者在两个层面有混用的情况下，仍译为“象”，例如“现象”〈Phänomen〉，“想象”〈Einbildung〉，“对象”〈Gegenstand〉，“前象”〈Vorbild〉，“后象”〈Nachbild〉，“摹象”〈Nachbild〉等。——译注

这一综合之本质的探究称之为超越论的〈transzendental〉。[①] “一切认知，倘若不涉及对象，而是一般涉及我们关于对象的认知方式——只要这认知方式是先天可能的，我就将这些认知称为超越论的”。[②]超越论的认知并不研究存在物自身，而是研究先行的存在领悟的可能性，这同样就等于说，研究存在物的存在法理。这一存在法理涉及纯粹理性对存在物的逾越（超越），正因如此，经验才可能以现在首先作为可能对象的存在物为准来对自身进行裁量。

使存在论的可能性成为疑难就叫：对存在领悟的可能性，即对存在领悟的超越性本质进行发问，进行超越论的哲学活动。因此，康德正是为了和传统存在论的疑难区别开来，才用了“超越论哲学”[③]这一名称来标明一般形而上学（存在论）。也因为如此，在提

① “transzendental”和“transzendent”相对应，是康德哲学中的一个核心概念。在传统中译中，前者被译为“先验的”或者“超验的”，后者译为“超越的”。应当说，这一传统译法与近代哲学将康德哲学主要理解为关于经验知识的知识理论大有干系。按照传统理解，“transzendent”指的是超越出经验；而“transzendental”则是指那独立于经验，而又是关于对象的经验知识所以可能的先天性条件。德国哲学自胡塞尔的现象学以来，对这一传统解释提出异议。按照现象学的解释，“transzendental”讲的首先不是去证明经验知识如何可能的先天条件，而是去发问和描述，那使得经验知识得以可能的“超越”的境域和事情本身，即那作为使得我们关于现象的知识的可能以及不可能之渊源的境域和事情本身，究竟是怎样的以及是如何发生的？所以，“transzendental”应当首先对应于“超越的”，而不是“经验的”，这才是康德哲学的要义。海德格尔基本继承了胡塞尔这一对康德哲学的现象学解释的思路。基于这一理解，我将“transzendental”译为“超越论的”，将“Transzendenz”译作“超越”，“transzendent”译作“超越的”，而将康德的“Transzendentalphilosophie”译为“超越论的哲学”。——译注

② 《纯粹理性批判》第2版，第25页。（第1版，第11页）

③ 《纯粹理性批判》第1版，第845页以下，第2版，第873页以下，第1版，第274页，第2版，第303页；也见《关于自莱布尼茨和沃尔夫以来的形而上学的进步》，同上书，第238、263、269、301页。

及传统的存在论时，康德说的是“古代的超越论哲学”。[①]

不过，《纯粹理性批判》并不提供任何超越论哲学的“体系”，相反，它只是“一个关于方法的叙述”。[②]但这里说的不是某种关于操作程序技巧的学说，而是存在论的“全部内在脉络”和“总体轮廓”之完整规定的凸现。形而上学的奠基即是对存在论的内在可能性之筹划。就在这种筹划中，“一个形而上学体系的整个路线图得以展现”。[③]

当《纯粹理性批判》这部著作被阐释为“关于经验的理论”，或者甚至被阐释为实证科学的理论时，它的意图就因此从根本上被 17
曲解了。《纯粹理性批判》与“知识理论”完全没有干系。如果要想能够在根本上容许这种作为知识论的阐释的话，那么最好说《纯粹理性批判》不是一种关于存在物层面上的认知（经验）的理论，而是一种存在论认知的理论。但是，即便这种已经和关于超越论感性论和超越论分析论的正统阐释相距甚远的见解，仍然未能击中根本性的东西。这一根本性的东西就是：所建立的只有作为一般形而上学，即作为整个形而上学之主干的存在论，并且在这里，存在论才首次被带到了它自己本身中。超越性这一疑难并未使形而上学的位置为“知识理论”所替代，相反，它使得存在论的内在可能性得以被追问。

倘若知识的真理性属于知识的本质，那么，先天综合知识内在可能性的超越性疑难就是在发问存在论超越的真理本质。这样我

① B 113。

② 《纯粹理性批判》第 2 版，第 XXII 页。

③ 同上。

们就需要去确定“先于所有经验的东西而又使得所有经验的东西成为可能”[①]的“超越论的真理”之本质。“因为,没有任何知识能够和它相矛盾,而不同时丧失所有的内容,即丧失与任何对象的所有关系,因而丧失所有的真理”。[②] 存在物层面上的真理势必要依循存在论的真理来调整方向。这是重新对“哥白尼转向”的意义所做的一个正确解释。借助于这一转向,康德在这里将存在论的疑难硬挤进中心位置。源初性的存在论真理之可能性的疑难不能将任何东西预设为前提,至少不能将实证科学的真理性“事实”预设为前提。恰恰相反,奠基就是必须要完全将先天综合自身追踪
18 回溯到为其奠基的胚胎处,而这一胚胎则使得综合作为它所是的东西生长出来(在本质中成为可能)。

出于对形而上学奠基的这一特点的清晰洞观,康德这样来说《纯粹理性批判》:“这是一项困难的工作,它要求果敢决断的读者,一步一步地思入一个系统。这一系统,除了理性之外,根本就不认可任何东西是已经给定的,而且,它自身无需任何事实,只企求从其源初的胚胎中发展出知识来”。[③]

于是,就产生了这样的任务,即显示存在论的可能性如何从其胚胎中发展起来。

---

① 《纯粹理性批判》第1版,第146页,第2版,第185页。

② 同上书,第1版,第62页以下,第2版,第87页。

③ 《未来形而上学导论》,第4节,《全集》(卡西尔编),第IV卷,第23页。

第二章　形而上学奠基的进程 19

为了对存在论认知的内在可能性进行筹划，必须首先已经开显出一种向着根基的回溯之走向的概观，而这一根基则承载着在其本质法理中所寻求的东西的可能性。现在，向着迄今为止都还被遮蔽的领域的每一个真实的突破，其必然命运就在于，将这一领域首先“一步一步”地规定出来。在这推进活动自身的行程中，行进的方向首先得到确立，并且，也建立起道路的可行性。因此，当第一次突破的创造性，在其开启方面依然还保持着确定的和不可动摇的冲击力之际，某种有关这一领域之明确和系统性的深耕细作与标画，就首先还是付诸阙如的。确实，“批判要求关于源头的知识，理性必须认识自己本身……”。[①] 正是通过批判，康德才得出更为源初性的理性自我认识。

下面的解释，因为还没有和不再拥有筹划的源初冲击力，所以相反，必须要事先对指导性的概观有一个明确的认知，这就要预设出整个奠基的内在过程的主要阶段。在完全展开形而上学的奠基进程之前，我们需要对奠基工作的回溯路向提供一个概观。这样，本章分为两步：

A. 标明形而上学奠基进程的回溯走向。 20

① 《康德手稿遗稿》，第 V 卷，形而上学（全集，普鲁士科学研究院编，III，5），1928 年，Nr. 4892。参见艾德曼〈Erdmann〉，《康德批判哲学的反思》II，217。

B. 存在论的内在可能性之筹划进程的诸阶段。

A. 标明形而上学奠基进程的回溯走向

我们的任务在于对存在论认知的本质进行规定，而我们的做法则是，从使存在论认知得以可能的孕育处来澄清这一认知的渊源。为此，弄清认知活动之一般的本质，弄清楚渊源域的位置和方式就必然是首要的事情。迄今为止，在关于《纯粹理性批判》的解释中，这一事先而又必要的对渊源方向的特征标画工作恰恰遭到了不恰当的忽视或者误解。因此，对作品意图的规定，左右摇摆，游移不定。这样，就不可能对作品的基本路向达到一种具有创新性的本己化获得。与这一渊源域的特征标画相匹配，我们也必须将这一渊源开显方式的特质标明出来。

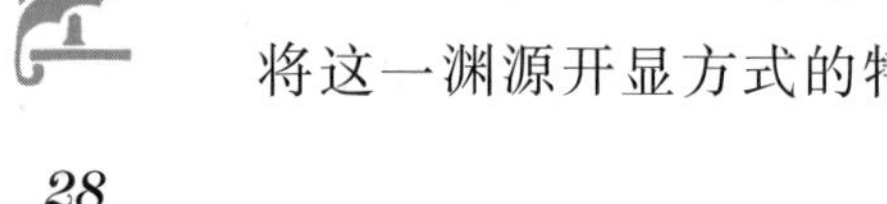

I 渊源域的本质特征

第 4 节 一般认知的本质[①]

康德并没有明确地、主题性地[②]讨论渊源域的本质性特征，而

① 从区别作为表－象〈*Vor-stellen*〉的知识与作为知道〈*Wissen*〉的知识出发，进一步明确地展开，并将作为知道的知识作为主导概念。参见 1935/1936 年冬季学期课程［物的追问：康德超越论原理的学说，海德格尔全集第 41 卷］，第 136 页及以下。——作者边注

② 参见本书第 26 页。——作者边注

是更多的、仅仅在“自明前提”的意义上来对待它。正因如此，解释 21
就更不允许忽视这些“设定”的前设功能。我们不妨将这些“设定”总结为如下的命题：

形而上学奠基的本源是人的纯粹理性，由此，理性的人性化，也就是说，理性的有限性就在根本上成为奠基之疑难索问的核心。这样，就需要将渊源域的特质标画工作具体化为对人的认知之有限性本质的澄清。但是，理性的有限性，绝不仅仅和首先地在于表现出来的人类认知的各种各样的瑕疵上，诸如不能持久、不精确以及错失，相反，它存在于认知自身的根本构造上。认识的实际限制首先就是这个本然存在[①]的一个后果。

为了突出认知的有限性本质，需要对认知中的本然存在者[②]做一个一般性的说明。基于这一考虑，康德在《纯粹理性批判》的专题讨论中所说的第一句话的价值十有八九就被大大地低估了：

① 德文中，“Wesen”一般说有两层基本的含义。一是指事物存在的根本属性，二是特指某种具有精神性的生灵，例如人。因此，传统翻译将两者分别译为“本质”和“生物”。海德格在使用“Wesen”时，往往通过特别地暗示“Wesen”与德文系词“sein”〈存在/是〉的过去分词形式“gewesen”在词源和构词上的联系，旨在说明“Wesen”作为一“本相”或“本然”，首先不是一普遍抽象的概念或属性，而是在时空历史中的活泼泼的存在本身，也就是说，是使得那在时间空间中、在历史中发生、发展着的活生生的存在物之为如此存在的东西，即“本然存在”或“本然存在者”。而人，因为在其生存活动中总和存在本身交道相关，所以其生存活动就是“本然存在”的展开或显现。这样，作为“本质”的“Wesen”和作为精神性的“生灵”的“Wesen”之间的意义就有了统一性的联系。尽管主要出于译文可读性的考虑，我在许多情形下仍按传统译法将之译为“本质”，但在确定海德格尔用之指称“人”的情形下，将之译为“本然存在”或“本然存在者”。这个词的形容词形式“wesentlich”相应地译为“本质的”或“根本性的”。但读者应该意识到这种一词两译的做法实在是不得已而为之，这有将两者意义隔离开来的危险，在理解上往往也会造成困惑。——译注

② 人。——作者边注

“一个认知，无论它以何种方式以及通过什么手段与对象发生关系，它与对象直接发生关系所凭借的以及一切思维作为手段所追求的，就是直观。”[1][2]

要想对《纯粹理性批判》有任何领悟，我们必须斩钉截铁地说：
22 认知原本[3]就是[4]直观。这样变得清楚了：将认知在判断（思维）中重新释义，这违背康德疑难的关键要义，因为所有的思维活动都只是伺服于直观的。[5] 思维不仅仅“也还”以现成的方式立于直观之旁，而且，依照其内在的结构，思维就是为直观原本和持久性向之指归的东西服务的。不过，如果思维依其本质应当和直观如此关联，那么思维和直观两者之间就一定有某种因缘〈Verwandtschaft〉，这一因缘将它们统一在一起。将这一同宗同源（genus）的因缘关

① 《纯粹理性批判》第1版，第19页，第2版，第33页。（斜体为康德所加）。

② 参见《纯粹理性批判》第2版，第306页；直观的优先性！参见《关于自莱布尼茨和沃尔夫以来的形而上学的进步》，第157页。——作者边注

③ 就本质而言！参见本书第51页！本书第66页。——作者边注

④ 参见本书第25页“本己的”——这是什么意思？直观在这里意味着：*存在物自身*，以“让给予”的方式，作为*领受着*的东西公*开出来*。认知“原本”，即第一位的，就在其（作为有限的）本质之*根据*之中；思维作为第二位*的东西*，必须也隶属于*这一*本然存在，只有如此，它才是原本的！但这里“第二位的”是在本然存在之建构的位序意义上说的，而不是在通常的“在根本上多余的”的意义上说的。正是因为认知*原本*就是直观，所以对我们而言，单单直观绝非知识！参见与之相关的超越论之感性论中的相同关联，本书第67页！——作者边注

⑤ 参见《纯粹理性批判》第2版，第219页。在某个意识中的*综合* 统一乃是“关于某种感觉客体的知识的本质性的东西”。但这里所说的“综合”，只是臣属服务性的，也就是说，在这里知识在其本质上是有限的。只是因为直观乃是 *在基本本质上* 让来相遇，思维才会是具备本质性的。当然，知性高于直观——在有限性和满足需要性方面。这个优先性越大，对直观的依赖就愈加无条件，就愈发离不开它。——作者边注

系表述出来就是:“**表像**(*repraesentatio*)之一般”是两者的“种”[①]

“表像”在这里首先具有宽泛的形式化意义,指的是某物据此而显示、呈报和描画某个其他的东西。这一表像活动能够“伴随着意识”[②]而发生。表像中有着对呈报以及对关于某物之呈报状态的知(perceptio)。通过一物去表像另一物,在这一表像过程中,如果不仅是表像活动被表像出来,而且,在此表像活动中表像出的东西自身也得到表像,即“被意识”的话,那么,这样的表像活动就是一种自身关联,即与在表像活动本身中进行自身呈现的东西的 23
关联。在这种“客观知觉”的意义上,认知就是一种表像活动。

认知着的表像或者是直观或者是概念(intuitus vel conceptus)。[③]“前者直接地与对象相关,是单独的;后者则间接地凭借多个事物可能共有的某个特征与对象相关”。[④]按照前面提及的《纯粹理性批判》的第一命题,认知就是思维着的直观。但思维,即“普遍性的表像活动”,其目的完全是为了去通达那个别的对象,这也就是说,为了在其直接性中,而且是让每一个人,都可以去通达具体的存在物自身。“此两者(直观与思维)中的每一个都是表像,但还不是认知”。[⑤]

这样,人们似乎就可能推论说,在直观与思维之间存有一种相

① 《纯粹理性批判》第 1 版,第 320 页,第 2 版,第 376 页以下。

② 同上。

③ 参见《纯粹理性批判》第 1 版,第 271 页,第 2 版,第 327 页。反对洛克〈Locke〉和莱布尼茨〈Leibniz〉;感性和知性“两个全然不同的表像活动本源”。——作者边注

④ 同上。

⑤ 《关于自莱布尼茨和沃尔夫以来的形而上学的进步》,同前引,第 312 页。

互作用着的、而且是完全同等重要的关联，结果就应当可以同样正确地说：认识乃直观着的思维，而且究其根基而言，它简直就是判断活动。

但与上面的立场相反，我们必须要坚持，直观构成了认识的真正的本质，并且，在直观与思维的所有相互关联中，直观拥有着真正的分量。这一点不单单从上述康德的说明以及对“直观”这个词的黑体排版中看得清楚，而且，正是借助于对认知的这一解释，也才
24 可能把握这一定义中本质性的东西，即认知的有限性。这一《纯粹理性批判》中的第一命题已不再是关于一般认知的定义，而且早已是人类认知的本质规定性。“相反（与涉及‘上帝或者某种其他更高的精神’有别），举凡涉及人的每一种知识都由概念与直观而来”。[①]

将人类认知与无限的神的认知之理念，即“源生性直观”（intuitus originarius）[②]进行某种衬托比较，有限的人类认知之本质就会展现出来。不过，神的认知就是直观，不是作为神的直观，而是作为认知一般。无限的与有限的直观之间的区别就在于：无限直观在其对个别东西，即对一次性的单个存在物总体的直接性表像中，将此存在物首次带入其存在，助其形成发生（origo〈起始〉）。[③]倘若绝对直观被指定向着某种已经现成的存在物，直观者依此才可被直观出来的话，那么，绝对直观可能就不那么绝对了。神的认

---

① 《关于自莱布尼茨和沃尔夫以来的形而上学的进步》，同前引，第312页。

② 《纯粹理性批判》第2版，第72页。

③ 参见《关于自莱布尼茨和沃尔夫以来的形而上学的进步》（前言），第92页。——作者边注

知就是这样的表像活动，此表像在直观中首先[①]创造出可被直观的存在物自身。[②]但是，因为现在此表像活动完全先行地、通透地、直接地在整体上直观存在物，就不需要思维。[③]思维本身因而就已经是有限性的标记。神的认识乃“直观，(因为一切神的认知都必须是直观，而不是**思维**，思维总是有限制性的证明)”。[④]

但是，如果人们说：神的认知只是直观，而人的认知，与之相 25
反，则是某种思维着的直观，那么，这就似乎还没有把握住有限和无限认知之间区别的关键，漏失了有限性的本质。因为认知本来[⑤]就是直观，所以，这些认知方式之间的本质区别原本就在于直观自身。因此，人的认知的有限性首先必须在其本己的直观的有限性中去寻求。某种进行有限认知活动的本质必定“还要”思维，这首先是其直观之有限性质的根本性后果。只有这样，“一切思维”之根本性的臣属地位才可以得到正确的说明。那么现在，有限直观的本质以及随之而来的一般人类认知的有限性的本质，究竟立基于何处呢？

第 5 节　认知的有限性本质

最初我们可能会这样消极地说，有限性的认知是不具创造力

① 根本就是唯一；它本身总是已经让它的“对象”出场。——作者边注

② 《纯粹理性批判》第 2 版，第 139 页，第 145 页。

③ 它“完全不用感性，同时也没有通过概念进行认识的需要”。(同上)——作者边注

④ 《纯粹理性批判》第 2 版，第 71 页。

⑤ “原本”？——作者边注

的直观。直观在其单一性中直接描画出来的东西，必然已经事先就是现成的。有限性直观，将自身视为是依赖于可被直观的东西的，而这一可被直观的东西则是某种源于自身的、已然的存在物。而直观出的东西就是从这样的存在物那里推演而来，因此，这一直观又叫 intuitus derivatives〈衍生性直观〉，乃“推导出来的”，即自身推演着的直观。[①][②]存在物的有限直观不可能从自身出发给出对象，这一直观必须让对象给出自身。并非每个直观本身，而只是有限的直观才是具有可领受性的〈hinnehmend〉。因此，直观的有限性的这一特征就在于它的接受性。但除非可领受的东西呈报出自身，有限性的直观就不可能领受。依据其本质，有限直观必然被其直观过程中所遭遇的东西激发。

26 因为认知的本质原本就在于直观，而且还因为人的有限本质构成了形而上学[③]全部奠基的主题，[④]所以，康德在紧接着《纯粹理性批判》的第一句话之后，马上又说：“然而，仅当在对象被给与我们的情况下，它［直观］才发生；但是反过来，这种情况，至少对我们人而言，只有当对象以某种方式激发了心灵才有可能”。[⑤]这句“至

① 《纯粹理性批判》第 2 版，第 72 页。

② 但不是从绝对直观那里演绎出来的东西；有限性认知，就其结构性本质而言，是从……出来〈*herkommen von*〉，也就是说，（不是自身进行创造），而是让自身从某个其他地方给出来；但这也不意味着，有限的认知乃是那绝对认知的一个“衍生物”！它根本就没没有涉及那存在物起源的问题。——作者边注

③ 作为人的自然本性。——作者边注

④ 〈这〉不是本来的主题，〈本来的主题〉是*认知*，参见本书前面第 20 页。——作者边注

⑤ 《纯粹理性批判》第 1 版，第 19 页，第 2 版，第 33 页。

少对我们人而言”是在第二版[①]中才加进去的。而这只是将话说得更清楚一点罢了，即有限性认知从第一版的一开始就是主题。

因为人的直观作为有限的直观有所领受，但领受着的“获得”〈Bekommen〉[②]的可能性则要求感触，所以，感触的器官，“感官”就在事实上成为必要。人的直观，并不因为其感触通过“感觉”器官发生才是“感性”的，恰恰相反，正因为我们的亲在是有限的，生存在已然存在物之中并被抛向已然存在物，所以它[③]才必然而且必须领受已然存在物，这也就是说，为那存在物提供呈报自身的可 27
能性。为了能够通达这一呈报，器官是必要的。感性的本质在于直观的有限性。感触的器官，正因为它们隶属于有限的直观，即感性，所以才是感官。这样，康德就第一次赢得了存在论的，而不是感觉层面上的感性概念。由此推之，如果关于存在物的、经验上可感触的直观并不必然和“感性”叠合，那么，依其本质来说，就依然存有某种非经验的感性的可能性。[④]

认知原本就是直观，即某种直接表现存在物自身的表像活动。但是，现在如果有限直观是认知的话，那么，它就必须能够使存在物自身作为公开者，将其是什么以及如何是，在所有时间内让任何人都可以通达。有限的和直观着的本然存在者，必须能够分身到

① 正好也还是在它里面！——作者边注

② 手头处理的东西……来－到〈Beikommendes... be-commen〉。——作者边注

③ 终究为了达到存在物。——作者边注

④ “感性直观要么是纯粹直观（空间和时间），要么是经验性直观。经验性直观，在空间和时间中，直接地作为现实的东西通过领受被表像出来”。《纯粹理性批判》第2版，第146页以下。

存在物的当下直观中。但是现在，有限直观作为直观，首先并且总是被禁锢在每每被直观出的个别事物那里。如果每个人都可以使自己以及他人理解直观出的东西并因而能够沟通，那么，此直观出的东西就还只是个被认知了的存在物。例如，这个被直观出的个体，这里的这截粉笔，必须作为粉笔，或者说作为物体得到规定，正因如此，我们才有可能将这个存在物，共同认知为对我们而言是相同的东西。为了达到认知的目的，有限直观每时每刻都需要，如此这般地将直观出的东西，规定为这个和那个。

在这样的规定过程中，依据直观而表像出来的东西，又着眼于其在“普遍”中所是的东西得到进一步的表像。但是，这一规定并不将普遍自身作为主题表像出来。它并不使事物的物体性成为对象，相反，那种对直观着表像出来的东西进行规定的表像活动，只是将某束目光投向那普遍，而这样做的目的，则仅仅在于借着这一

28 普遍的目光，达至个别的东西，并使得这个别的东西从这一目光之投向……出发来得到规定。这种其自身服务于直观的、“普遍性的”表像活动，就使得在直观中被表像了的东西，以如下的方式，成为更加具有表像性的，[①]（1．即：将众多把握在单一之中，并在这

① 更好地去把握！普遍表像活动—概念表像活动—思维活动—判断活动，这就使得直观给出的个别事物成为更具有表像性的。

1.只要概念适用于众多个单一的对象；2.只要此普遍所有人均可通达；3.这样，*存在物*自身才成为更加可通达的。）

这是必然的吗？为什么？作为直观，领受着的表像这样就变得更有接纳力，并且，它这样才可能有“存在物”。因为思维是这样的必要（为什么？）并且借此使之成为更具有表像性的，所以它是服务性的！在作为 representotio〈表像〉的直观中尚无存在物？绝不会的！——只要我们根本就绝不会仅仅在直观。——作者边注

一把握的基础上“适宜于杂多”。康德因此将这种普遍表像（repraesentatio per notas communes〈由共同特征而来的表像〉）称为“概念的表像”。由此，这种规定性的表像活动就显明自身为“表像（直观）的表像[概念]”。[①] 但是，规定性的表像活动自身乃是一种就……关于……的陈述（述谓）。“判断也是关于对象的间接性认识，因此就是它的表像之表像”。[②] 但是，知性就是“判断的能力”，而知性本己的表像活动就使得直观成为“可理解的”。[③]

只要这一判断性的规定活动依其本质植基于直观，思维就总会在服务于直观的情形下与之合为一体。通过如此地合一（综合），思维间接地与对象发生关系。在某种思维性直观的统一中， 29
对象开放出来（成真）。与之相应，思维与直观的综合，就使得所遭遇的作为对象的存在物的公开得以进行，我们因此将之称为成－真（公开）的、实在性的综合〈veritative Synthesis〉。这一综合与上面提到的关于存在物自身的实质规定性的“供出”相合拍。

但是，在这一实在性综合中与直观合二为一的思维，现在从它的方面而言，即作为判断活动，却还是另一种意义上的合一（综合）。康德说：“只要诸表像活动形成为一个概念，一个判断就是对这些不同的表像活动的意识的统一性的表像，或者说，是对它们的

① 在这里，批判性的判断概念就立即和有根据地被引进了。——作者边注

② A68，B93.

③ 1）自为的分析和综合判断的本质；2）这一区分的本质；两者作为认知和思维有限性的指南。——作者边注

关联的表像”。①判断具有“统一的功能”，这也就是说，判断就是对概念的述谓特性中合一的统一性进行表像。我们将这种合一的表像称为述谓的综合〈praedikative Synthesis〉。

不过，这种述谓的综合与那种合一，即判断被描画为主词与谓词之间联结的合一，复又不尽相同。我们将后面的这种主谓词间的综合称为命题式综合〈apophantische Sythesis〉。

依此，在一般说来构成了有限认知之本质的实在性综合中，述谓的综合与命题式的综合共同组成了综合的结构统一体。

现在人们宣称，依照康德，认识的本质在于“综合”。但只要综合这一术语还具有无法确定的多重意义，这一命题就依然是什么也没有说。

需要对之进行规定的有限直观，有赖于知性。知性不仅隶属于直观的有限性，而且其自身，甚至由于缺乏有限直观的直接性，因此就成为更加有限的东西。知性的表像活动需要迂回，需要借

30 道于某种普遍，它通过这种普遍并从这种普遍出发，才使得众多的个别，成为在概念上可表像的东西。这一隶属于知性本质的迂回性（推理性），就是其有限性最鲜明的指南。

可是，作为接受性的有限直观，它的形而上学本质，现在在自身中保持着直观的一般本质特征，即直观就是“正在给出”，与此相

① 参见康德《逻辑学——讲课笔记》，杰舍〈G. B. Jaesche〉编辑，全集（卡西尔编）第八卷，第17节，第408页。

似，知性的有限性也同样显现出有关某种绝对认知之本质的东西，即“源初性的（任其生发的）直观”。这一知性的有限性从自身出发，在直观中并经由直观，首先把可直观的存在物带将出来。知性，作为有限直观的关联攸关方，并不比有限直观具有更多的创造力。知性从不制造存在物，但它和直观的领受活动不同，它是一种带将出来的艺术。当然，关于存在物的判断活动，完全不会将那种普遍性带将出来，这种普遍性是被直观出的东西在其中得到概念式表像的普遍性。就其实情内容而言，这种普遍性乃是从直观自身中创生而来。只是这一实情内容，如何作为一统杂多的方式方法发挥作用，则是知性的贡献。

在概念形式的制作〈herstellen〉活动中，知性协助提供〈beistellen〉对象的内容。在这一“提”[①]〈stellen〉的方式中，思维所特有的“表－像活动”〈Vor-stellen〉就暴露出自身。[②]如此“进行着制作”的知性，其形而上学的本质，虽然也还同时被规定为具有“由自身出发”（自发性）这一特征，但它的要害并没有被抓住。

迄今为止，认知的有限性被标明为是领受着的，并因此又是思维着的直观。这一有限性借助于认识的结构得到澄明。有限性，对于形而上学奠基之疑难来说，有着根本性的意义。除此之外，我

① “〈提〉交给”〈Zu-〉。——作者边注

② 应当注意海德格尔这里使用的一组德文词，即“提”〈stellen〉；制造〈herstellen〉；提供〈beistellen〉；“提交给”〈zustellen〉；“表－象”〈Vor-stellen〉。十分明显，海德格尔企图借它们之间在语词词根与语义上的关联，揭示其哲学意义上的关联。——译注

31 们还应当从另一个方面来阐明有限认知的本质，即从如此这般认识中的可认知的东西的角度来阐明有限认知的本质。

如果有限的认知就是领受着的直观，那么可认识的东西就一定会从它自身出发来显现自身。所以，有限认知能使之开放出来的东西，依其本质就是自身显现的存在物，即现像者〈Erscheiendes〉、现像活动。“〈Erscheinung〉这一名称意味着作为有限认知对象的存在物自身。更精确地说，只有对于有限性的认知而言，才在根本上有对象这样的东西。[①]只有有限的认知，才会被交付给那已然的存在物。而无限的认知，则不可能有任何它准许自身与之合拍的、已然的存在物与之相对立。如此这般的“与……合拍”，也许就已经是“依赖于……”，所以就是有限性。无限的认识是一种直观，这一直观本身让存在物自身得以发生。绝对认知就在让发生中，开放出存在物，并且每一次都“仅仅”作为在此让发生中的发生者，亦即作为“站－出”〈Ent-stand〉开放出来。只要存在物对于绝对直观进行着开放，那么，它就正好“在”它的来－向－存在〈Zum-Sein-Kommen〉之中。它作为存在物之为存在物自身存在，亦即不是作为对象而存在。因此，严格说来，无限认知的本质这样就总也不来相遇，结果人们就说，这个直观只有在直观活动中才制造出“对象”。

① *对象性* 就是 *在*〈Seyn〉！即在经验的意义上说。——作者边注

"在现像中"的存在物与物自身那般[①]的存在物，是同一个存在物，而且仅仅只是这一存在物。作为存在物，它独自就可以成为对象，尽管只是某个有限认知的对象。因此，依据某个有限认识所具有的领受－规定之能力的方式与范围，这一存在物开放出自身。

康德在狭窄和宽泛的意义上使用"现像"〈Erscheinung〉[②]这一表述。宽泛意义上的现象（Phänomena）就是"对象"[③]的一种方式，即存在物自身，它使得有限的认识，作为思维着、领受着的直观 32
开放出来。狭窄意义上的现像，意味着那种附在宽泛意义现像上的东西，它完全是思维（规定活动）已将之剥离下来的、隶属于有限直观之感触的关联项：经验直观的内容。"一个尚未规定的经验直观的对象就叫*现像*"。[④] 现像是说："经验直观的一个客体"。[⑤]

众现像不是单纯的假象〈Schein〉，而是存在物自身。这一存在物反过来又不是不同于物自身的某个东西，相反，这东西正是一存在物。这存在物本身是可以开放的，并不需要知晓这个存在物

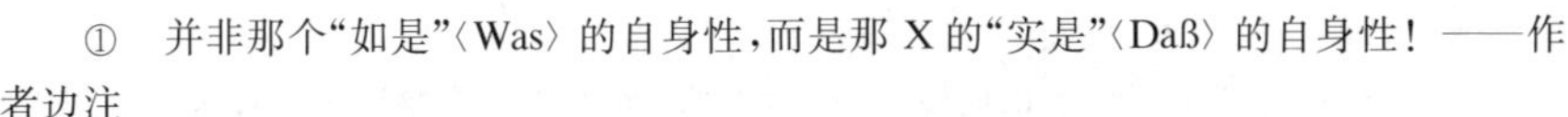

① 并非那个"如是"〈Was〉的自身性，而是那 X 的"实是"〈Daß〉的自身性！——作者边注

② "Erscheinung" 与 "Phänomen"在德文中是同义词，常常混用。海德格尔在其主要哲学论述中，严格区分这两个概念的用法。海用"Erscheinung" 来指称作为第二义的，和对象性的感觉认知活动有关的，尤其是和思想概念活动有关的观念意像，而用"Phänomen"表达存在论－生存论层面上的，使得我们直观认知活动及其关联项得以可能的展开、开显方式本身。基于这一基本理解，我将前者译为"现像"，后者译为"现象"。读者也可参见海德格尔《存在与时间》第七节关于这两个概念分疏的讨论。——译注

③ 《纯粹理性批判》第 1 版，第 235 页（标题），第 249 页。

④ 同上书，第 1 版，第 20 页，第 2 版，第 34 页。

⑤ 同上书，第 1 版，第 89 页，第 2 版，第 121 页。

“自身”(即作为站－出)。作为“物自身”与作为“现像”,存在物的这一双重特质,就和存在物能够赖以与无限和有限认知相关联的两重方式,遥相呼应。这两种方式就是:站出的〈im Entstand〉存在物与作为对象的〈als Gegenstand〉存在物[①]。

只要在《纯粹理性批判》中,人的有限性是存在论奠基之疑难的基础,[②]那么,《批判》就一定要对有限和无限认知之间的区别给予特别的重视。正因如此,康德这样来谈及《纯粹理性批判》:“在书中,客体被告知有*双重意义*,即作为现像或者作为物自身”。[③]因
33 为对于绝对认知来说不可能有诸多对－象〈Gegen-stände〉。在康德逝世之后发表的遗稿中,他说,物自身也许并不是某种不同于现像的存在物,这也就是说,“物自身与现像概念之间的区别不是客观的,而是单纯主观的。物自身不是另一个客体,而是对这*同一个客体* 之表像的一种不同(方面)的关联”。[④]

① “Gegenstand”在德文中的字面意思为“站到对面”。海试图在这里强调“站出来”与“站到对面”之间的字义关联。——译注

② 〈这是〉未明确表达的主题!——作者边注

③ 《纯粹理性批判》,确切地说,也还不是那“如此的*存在物*”〈das so *Seiende*〉;当“存在”隶属于有限性时,对上帝而言,根本就没有存在物。——作者边注

④ 康德,《遗稿》,阿迪克斯(E. Adickes)解述,1920 年,第 653 页(C551),斜体为作者所加。[参见 C567。“对应于作为现像的对象概念,必然会提出一个[作为]它的对立物 = X 的物自身的概念。但这不是一个可以区别于他物的[特别是在现实性中给出的]客体(实在物),而是单纯地依据概念(logice oppositum〈逻辑悖谬〉)作为某种被给出的东西(dabile〈给予〉),然而,对这种东西进行抽象,那单纯主观地构成了那作为客观本体的一个〈事物〉类别。但是,这个本体至多不过是一个理性表像之一般,[附加上]一个问号而已:先天综合知识如何可能?它不是一个特别的、好像是现像的对面物那样的客体”。(引述杨克(R. Janke)《海德格尔的康德解释》,系统哲学与社会学数据中心,第 34 卷,第 271 页。)——作者边注]

这个关于“现像”和“物自身”概念的阐释，着眼于有限的与无限的认知的区别。由此出发，我们现在还需要澄清，术语“现像背后”与“单纯现像”的意思是什么？这个“背后”说的一定不能是对于有限认知本身而言，站立在对面的物自身，同样，它也不意味着：其本质恍兮惚兮，不可以被“完全”把握，但时而又可被间接地瞥见。相反，“现像背后”这个术语所表达的是：有限的认知作为有限的东西，必然同时会对此进行遮蔽，而且事先就要进行这般遮蔽。于是乎，“物自身”就不是那种仅仅有欠完善的东西，相反，究其本质而言，它根本就不是那种有限认知可以通达的东西。在这“现像背后”的是同现像相同的存在物。但是因为现像仅仅在对－象过程〈Gegen-stand〉中给出存在物，所以，它也就根本不会将这同一 34
存在物视为站－出〈Ent-stand〉。“按照《批判》，举凡在现像中的东西，自身复又是现像”。①

因此，如果人们相信，通过积极性的批判活动，我们就一定会证明有关物自身知识的不可能性时，我们就误解了物自身的意义。这一证明尝试有一预设，即设想物自身的意义，在根本上指的就是内在于有限认知中的对象，只不过，这一对象事实上的不可通达性，则是能够而且一定会被证明的。所以，“单纯现像”这一说法中的“单纯”并不是对事物实际性的限制和裁削，而只是否认人类认知可以无限制地知晓这一存在物。“……(在感官世界中)，[无论我们怎样]对它的诸对象进行了极其深入的研究，涉及的只是诸现

① 康德，《论某种发现——据此，所有新的对纯粹理性的批判，都由于某个先前的批判而理应成为多余的》，1790 年，《全集》(卡西尔编)，第 6 卷，第 27 页。

像而已”。[①]

现像与物自身之间区别的本质，最终尤其清楚地表现在“我们之外”[②]这一名称的双重意义上。存在物自身总似处在这双重的意义中。我们作为有限的本质，被排除在物自身拥有的无限直观方式之外，就这个意义而言，存在物作为物自身在我们之外。如果存在物意味着现像，我们自身虽不是这一存在物，但却拥有通往它的路径，就这一点而言，它也在我们之外。在有限和无限的知识中，已认知的东西有着不同的特征。如果我们从这一角度来讨论关于有限与无限知识的区别，这也会反过来同时表明，那些对于批
35 判而言颇为基本的概念，即现像与物自身，根本上只有通过对人的本质之有限性进行质疑索问这一更为明确的奠基活动，方能得到理解和进入更加宽广的疑难之中。但是，这里说的也不是在“那”被假设为完全无差别的知识内部的两种先后叠加的对象层次。

随着对人类认知之有限性的标明，某种在方向路线上的有着本质性意义的东西就展现出来，形而上学的奠基正走进这一路途并在其中推进。同时，由此也就产生了一条更为清晰的指向，它势必指引我们回到存在论的内在可能性的本源。

第6节　形而上学奠基的本源

对一般认知之本质的解释，尤其是对其有限性质的解释告诉

① 《纯粹理性批判》第1版，第45页，第2版，第62页。

② 同上书，第1版，第373页。

我们：有限直观（感性）自身需要通过知性来进行规定，而自身已是有限的知性，反过来也是依赖于直观的。“因为，除了在直观中带有的，和我们的语词相应的那种东西之外，我们什么也理解不了”。[①]因此，当康德说“这些特质（感性和知性）中的任何一个都不应优先于另一个”时，[②]这似乎却又和他将认知的根本特质放到直观之中的做法相矛盾。不过，感性与知性必然地共同隶属于有限认知的本质统一，这非但不排除，而且还包括了某种结构上先后的位序：直观是起领导作用的表像，而思维则奠基在直观之上。如果想要靠近康德疑难的最内在的路径，就不可以忽视感性与知性之间的这种双向的共同隶属的先后排序，以及不可以将之拉平为形 36
式与内容间的无关紧要的相关关系。

不过，要回溯到有限性认知的可能性之本源的问题，现在似乎只要停留在其构成成分的简单而又双向的两重性中就够了，且不说康德自己还明确地将我们知识的“发源地”确定在“心灵的两个本源”〈zwei Grundquellen des Gemütes〉上：“我们的知识源于心灵的两个本源。第一个是感受之表像（印象的可接受性），而第二个就是通过这一表像认知对象的可能（概念的自发性）”。[③] 康德还更明白地说道：“除了这两种认知的源头”（感性和知性）之外，“我们别无其他的源头”。[④]

但是，源头的这种双重性并不是什么单纯的比肩并列，相反，

① 《纯粹理性批判》第 1 版，第 277 页，第 2 版，第 333 页。

② 同上书，第 1 版，第 75 页。

③ 同上书，第 1 版，第 74 页。

④ 同上书，第 1 版，第 350 页。

只有在这种由其结构所规定的两者合一中，某种有限的认知才会达到其本质性的存在。“只有从这种自身合一出发，知识才可能发生”。[①]然而，这两者合一的统一性，绝不是什么由于要素冲突而产生的额外结果，相反，使之成为合一的东西，即“综合”，一定才是使那要素在其相互隶属和统一中得以生发的东西。不过，当有限的认知，正好在本源的源初性综合上拥有其本质之际，形而上学的奠基就一定要突进到有限认识的本质根基处。在这时，我们才可万无一失地说，在关于“两个本源”的明确说法那里，我们已经接近了对有限认知的本源，即对源初的统一性的指引方向。

37 这样，康德就不仅在他的《纯粹理性批判》的导言部分，而且还在其结论中，不仅是单纯地列举出两个本源，而且还对之给出了鲜明的描画：“对于导论或预示而言，似乎有必要这样说：人类知识有两个主要枝干：即**感性和知性**，它们也许出自某种共同的、但不为我们所知的根柢。通过前者，对象被给予我们；但通过后者，对象被思维”。[②] “这里，我们对工作的完成感到满意。在这一工作中，我们只是筹划了从**纯粹理性**而来的一切知识的**筑构蓝图**。而且，我们的出发点只是那个我们的认知力的共同之根在此发生分杈，抛出两截主干的地方，而其中的一个主干就是*理性*。但按照我的理解，这里的理性指的是全部高级认知能力，并且，我将理智的东西与经验的东西对立起来”。[③]“经验的东西”，在这里指的是那些经历着的、领受着的东西，接受性，感觉性本身。

① 《纯粹理性批判》第 1 版，第 51 页，第 2 版，第 75 页以下。

② 同上书，第 1 版，第 15 页，第 2 版，第 29 页。

③ 同上书，第 1 版，第 835 页，第 2 版，第 863 页。

“根源”在这里被把握为“主干”，它是从共同的根部生发出来的。但是，当第一次说“共同之根”时，有一个“也许”，而在第二次说“共同之根”时，它则被视为是存在着的。不管怎样，在这两个地方，根柢都仅仅是被暗示着的。对于这一根柢，康德不仅不再进取，而且甚至还称之为“不为我们所知的”。由此可以看出康德的形而上学奠基一般特质中本质性的东西：它并不导向第一命题和原理之清楚明白的绝对明证性，而是走向和有意识地指向未知的东西。它是一种哲学的哲思着的奠基过程。

II　揭蔽起源的方式 38

第7节　对存在论奠基诸阶段的标明

形而上学奠基就是去筹划先天综合的内在可能性，它的本质必须得到规定，必须从筹划的本源来描画其起源。对有限认知的本质的阐明和对本源的标明就界定了展现本质性渊源的方向。但这样，对先天综合知识的内在可能性进行发问，也就同时变得更加迫切和更加复杂了。

形而上学之奠基乃一疑难，在对这一疑难的准备性分析工作那里，我们得到的结果如下[①]：只有在对存在物的存在法理具有某种先行的、不受经验拘束的认知的基础上，对存在物的知识方为可

① 参见上面第2节，第10页注。

能。现在，其有限性正在被询问的有限认知，就其本质而言，就是正在对存在物进行规定着的、正在领受着的直观。如果欲使存在物的有限知识成为可能，那么，它就必须将自身奠定在某种先于所有接受活动的、关于存在物之存在的知识之上。因此，出于其本己的可能性，关于存在物的有限性认知就要求有某种尚未－领受的（似乎非－有限的）认知，就像是某种“创生性的”直观一样。

这样，询问关于先天综合的可能性的问题就聚焦为：有一有限性的本然存在者，它本身受制于存在物并依赖存在物的领受状态；它也并非存在物的“创生者”，但它如何能够在所有的领受状态之先，就可以认知，即直观存在物呢？换句话说，这一有限的本然存在者必须按照其本己的存在法理去存在，这样，一种从经验那里得
39 到自由的存在者之存在法理的生发提供，即存在论的综合，就成为可能。这一依照其本己存在法理的有限性本质，必然以怎样的方式存在呢？但这是如何可能的呢？

但是，如果关于先天综合的可能性的问题这样提出时，如果每一认知作为有限的认知都分解为上面所说的两个要素，也就是说，如果它自身就是综合，那么，询问先天综合的可能性的问题就有了某种特别的复杂性。因为先天综合不等同于上面提到的实在性的综合，实在性的综合涉及的仅仅是存在物层面上的知识。

存在论的综合作为知识一般已经是综合的，这样的话，奠基工作一定要从某种纯粹认知的纯粹要素（纯粹直观与纯粹思维）的提出开始。其后应当澄清，这些纯粹要素的源初性的本质性统一，即纯粹的实在性的综合，具有什么样的特质？然而，这一工作现在应当这样来进行，它同样也先天地规定着纯粹的直观。而隶属于这

一直观的概念，必须不仅仅就其概念形式，而且就其概念内容而言，也都先于所有经验而产生。但问题就在于，必然隶属于纯粹的实在性综合的纯粹述谓综合是一种特别类型的综合。因此，在将先天综合的问题作为存在论问题的疑问中，询问“存在论谓词的”本质就必须转为问题的中心。

但是，发问的是关于纯粹的实在性综合的本质统一性的内在可能性。这一发问在自身过程中，更往前进逼，从而回到澄清这一综合的内在可能性之源初根据上。纯粹综合的本质被从其根基处解蔽开来，只有通过这一解蔽，才会产生这样的洞见，即存在论认知在何种程度上能够成为存在物层面上的知识之可能性的条件。这样，存在论真理的完全性本质就可以得到界定。

于是，存在论奠基会经历由下列标题标明的五个阶段步骤：
1.纯粹认知的本质性要素；2.纯粹认知的本质性统一；3.存在论 40
综合的本质统一性之内在可能性；4.存在论综合的内在可能性之根据；5.存在论认知的本质规定。

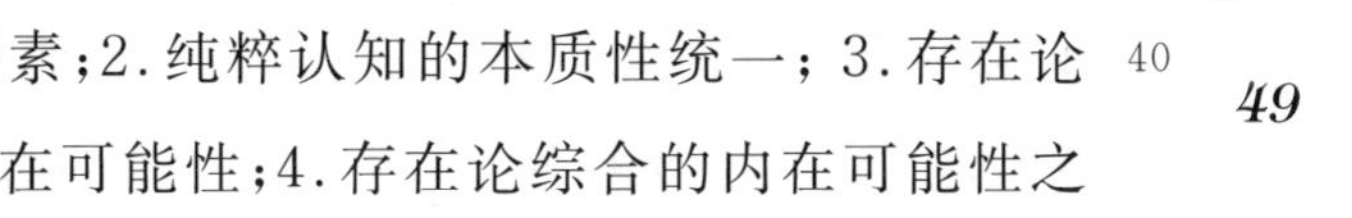

第 8 节　揭蔽起源的方法

我们已经对有限性认知的本质构造进行了初步地标画。这一标画显现出了综合自身内部相互隶属结构的某种丰富性。现在只要纯粹的实在性综合还包含有某种在一定的意义上看起来为非-有限的认知的理念，那么对于一个有限的本然存在者而言，对存在论的可能性之发问就还是错综复杂的。关于有限认知的根源之本源以及它的可能的统一性的指引，最终就导向了未知的东西。

考虑到这一导引性疑难以及其可能发问的方向的这一特性，对于解蔽起源的方式与回溯到本源的方法还没有首先确定下来这档子事，就不会奇怪了。只有当突入到至今尚且遮蔽着的领地之际，并且通过对自己显现出来的东西的推敲论辩，才会出现解蔽方式与溯源方法的确定性与规定性。毋宁说，这个解蔽起源的领地不是什么别的东西，而恰恰正是人的“心灵”(mens sive animus)。人们将这一心灵的开启称为“心理学”。但只要这里因此而涉及“认知”的阐释，其本质一般说来都与判断(λόγος)有关，这样，心灵的这一开启也就必然伴随有“逻辑学”。如果说得浅白一点就是，“心理学”与“逻辑学”瓜分了这一任务，或者说，它们在其中争斗竞先，扩大和改造自身。

但是，当人们现在一方面考虑到康德所寻求的东西的源初性和独一无二性时，另一方面也看到了传承下来的“逻辑学”与“心理学”的问题性。传统的“逻辑学”与“心理学”对于如此这般的疑难索问根本就不适用。这样也就表明，无论是在“逻辑学”或“心理
41 学”设问的主导线索中，还是甚至在一种外在的将两者联合起来的过程中，要想去把握康德的形而上学奠基之真髓，都将是毫无希望的。然而，一旦人们把握到，在对有限的人的本质进行规定中，在基础上与方法上会面临怎样的困难，那么显而易见，“超越论的心理学”就仅仅是一种尴尬困境的表达罢了。

这样，仅仅就还有这一点保留下来了，即关于解蔽起源的方法，应当放开，而不是将之很快地纳入到某种传统的或者已经设计出来的学科中去。至于方法的这种放开特质，一定要记住康德自己在完成《纯粹理性批判》后针对这本书立即说的话：“这类探究总

将会是困难重重”。[①]

但是，关于形而上学的这一奠基过程的基本特征，仍然需要某种一般的指明。我们不妨将其探究方式把握为宽泛意义上的“分析”。这里遇到的是有限的纯粹理性，问题的方向就在于：这一有限的纯粹理性，如何从其本质的基础出发，使得诸如存在论综合这样的东西成为可能？正因为如此，康德将《批判》标明为“对我们的内在本性的研究”。[②]对人的亲在的本质做这样的揭明，“对哲学家来说，简直就是本分”。[③]

不过，“分析”在这里并不意味着某种将有限的纯粹理性分解和分割为元素，而是相反，这种“分解”意味着为存在论的种胚“松
土”，让之自由地生长。[④] 它揭明作为整体的存在论得以依据其内 42
在的可能性生长的那些条件。这样的分析，用康德自己的话来说就是一种“通过理性将自身引向光明”，“这是理性完全从自己本身那里生发出来的”。[⑤][⑥]因此，有限的纯粹理性的本质从其本己的根基中生发出来，而分析就是让这一生发成为可看见的。

所以，在这样的分析中，就有着对有限的纯粹理性之全部内在的本质的筹划着的预期。只有在这一本质的构建过程中，存在论的本质性建构才变得可视可见。而存在论的本质性建构作为如此

① 给赫茨〈M. Herz〉的信，1781 年。《全集》（卡西尔编）IX，第 198 页。

② 《纯粹理性批判》第 1 版，第 703 页，第 2 版，第 731 页。

③ 参见作为批判方法的超越论反思，《纯粹理性批判》第 1 版，第 262 页以下，第 2 版，第 319 页。——作者边注

④ 使流动，起－动！源泉。——作者边注

⑤ 《纯粹理性批判》第 1 版，第 XX 页。

⑥ 解开组构成分，将组构成分的统一带入光亮。——作者边注

被揭明的东西，同时又决定了以此为必要前提的基本要件之构造。这般筹划着的、让某种存在论在本质中得以可能的整体的自由放开，使得形而上学脚踏实地。形而上学就以某种对人之本性的“寻找家园”[①]的方式立于这根基之上。

B. 存在论的内在可能性之筹划进程的诸阶段

在目前这个阶段，必须重新开启对《批判》的解释。我们要加强对主导性疑难发问的尖锐程度。所询问的是存在论综合的本质
43 可能性，这个问题展开来就是：倘若人的亲在不仅自身没有创造出存在物，而且为了自身能够作为亲在生存，它甚至还要依靠这一存在物，那么，有限的人的亲在如何能够事先逾越（超越）到存在物？所以，存在论之可能性的疑难，就是对先行的存在领悟的超越之本质与本质根基进行发问。因此，超越论的疑难，亦即构成超越之综合的疑难问题也可以这样来看：我们称之为人的有限存在者，如何一定要依据其内在的本质而存在？如何只有这样，它才能够在根本上向着那它自身所不是，但又必须从其自身出发才能够自己展现的存在物公开出来？

回答这一问题的步骤已经在前面[②]讲明，现在应当逐个地来实行，尽管我们要放弃企图以相同的方式囊括一切的解释。这样，

① 《纯粹理性批判》第 2 版，第 XV 页。

② 参见前面第 7 节，第 39 页以下。

我们就沿循康德奠基的内在行程，而不是执着在他自己的编排和说法上。为了能够从奠基的内在进路的源初理解出发来评价《纯粹理性批判》外部架构的适当性、正确性和局限性，我们应当返回到这些东西的背后。

奠基的第一阶段：纯粹认知的本质要素

如果想要弄明白先天综合知识的本质，首先需要澄清其必需要素的状况。作为认知，超越论的综合必须是一种直观，而且作为先天的认知，它必须是一种纯粹的直观。作为隶属于人之有限性的纯粹认知，纯粹直观必然通过某种纯粹思维来规定自身。

a）有限性认知中的纯粹直观[①] 44

第9节　澄清作为纯粹直观的空间与时间

在关于存在物的有限认知中可以发现某种纯粹直观这样的东西吗？[②]这里所寻求的乃是某种直接的，但又不受经验约束的，让个体性的东西来相遇这样的情况。作为有限的东西，纯粹直观甚

① 参见本书第145页，即第28节。——作者边注

② 参见《关于自莱布尼茨和沃尔夫以来的形而上学的进步》，第91页及以下。一种先天直观的理念之筹划。——作者边注

至是某种领受着的表像。但是，现在在这里被领受到的东西，所涉及的是关于存在的认知，而不是关于存在物的，这东西不能是某种表现出来的现成存在物。相反，纯粹的、正在领受着的表像必定表现出了某种[①]可表像的东西自身。因此，纯粹直观必然在某种意义上是“创生性”的。

在纯粹直观中所表像出来的东西绝不是存在物（不是对象，即不是现像着的存在物），但同时也绝不是虚无。值得迫切提出的是：什么是在纯粹直观中并且仅仅以纯粹直观的方式表像的东西？以及，相应于表像出来的东西，如何界划这一表像活动的方式？

康德提出时间和空间作为纯粹直观。首先，应当来看看空间，看看它如何在关于存在物的有限性认知中表明自身，而且如何恰恰就在其中，存在物的本质据此成为可描绘的。

康德这样来进行关于时间和空间的本质澄清工作：先对这种现象的否定性特征进行描画，接着是对在其中先就成形的肯定性特征进行描画。

关于本质的特征描画从否定性开始，这绝不是偶然的。它从一个防御性的陈述开始，说空间和时间不是这个和不是那个，因为对于要在事先把握的和依其本质应当把握的肯定性的东西，我们已经熟知〈bekannt〉了，尽管还没有认知〈erkannt〉，只是在某种
45 确定的方式上弄错〈verkannt〉了而已。空间，也就是说，两边、上下和前后相互间的[②]关系不可以在任何“这里”或“那里”遇到。空

① 它的。——作者边注
② 这里很清楚，位置的殊异。——作者边注

间不是某种在别的存在物中间的现成物,[①]不是经验的“表像”,[②]也就是说,它绝不是在某种如此表像过程中的被表像出来的东西。为了[③]使现成物能够在某种确定的空间关系中作为广延显现出来,在对现成物的所有领受着的把握之前,空间就已经是公开的了。空间必须作为“在其中”现成物首先能够相遇的“其中”被表像:空间是一种在有限的人之认知中必然和事先地,即纯粹地[④]被表像的东西。[⑤]

但是,现在只要这一表像出来的东西“适合”“每个”个别的空间关系,那它似乎就成了一个“适合于许多空间关系”的表像,即一个概念。另一方面,对那个在这里被表像为空间的东西的本质分析,就给出了它所拥有的被表像者之表像活动的消息。康德接着从否定的角度说道,空间不是个“推论出来的”表像。一个空间的统一性不是把多个和单个的空间关系缚合在一起,也不是出于可以比较的外观将它们汇集在一起。[⑥]空间的统一性不是一个概念的统一性,而是那种在其自身就是唯一的单一之统一性。诸杂多
空间[⑦]只是单一唯一空间的诸种限制而已。但是,这空间不仅仅 46
总是可限制的,而且,这限制着的限制自身,就是其本质,即就是有

① “外在物”——在我之外和在他人之外。——作者边注

② 空间不是单纯的可剥离的东西——从众多殊异中来的抽象。——作者边注

③ 于是,为了使。——作者边注

④ 使现象活动成为可能的——作者边注

⑤ 由此推不出第二个论断;必要性;没有依赖于现象活动的规定性,而是相反。——作者边注

⑥ 回到第一点?不!在那儿,表像的经验(性质)被否定。——作者边注

⑦ 诸个个别。——作者边注

空间的。这统一和唯一的空间在其每一个部分都整个地就是它自身。只要直观的本质必须被规定为 repraesentatio singularis〈单个的表像〉，空间的表像就势必为某种统一而又单个东西的直接表像，也就是说，直观。而且按照前面所说过的那样，空间就是在某种纯粹直观中直观到的东西。

但是，纯粹直观作为直观必须不仅仅[①]直接地，而且还完整性地直接完全给出直观到的东西。并且，这一纯粹的直观并非单纯地获得某个片断，它也通过限制来一窥整体的堂奥。“空间被表像为一个无限的被给予的大”。[②] 空间是一个大〈Grösse〉，这并不是说它是某种如何如何的巨大；无限的大因此也不意味着某种“漫无止境”的扩大。“大”在这里说的是大性〈Grossheit〉，它首先是使得某种如何如何巨大（“量”）可能成之为大的东西。“唯有在量（Quantum）那里，所有的数量〈Quantitaet〉才能够被限定，而就其部分的数目而言，量是不可限定的和连续的：空间和时间”。[③]

这样，说大性是“无限的”就意味着：空间，对应于所限定的个别部分，不是那种在构成成分的程度和内容方面有所区别的东西，而是无限的，[④]这也就是说，它就其本质而言是有区别的。它作为可限制的统一整体立于所有的部分之先。这并不是像概念的一般
47 性那样，将杂多的个别置于“自身之下”，而是每每作为一同直观

① 〈这个东西〉作为个别的东西，而且还直接地，即完整地表像，即给出；这个个别者具有唯一性的个别性，亦即本质性的个别性——“这一个”。——作者边注

② 《纯粹理性批判》第 1 版，第 39 页。

③ 《康德手稿遗稿》，同上，卷 V，Nr.5846。见艾德曼，《反思》II，1038。

④ 无限的超越论概念。对第一个二律背反的评注，参见 A n.5。——作者边注

了的东西，总已经“在自身中”。这样，此整体的纯粹直观，总能给出“部分”。将如此这般“无限”的大性作为“被给予”表像出来，这样的表像就是某种给予的直观。只要统一性的整体一旦被给出，这一表像活动就会让其可表像的东西生发出来。在这一意义上，它又被叫作“源生性的”[①]表像活动。[②]

纯粹直观必定有其直观出的东西，而且正是以这种方式，即纯粹直观仅在直观活动自身中并通过这种直观给出它直观出的东西。直观出的东西完全不是某种现成的存在物，也不在纯粹直观活动中被主题性地把捉。在与诸物的交道和感知过程中，物的诸空间关系虽然也被“直观”[③]，但却在大多情形下本身并无被意指出来。[④] 乍一看来，在纯粹直观中直观出的东西不是对象性地站在那里，它在 前目光中也根本就不是专题性的。于是，乍一看到的是统一的整体，它使得两旁、上下以及前后的相互次序关系成为可能。在这种“直观方式”中直观出的东西绝不是虚无。

从上面所述可以得知，只有当我们成功地以更为紧逼的方式，弄清楚纯粹直观在何种意义上是“源生性的”，也就是说，它如何让其直观出的东西泉涌出来，对在纯粹直观中“源生性地表像出的东西”的进一步澄清才是可能的。[⑤]

① 参见本书第 141 页以下。

② 《纯粹理性批判》第 1 版，第 32 页，第 2 版，第 48 页，又见第 2 版第 40 页。

③ 纯粹。——作者边注

④ 《关于自莱布尼茨和沃尔夫以来的形而上学的进步》，第 92 页，Z. 14，第 103 页，Z. 10. ——作者边注

⑤ 本书第 28 节，第 142 页及以下。——作者边注

48

第10节 时间作为普遍的纯粹直观[①]

纯粹直观被作为存在论认知的本质要素来寻求，而关于存在物的经验就植基在存在论的认知里。但是，空间作为纯粹直观只是预先给出了这样一些关系的整体，而在这些关系中，外部感觉的诸项遭遇得以被排序。我们同时也还发现有“内在感觉”被给予出来，它不显现为空间的形态和空间的关联，而是作为我们心灵状态（表像、企求、情绪）的连续过程彰显出来。在对这些现像的经验中，我们事先看到的东西，尽管是非对象性的和非专题性的，乃是纯粹的先后相续。因此，时间乃是“内感觉的形式，也就是说，是对我们自身和我们的内在状态的直观形式”[②]。时间规定着“我们的内在状态中的诸表像的关系”[③]。“……时间绝不能是外部现像的规定性，它既不归属于形状，也不归属于位置，等等”[④]。

这样，空间和时间这两个纯粹直观就分有两个经验领域。要去找到一个构成了所有可经验的存在物之存在的所有知识的纯粹直观，并由此而允许普遍地提出存在论知识的疑难，这似乎根本就不可能。现在，除了将这两个纯粹的直观安排在现像活动的两个

① 关于时间与时间模态，参见1930年春季学期[关于人的自由的本质——哲学导论，全集第31卷]，第152页及以下，特别是第158页以下；1935/1936年秋季学期[物的追问——康德超越论原理的学说，全集第41卷]，第231页及以下；参见本书以下第102页以下，第106页以下。——作者边注

② 《纯粹理性批判》第1版，第33页，第2版，第49页。

③ 同上。[海德格尔此处引证有误，应为B50。——英译注]

④ 《纯粹理性批判》第1版，第32页，第2版，第48页以下。

领域中，康德显然还坚持下面的命题："时间乃所有一般现像的先
天形式条件"。[①]因此，时间位于空间之先。于是，时间作为普遍的 49
纯粹直观，势必成为纯粹的、超越在其中得以成象的认知〈Transzendenz bildenden Erkenntnis〉之主导性的和支撑性的本质要素。

下面的解释会显明，时间如何完全通过形而上学奠基的一个一个阶段越来越多地深入到中心。这样，和在超越论感性论中相比，时间就第一次以更源初的方式展露其本己的本质，而在那里，这一本质乃是使得先行的描画成为可能的东西。

现在，康德是怎样奠定时间作为普遍的纯粹直观的优先性的呢？在星空的运行和自然本身的生发（生长和消亡）中，日常的经验发现了时间，而且这种发现是这般的直接，时间就等同于"天时"。我们也许会注意到，正是在这里，康德否定了外部现像的时间规定性。然而，如果时间理应是所有现像之先天的形式条件，那么，康德就并没有完全否弃外部现像的时间性。一个命题排除了物理的、现成事物的内在时间性，而另一个命题则给予它这种时间性。如何可以让这些相互矛盾的说法统一起来？假若康德将作为纯粹直观的时间限制为内感觉的被给予，即最广泛意义上的表像，那么，正是在这样的限制中，存在着其可能域的拓宽，而在这可能域中，时间能够以先行的方式进行作为直观发生作用。在这些表像活动中有着这样的东西，它们作为表像活动使得那些存在物，即自身并非是进行着表像活动的本然存在的存在物，也得以照面相

① 《纯粹理性批判》第 1 版，第 34 页，第 2 版，第 50 页。

遇。因此，康德的思路是这样的：

因为所有表像都是表像活动的状态，它们直接落入时间，这
50 样，在表像活动中表像出来的东西本身就隶属于时间。由于在表像活动之直接的内在时间性中出现的这一绕道，就产生了表像出来的东西之间接的内在时间性，即那种由外部感官来规定的“表像”。于是，由于外部的现像仅仅具有间接的内在时间性，它们就在某些特定的方式下拥有时间规定性，而在另一些特定的方式下则无。在康德那里，由于“直观”以及“表像”这些术语的双义性，就在根本上促成了从作为某种心理事件的外部直观的内在时间性，再到在这些心理事件中直观出的东西的内在时间性的论证过程，因为这些术语，一方面意味着心灵状态，但同时又意味着这些心灵状态将之作为对象的东西。

作为纯粹直观，时间的普遍性基础以及其因此而来的时间的存在论核心功能，是否还保持为有效呢？是否还能是决定性的呢？作为纯粹直观的空间，是否也因此而被剥夺掉某种可能的、具有核心意义的存在论功能呢？对这些问题，这里首先都还必须保持为敞开的。[①]

如果一般地说，尽管空间和时间作为纯粹的直观，两者都“属于主体”，而且时间之于主体来说更加源初，那么，唯有如此，作为纯粹直观的时间的普遍性奠基才为可能。只有当主体的主体性存于存在物的敞开之中，直接地限制在内感觉的被给予那里的时间，才可以在存在论上更具普遍性。时间愈加主体化，主体的去限制

① 参见本书以下第35节，195页及以下。

就更加源初和宽广。

时间在存在论上起作用，即作为纯粹的、存在论认知的本质性
组成成分在起作用。正是时间自身而且是在这种存在论上起作用 51
的时间，迫使着主体性的本然存在者得到更为源初的规定。[1]而康德在奠基之初为时间所指定的普遍的、存在论上的作用，也只能因此才可能得到充分的论证。

存在论的αἴσθησις〈感觉〉使得“先天揭示”存在物的存在成为可能。而将这一存在论的αἴσθησις展现出来则是“超越论感性论”的任务。只要在所有的认知中，直观保持着领先的位置，那么，“对解决超越论哲学的一般性任务[2]（存在论）所需要的诸环节中的一环”就已经达到了。

然而，对于纯粹直观作为存在论认知的本质要素这回事情，我们哪怕有稍稍的松懈，对其某个要素的基本功能的孤立解释的苗头，就可能已经出现了。不是要把超越论感性论作为某种暂时性的疑难所在地加以清除，而是要使其疑难索问得以保持和不断尖锐起来，而假如这确实就是康德奠基工作的本己任务的话，它们就必须成为康德所进行的奠基工作的最真实的目标。

但是，我们首先还是应当对纯粹有限认知的第二个本质性要素，即纯粹思维进行同样独立的考察。

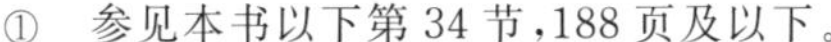

① 参见本书以下第 34 节，188 页及以下。

② 《纯粹理性批判》第 2 版，第 73 页。

b)有限认知中的纯粹思维

第11节　纯粹的知性概念(观念)

思维是人的认知的有限性的另一个要素。作为有着规定性功能的表像活动,思维的目标指向直观中直观出的东西,这样,思维仅仅为直观服务。直观的对象总是某个个体,然而,它却总在某个"一般的表像"即概念中将自身规定为"这一个和那一个"。因此,
52 思维着的直观的有限性就在于它是通过概念的认知。纯粹的认知是通过纯粹概念的纯粹直观。如果要一般地确定某个纯粹认知的完全的本质状况,只要说明这一点就行了。但要想能够找到这样的纯粹概念,首先需要去澄清在纯粹概念这一名称下所找寻的东西。

在表像活动中,例如,当将一棵椴树、榉树、杉树表像为树的过程中,每一个个别直观出来的东西,就从"适合于众多"的东西的角度,被规定为这一个和那一个。正是这一适合众多的特性将表像标明为概念,然而,这还没有触及概念的源初本质。因为,这一适合众多的特性自身,作为引申出来的性质,植基于下面的情况:众多对象在其中聚合为一的单一,每每总是在概念中表像出来。概念的表像活动就是让众多在这个单一之中聚合为一。因此,这个单一的统一性,必须在概念的表像活动中预先被看出,必须置于有关众多的所有规定性的陈述之先。众多应在单一中聚合为一,这种对单一的先行看出就是概念构成的根本行为。康德称之为"反思"。它是"不同的表像如何能在一个意识中被概念式把握的

考虑”。[1]

这样的考虑将把握着众多的统一本身带向前来，结果就是，由于这一统一，众多能够对比（进行比较），同时，那些与先就具有的“一”不甚协调的东西，也就因此而被忽视了（康德意义上的抽象）。在概念式的表像活动中表像出来的东西，“**只要**能够被**包含在不同〈的事物〉中**，它就是一个表像”。[2]在概念中，并不简单是那种事实上出现在杂多中的东西被表像，而是正在出现的东西，只要它出
现，即在其统一性中出现，它就得到表像。如此表像出来的东西， 53
作为这样把握着的“一”，就是概念。因此，康德正确地说：“一般的或普遍的概念，说的就是一个单纯的重言式”。[3]

适合于多的“一”被先行看出，因为表像在这一先行看出的基本行动中，即康德说的反思中，成为概念，所以概念也叫反思的，即由反思而产生的表像。一个表像的概念特质，即它表像出来的东西具有适合于多的“一”的形式，总是从反思中产生。但是，依其实质内容起规定作用的“一”，却大多是从依据经验的比较和预估的直观中产生出来的。于是，具有这般经验性概念之实质内容的起源是绝没有问题的。

不过，在“纯粹概念”的标题下要寻找的是某种“经过反思的”表像。这一表像的实质内容，就其本性而言，已经不可能在现像那里被读解到。因此，它的内容必定只能是先天获得的。概念，就其内容而言，也是先天就给予，康德将之称为观念，conceptus dati a

① 《逻辑教程》，同前引，第 8 卷，第 6 节，第 402 页。

② 同上书，第 1 节，注 1，第 399 页。

③ 同上书，注 2。

priori〈先天给予的概念〉。[①]

有这样的概念吗？这样的概念已经预先存在于人的知性中了吗？知性应当如何能够给出实际内容？要知道知性在此仅仅是一依赖于具有给予性直观的、空洞的连接功能而已。如果知性，像现在所发生的那样，恰恰和所有的直观完全隔绝开来，那么，如此这般被给予出来、表像出来的东西，又怎么能够在知性中被发现呢？如果知性自为地就是源泉，不仅仅是每个概念自身形式的源泉，而且也是被规定了的诸概念的内容的源泉，那么，这一源泉就会存在于概念形成本身的基本行为[②]中，存在于反思中。

54 每一个将某某东西作为某某东西来进行的规定(判断)，都含有“进行统一的举动，即将不同的表像组合在一个共同的表像之下”。[③]但是，这种反思着的合一举动，只有这样才是可能的，即先行地有鉴于某种统一性，这一举动已经在自身中进行，而由于这一统一性，某种合一之一般才成为可能。反思自身，完全是从由于它的举动而总是伴随概念而出现的东西中预估而得，它早已经是对某种主导着合一活动的统一性自身的先行表像。因此，如果说统一性的表像的关键就在于反思活动自身的话，那么这就意味着：统一性的表像活动包含在知性的基本行为的本质结构之中。

知性的本质在于源生性的把握活动。知性的行为就是进行着表像的合一性行为，在这一知性行为的结构中，有着对先行备有

① 《逻辑教程》，同前引，第 4 节，401 页；另外，A320，B 377。

② 基本行为——由统一而来的表像活动——拢集。——作者边注

③ 《纯粹理性批判》第 1 版，第 68 页，第 2 版，第 93 页。

的、总是主导性的统一性的表像。这些表像出来的统一性就是纯粹概念的内容，而这一概念的实质内容每每就是使得某种合一成为可能的统一性。对这种统一性的表像，由于其特定的内容，自身先天地就已经是概念性的。纯粹概念不需要再添加一种概念形式，它在某种源初意义上就是这概念形式自身。

因此，纯粹概念并不首先从反思行为中产生。它不是反思得来的概念，相反，它事先隶属于反思的本质结构，也就是说，它存在于进行着反思的表像中，伴随着并为了这一进行着反思的表像，即反思着的概念。“所有的概念，一般说来，无论它们可能从何处得到其质料，都是经过反思的表像，即被赋予适合众多的逻辑关系的表像。唯概念存有。概念的全部意义不在于别的，就在于这样或那样地去反思，而正在出现的诸表像则都可能屈从于这些反思。它们可以被称之为反思性的概念(conceptus reflectentes)，因为 55
一切反思方式都出现在判断中，所以，反思就在自身中把在判断中处理关系的知性行为，绝对地把捉为判断之可能性的基石”。[①]

这样就有了知性本身的纯粹概念，并且，“对知性能力自身的析分”，一定要对一同构成着反思之本质结构的表像进行一番澄清。

第 12 节　作为存在论谓词(范畴)的观念

纯粹的知性在自身中给出某种多样性，给出可能的合一活动

① 艾德曼〈Erdmann〉，《反思》II，554。《康德手稿遗稿》，同前引，卷 V，Nr. 5051。

的纯粹统一性。并且，假如合一活动（判断）的可能方式确实形成某种完全性的联合，即形成知性本身的完全本性，那么，在纯粹知性中就隐匿地含有纯粹概念的杂多性系统整体。不过，这一整体却是这样一些谓词的系统，这些谓词在纯粹知识中发挥作用，也就是说，①它们陈述存在物的存在。纯粹概念具有存在论谓词的特性，这些谓词自古以来又被称为“范畴”。因此，判断表是范畴与范畴表的源头。

范畴的这一起源曾经多次遭到质疑而且还会不断地遭到新的质疑。主要的意见集中在源头自身的问题上，集中在判断表自身以及它的基础是否有效上。事实上，康德并非从知性的本质中引出判断功能的多样性。相反，他提出了一个周全的表格，这个表格

56 按照“量、质、关系、模态”②四个“基本要素”来排序。至于这四个要素是否以及在何种程度上植基于知性的本质，康德则完全没有指明。③而且一般地说来，它们能否在纯粹形式逻辑上站得住脚，也是值得怀疑的。

但是，这一判断表具有怎样的性质，一般也都说不准。康德自己也游移不定，一会儿说它是“超越论表格”，④一会儿又说它是“判断的逻辑表格”。⑤康德针对亚里士多德的范畴表所做的指责，难道不可以反过来针对他自己的判断表吗？

---

① 如何这样的？——作者边注

② 《逻辑教程》，第 20 节，408 页。

③ 关于这一点，现可参见克瑙斯·莱锡〈Klaus Reich〉的《康德判断表的完善性》，1932 年；还可见我 1929—1932 年间的讲课和练习。——作者边注

④ 《纯粹理性批判》第 1 版，第 73 页，第 2 版，第 98 页。

⑤ 《未来形而上学导论》，第 21 节。

然而，这里不应当去决定，这些对康德判断表的非难是否以及在何种程度上是恰当的？它们是否击中了要害？相反，我们必须看到，如此这般的对判断表的批判，作为所意指的对范畴本源的批判，已经从根本上错失了关键性的问题。因为范畴不仅事实上不是从判断表中推导出来的，而且它们根本不可能从判断表而来。正因为在现阶段讨论纯粹知识的一个个孤立的要素之际，范畴的本质和理念根本就还是不确定的，所以上面的问题也就完全没能成为疑问。

如果现在询问范畴源头的问题尚未能够浮现出来，那么，为发问存在论知识的可能性而做准备的判断表，就必定具有某种与上面所赋予的功能所不同的功能。

似乎很容易就可以满足在奠基的第一阶段所提出的任务，因 57
为还有什么东西要比纯粹知识的要素，纯粹直观与纯粹概念的相继分离着出现更为明确呢？可是，恰恰由于这一分离，我们从一开始就忽视了有限的纯粹知识的问题。前面说过，纯粹思维作为第二要素，就根本上来说，处在为直观服务的位置。这样，纯粹思维就在本质上，而非在附加的和事后的意义上，依存于纯粹直观。如果将纯粹概念首先把捉为观念，那么，纯粹知识的第二要素就还根本没有获得它的基本性质，恰恰相反，它被从决定性的本质环节处割裂了开来，即被从与直观的内在关联处割裂开来。因此，纯粹概念作为观念，仅仅是纯粹知识第二要素的残片而已。

只要纯粹知性还没有看清其本质，即它的纯粹的直观关联，那么，作为存在论谓词的观念的起源就还没有被澄清。因此，判断表还不是“范畴的起源”，而只是“发现所有知性概念的指引线索”。

在判断表里，应该有着对完全的纯粹概念整体的指向，但这还不是对作为范畴的纯粹概念的全部本质的澄清。至于这样的判断表，是否如康德所介绍和描述的那样，还能够以限制的方式标画出纯粹知性概念的系统统一性，现在仍还是悬而未决的。

通过上面的描述，现在很清楚：越是极端地寻求去隔离有限认识的纯粹要素，这样的隔离就愈发地变得不可能，而纯粹思维对直观的依存也就愈发变得扑朔迷离。不过，这个用来表征纯粹知识的第一出发点的人为性质也就因此而展现出来了。只有从有限性
58 的纯粹知识的**本质统一性**来领会纯粹概念，纯粹概念才可能作为存在论的谓词得到规定。

奠基的第二阶段：纯粹认知的本质统一性

纯粹知识中分离开来的纯粹要素是：时间作为普遍的纯粹直观与观念作为在纯粹思维中所思出的东西。然而，假如这种分离性的考虑没有一下子完全把捉要素本身，那么，这些要素的统一就不太可能通过对分离的部分加以外在联合的方式达到。这种统一不能是那种单纯在事后拽紧两要素的带子，这是一种否定性的说法。但如果这里不可以使用这样一种否定性说法的话，纯粹知识的本质统一性问题就变得更加尖锐了。

认知的有限性恰好表明一种思维对于直观所特有的内在依存性，以及反过来说，后者也需要前者来予以规定。要素间的相互推进表明，它们之间的统一不可能比它们自身的能够所是“更晚”，而

一定在其中本来就是“更早的”，并且作为它们的根据而存在。这种统一性将诸要素作为源初的东西合为一体，于是，只有在这样的合为一体中，诸要素本身才得以生发出来，以及唯有通过这样的合为一体，诸要素才得以持留在其统一性中。那么，从这些分离的要素出发的康德，究竟在多大程度上仍然看出了这一源初的统一性呢？

在“概念分析论”的第一篇第三章里，康德对纯粹要素的源初的本质统一性作了初始的、为了更进一步的阐述而作准备的描画。
而且，这一章的标题是：“论纯粹的知性概念或范畴”。[①]对这些段 59
落的理解是理解《纯粹理性批判》之为形而上学奠基的关键。

观念隶属于认知的有限性，因此它就在本质上与纯粹直观相关。又因为这一与纯粹直观和纯粹思维的关联，它们就一道构成了纯粹知识的本质统一性。而对范畴之一般的本质性界划，同时就成了去揭示存在论知识之本质统一性的内在可能性。现在应当来看看，康德是如何通过对上述章节的解释来回答纯粹知识的本质统一性的问题。在此之前，还需要先澄清一下这个问题本身。

第 13 节　纯粹认知的本质统一性问题

如果说有限的纯粹认知的诸要素在本质上是相互依存的，这就已经在说，它们不是事后才粘合在一起的聚合式的统一。这个

① 《纯粹理性批判》第 1 版，第 76—80 页，第 2 版，第 102—105 页；在第二版中标明为第 10 节。

统一作为诸要素的根基，以及它如何立基，就恰好被前面所谈到的分离掩盖住了，所以不得而知。但是，如果有一种分析，一直倾向于揭露源初的统一性，这也不能保证对这种源初的统一性有一种完全的把握。相反，从伴随着分离而来的精确度，以及从那更清晰地恰恰在此呈现出来的第二要素的特质来看，可以说这一分离不再可能被完全取消，这样，统一性最终也就不会从其最本己的源头那里明确地展开出来。

60 统一性不是诸要素在一起相互冲突的产物，它自身应当是源初的和具有合一性的，这一点在统一性被赋予“综合”这一名称中自己昭示了出来。

但是，在有限认知的完整结构中，多样性的综合现在势必会在相互间渐趋合拍。[①]在实在性综合中有述谓的综合，而述谓的综合中则又嵌入了命题式的综合。倘若要询问纯粹认知的本质统一性，问的是这些综合中的哪一种呢？显然说的是实在性的综合，因为它的确涉及直观与思维的统一性。在这一统一中，剩余物必然地包含在其中。

不过，纯粹认知的本质统一性，应当成为所有结构性综合的共同统一性整体。这样，在对纯粹认知的本质统一性的发问中，唯当综合的问题集中在它身上时，实在性的综合才具有某种优先性。这并不是要排除同样必要的、对综合的其他形式的关注。在询问存在论知识的本质统一性中，不管怎么讲都会涉及**纯粹的**实在性综合。所问及的是纯粹的、普遍的直观（时间）与纯粹的思维（观

① 参见上面第 7 节，第 38 页；第 9 节，第 44 页。

念)的源初合一。但现在,纯粹直观自身已经作为某种合一整体的表像,成为某种直观着的合一。因此,当康德说到直观中的某种“综观”(Synopsis),[①]他是有道理的。同时,对观念作为“反思着的概念”的分析又说明,纯粹思维,作为对纯粹统一性的表像,自身就是源初的、给出统一性的,并且在这一意义上,就是“综合的”。

纯粹实在性的或者说存在论的综合,必然会由此引出下面的
疑问:纯粹综观的源初性的(实在性的)“综合”与纯粹反思着的(述 61
谓的)综合是怎样的一回事?从这一发问的方式就已经可以估计,我们所寻求的综合,如果它要使在自身中已经显现出综合结构的东西合一起来,必须具有某种特别突出的特质。这个所寻求的综合,必须从一开始就已经拥有使得“综合”与“综观”趋向合一的形式。它必须在这样的合一过程中,源初性地形成〈bilden〉这一综合自身。

第 14 节　存在论综合

纯粹直观与纯粹思维的本质统一性的问题,这是从先前的关于这些要素的分离产生出来的。因此,它们的统一性特质首先就得这样来描述和展现:这些要素中的每一方都依其结构而依存于另一方。它们显现出缝隙〈Fugen〉,而缝隙预先指向某种相互嵌入〈ein Ineinandergefügtes〉。这样,实在性的综合,就不仅仅是以将诸要素一同嵌入的方式〈zusammenfügend〉嵌进〈einfügt〉这些

---

① 《纯粹理性批判》第 1 版,第 94 页。

缝隙,而更是事先就“契合”〈fügt〉这些缝隙。

由此,康德用下面的话引出了纯粹认知之本质统一性的一般特征:“与此相反,超越论的逻辑面临的是一种超越论的感性论向它呈现的先天感性杂多,为的是给纯粹知性概念提供一种材料,如没有这种材料,这些概念就会没有任何内容,从而会是完全空洞的。空间和时间现在包含着先天纯直观的杂多,但尽管如此却属于我们心灵的接受性的条件,心灵唯有在这些条件下才能够接受对象的表像,因而表像也必然在任何时候都激发对象的概念。不过,我们的思维的自发性要求这种杂多首先以某种方式被贯通,被
62 接收和结合,以便用它构成一种知识。这种行为我称为综合。”[1]

纯粹直观与纯粹思维的相互依存在这里首先引向一种明显的外在形式。但严格说来,并不是“超越论的逻辑”“面临”时间的纯粹杂多,而是这一“面临”隶属于从超越论的逻辑中分析出来的纯粹思维的本质结构。与此相应,超越论的感性论并不“呈现”纯粹杂多,而是纯粹直观在根本上就是显现着的,而且是向着纯粹思维显现着。

这一纯粹的“呈现出”引向甚至更为鲜明的“激发”,这一激发不可理解为通过感官而来的感触。只要这一感触“在任何时候”都还隶属于纯粹认知,那么,这就是在说:我们的纯粹思维任何时候都处在向它扑面而来的时间面前。至于这是如何可能的,暂时仍还晦暗不明。

我们的纯粹思维在本质上依存于纯粹杂多。有鉴于此,我们

① 《纯粹理性批判》第1版,第76页以下,第2版,第102页。

的思维的有限性就“要求”杂多契合于思维自身，这也就是说，将思维视为具有某种概念规定性的东西来契合。但是，为了使得纯粹直观成为纯粹概念可规定的，就必须在零散中获取直观的杂多，这也就是说，将直观杂多贯通和聚合起来。这种相互的、为各自对方做准备，就在康德一般称之为综合的活动中发生。在这一综合活动中，两个纯粹要素总是从自身出发来相遇。综合弥合了各自方面的缝隙，这就构成了某种纯粹认知本质统一性。

这一综合既非直观的事情，又非思维的事情。通过同时斡旋于两者“之间”，它和两者都有亲缘关系。因此，一般说它必须和两个要素有同样的基本特质，即是某种表像。“我们在后面将会看 63
到，一般的综合纯然是**想象力的结果**，亦即灵魂的一种盲目的、尽管不可或缺的功能的结果，没有这种功能，我们在任何地方都根本不会有知识，但我们却很少，甚至一次也没有意识到它”。[①]

由此可以首先看出，在知识的本质性构造中，有关综合的结构所展现的一切，显然一般都是通过想象力获得的。但是现在，特别和首要的是处理纯粹认知的本质统一性，即“纯粹的综合”的问题。“如果杂多……乃先天地给予”，[②]综合就叫纯粹的。这一纯粹的综合因此和在纯粹直观中作为综观而合一的东西相契合。

然而，还需要同时关注一下某种起主导作用的统一性。作为正在表像的合一，纯粹综合事先对隶属于它的统一性自身，即统一性一般进行表像，这些都包含在纯粹综合之中。不过，对它的本质

① 《纯粹理性批判》第 1 版，第 78 页，第 2 版，第 103 页。（斜体号乃作者所加）

② 同上书，第 2 版，第 103 页。

本已的统一性进行表像活动之一般说的就是：纯粹综合，就其在纯粹综合中表像出来的统一性而言，将自己带到了给予它自身统一性的概念那里。这样，纯粹综合就是纯综观性地〈synoptisch〉处在纯粹直观中，同时也是纯反思性地〈reflektierend〉在纯粹思维中起作用。由此得出：纯粹知识的全部本质的统一性包括三个部分："为了达到一切对象的先天知识，必须给予我们的，首先是纯直观的**杂多**；其次是这种杂多凭借想象力的**综合**，但这还没有提供知识。给这种纯粹的综合提供**统一性**，并仅仅存在于这种必然的
64 综合统一的表像之中的概念，为一个呈现的对象的认识提供了第三种东西，而且所依据的是知性"。①

这里的三部分中，想象力的纯粹综合位于中间。但这指的不是它外在的含义，好像在列举纯粹知识的条件之际，想象力不过被认为是处在第一和第三条件之间而已。相反，这个中点是一个结构性的中点。在这一点上，纯粹综观与纯粹反思的综合一道来相遇和契合。这一嵌进〈Ineinfügung〉，在康德那里就表现为：他在直观与知性的粘－合〈Syn-haften〉中，明确出纯粹综合的自身同一性。

"为**一个判断**中的各种不同表像提供统一性的同一种功能，也为**一个直观**中的各种不同表像的纯然综合提供统一性，而一般地说来，这种功能就叫纯粹知性概念"。②康德的综合功能的自身同一性，指的并不是具有普遍有效的、在形式上起着连接作用的、空

① 《纯粹理性批判》第 1 版，第 78 页，第 2 版，第 104 页。
② 同上书，第 1 版，第 79 页，第 2 版，第 104 页以下。

洞的同一性，而是具有源初丰富性的，将多种因素区划勾连在一起的，作为直观与思维一道作用的合一活动与赋予统一性的活动的整体。这同样说明，前面所说的诸综合方式，判断功能所具有的形式性的命题综合与概念式反思所具有的述谓综合，都共同归属到有限认知的本质性建构的统一性，而有限认知的本质建构就是直观与思维的实在性综合。在这里，自身同一性就叫依据本质的、结构上的共同归属。

"同一个知性，并且正是通过相同的行为，它在概念中凭借分析的统一而带入一个判断的逻辑形式，也凭借一般直观中杂多的综合统一，把一种超越论的内容带入它的表像……"。[①]现在已经 65
清楚，作为纯粹知识的本质统一性，与将某个最终原理加以空洞的简化，根本就是风马牛不相及。相反，作为具有某种多重形式的行为，无论是究其行为特质还是究其多重成分的合一性过程，它都还一直是晦暗不明的。关于存在论知识的本质统一性的这一特征标画不能被视为结论，它必须成为为存在论知识奠基的正确*起点*。这一奠基的任务在于澄清纯粹综合本身。但因为奠基是活动，所以它的本质只能通过对其自身渊源处的追踪方可明白。从强逼给出的奠基主题那里，现在第一次显现出：为什么存在论知识的奠基必定要变成对纯粹综合之起源的一种揭露，即对它的任其发源本身的一种揭露。

如果形而上学的奠基现在到了这样的阶段，在这里"事情本身

① 《纯粹理性批判》第1版，第79页，第2版，第105页。

深深地隐藏”，[1]而且还因此不允许对这一隐晦进行抱怨，那么，我们就一定有必要暂停一下，来对当前的奠基立足点以及它所指涉的未来道路，做一番方法上的思考。

第15节　范畴难题与超越论逻辑的角色

存在论知识的本质统一性的疑难发问为规定范畴的本质第一次提供了基地。假如范畴不仅仅是，而且正如其名称所意指的那样，首先不是“命题陈述”的一种方式，σχῆμα τοῦ λόγου〈话语的形态〉，而是能够满足它本己的本质之为σχῆμα τοῦ ὄντος〈存在物的形态〉，那么，它就可以不再作为纯粹知识的一个“要素”（观
66 念）来发挥作用，[2]毋宁说，在它之中必定有了已熟知的存在物之存在。但对存在的知晓乃是纯粹直观与纯粹思维的统一。因此，就范畴的本质而言，观念的纯粹可直观性恰恰具有决定性的意义。

关于纯粹直观的“形而上学的说明”。这曾经是超越论感性论的任务。而揭示纯粹认知的另一要素，即纯粹思维的任务，则落入超越论的“逻辑”，而且是概念分析的手中。纯粹认知的本质统一性的疑难，引导我们的研究跨过诸要素的分离。因此，纯粹综合既不归入纯粹直观也不归入纯粹思维。于是，这里正要进行的对纯粹综合之渊源的揭示，即不是超越论感性论的也不是超越论逻辑学的。与此相应，范畴既非超越论感性论的问题，也非超越论逻辑

---

① 《纯粹理性批判》第1版，第88页，第2版，第121页。

② 不清楚。——作者边注

学的问题。

可是，关于存在论之可能性的中心问题的讨论，归属于哪一个超越论学科呢？在康德那里没有这个问题。他用“概念分析”不仅指的是对作为纯粹知识要素的纯概念进行揭示，而且还指为纯粹知识的本质统一性做出规定和奠基。因此，逻辑论对于感性论来说，含有不可比拟的优先性，不过另一方面，直观又偏偏被描述为知识整体的原本〈Primäre〉。[①]

这就有些奇怪。但要想弄清下一阶段形而上学奠基的疑难问题，我们需要澄清这一点。这一澄清非常急迫，因为在对《纯粹理性批判》的解释过程中，将之把握为“纯粹认知的逻辑学”的倾向一 67
再占得上风，而且在这里，直观以及超越论感性论只被赋予某种相对低下的位置。

最终来说，在一般形而上学奠基的整个过程中，超越论逻辑论在某种方式上占据优先地位是有道理的。[②]但正因如此，解释必须离开康德的构筑术并对超越论逻辑论的理念提出疑问。

我们首先需要理解以下的问题：在何种程度上，当康德在“概念分析论”中不仅讨论纯粹知识的第二个要素，而且还探讨两个要素的统一性问题时，他是有道理的？

如果思维的本质就在于它对直观的伺服关系，那么，得到正确理解的对纯粹思维之分析，就一定同时会对这一关系本身提出疑

---

① 参见本书前面第 21 页。

② 因为从古代以来的存在问题全部是从 λόγος〈逻各斯〉开端的（χατηγορίαι!）；存在问题——作为“存在－逻辑学”（Onto-logie）；这里，“逻辑学”不仅仅指学科的特征，而且是指“存在论的逻各斯－逻辑学”（Ontologo-logie）！——作者边注

难发问。这一情况在康德这里出现，这正说明，关注的主题在于思维的有限性。如果人们在这一意义上来理解超越论逻辑论的统治地位，那么从中可以得到的东西就全然不是贬低，甚至并非完全排除超越论感性论的作用。然而，随着目光进入到超越论逻辑论之优先地位的根据处，[①]这一优先地位却自身扬弃了。无疑，这样并非有利于超越论感性论，但有利于问题的提出，而这一问题的提出，就把存在论知识及其奠基的本质统一性的疑难，带回到了某种更具源生性的地基处。

康德还用"概念分析论"来讨论概念"使用"的原理和条件。这
68 样康德就在纯粹概念的使用这一题目下，使得直观与纯粹思维的关系必然地成为主题。不过，询问纯粹认知的本质统一性的问题，总是从思维要素开始提出的。由于范畴在根本上含有本质统一性的疑难，它就总是在纯粹知性概念的旗号下被描述为观念。这样从思维要素开始提出问题的倾向，就在这里得到了持续不断的支持。

可是，首先出现的是：沿循着将思维要素定为首要的方向，康德必然求助于在传统形式逻辑意义上的有关思维一般的普遍知识。这样，那转过来面向超越论层面的讨论就走向了去疑问作为范畴的纯粹概念，由此，这一讨论也就获得了某种逻辑的，尽管是超越论－逻辑的特质。

但最后，从西方形而上学意义上的 Logos〈逻各斯〉与 Ratio〈理性〉角度来进行定位，这从一开始就在奠基中占据了优先性。在将这种奠基活动规定为纯粹理性批判的过程中，这一优先性得

① 及其方式。——作者边注

到了表达。

总而言之，“人类认知的极复杂网络”正是通过康德的分析才首先得以展露。为了对这一“人类认知的极复杂网络”[1]进行构筑术般的掌控和描述，康德需要某种确定的、有条理系统的嵌合，而在这里，某种关于纯粹知识的创新型逻辑，才能够最容易地从形式逻辑中脱颖而出。

这种对《纯粹理性批判》的“逻辑”的多样性掌控是如此的自明，所以，下面对存在论奠基的进一步和决定性步骤所做的解释，一定要冲破外在难题发问序列和模式的构筑术，必须要将使得康德做出这般描述的疑难索问的内在途径呈现出来。

奠基的第三阶段： 69
存在论综合之本质统一性的内在可能性

对存在论知识的本质统一性问题似乎已有确定的回答。但随着对这一统一性进行规定的深入，这一似乎确定的回答，就逐步消解到此合一过程之可能性的难题中。在纯粹综合中，纯直观与纯思维应当能够先天地相遇。

要完成一个如此这般合一的任务，纯粹综合自身是怎样的以及它是如何进行的呢？现在好像应当以这样的角度来展现纯粹综合，即让纯粹综合显示，它如何使得时间与观念合一。存在论知识之本质统一性有着源初性的自身形成〈Sichbilden〉，而对这一自

① 《纯粹理性批判》第1版，第85页，第2版，第117页。

身形成的展示，就是康德称为“范畴的超越论演绎”的任务与意义。

如果说“演绎”的根本意图在于开启纯粹综合的基本结构，那么，它的真实内容就不能通过将其描述为“quaestio juris”〈法权问题〉来表达。因此，这个 quaestio juris 从一开始就不应当被当作解释康德核心学说的主导线索。而对超越论演绎之所以采取法权形式的动因与效应，则必须要反过来，从这一演绎的真正疑难方向出发来加以说明。

出于后面将会提出的原因，①目前所进行的解释工作，将会完
70 全集中在第一版的超越论演绎之上。康德曾一再强调超越论演绎的“困难”，并试图“漂白”这一演绎的“黑暗”。从这一难题自身的内容来说，我们愈加清楚地看到，其中所涉的关系既多样又复杂，这从一开始就使得康德不可能满足演绎有某个单一的开端，也不能使他安于演绎过程的某个单一的道路。但多头进行的演绎过程本身，总显出康德还在这一工作中挣扎。超越论演绎所力求达到的目标，经常在过程中，突然就被清楚地第一次看到和说出。而且，理应通过分析性的揭露才会呈现出来的东西，在某种仅仅“暂时的提醒”中事先道出。问题的多重复杂性，还导致常常过分地去强调处理尤为错综难解的关系，从而被误导，导致相应地去夸大这一处理过程的实际意义。当讨论到纯粹认知的本质统一性的纯思维整体的时候，尤其如此。

下面的解释，不会去亦步亦趋地跟随超越论演绎的曲径小道，而是要去开放疑难的源始路径。在这里，首先的要求是：以形而上

① 参见下面第 31 节，第 160 页及以下。

学奠基的主导性疑难索问作为向导，使超越论演绎的本来目标得到足够的澄清。

第16节　超越论演绎的基本意图在于揭露有限理性的超越

一个正在进行有限认知的本然存在者，只有当已然现成的存在物能够从自身出发来遭遇时，他才可能与这个他自身所不是，也非他所创造的存在物发生交道关涉。然而，这存在物要能作为如其所是的存在物来遭遇，它必须事先就已经在根本上作为存在物而被“知道”，也就是说，已经“知道”其存在法理。这里的关键是， 71
存在论的知识——在此总是前存在论的知识——就是使得存在物一类的东西自身能够相对于某个有限性本然存在者而进行对象化〈entgegenstehen〉[①]的可能性条件。有限的本然存在者需要有这种基本的能力，即“在让对象化中转过来面向……”。在这一源初性的“转过来面向”中，有限的本然存在者才会在根本上保有一游戏空间，在其中，有某种东西能够与之“相合拍”。事先就处在这般的游戏空间中并源初性地育成它的东西，不是别的，只是超越。这个超越，使得一切与存在物的有限关联得以凸显。但现在，如果存在论

① 德文词“entgegenstehen”的字面意思为“站立在……对面”，与哲学概念“Gegenstand”(对象)有着语源和语义上密切关联。海德格尔明显想借此来说明传统知识论中的“对象”概念的存在论渊源，因此我依循牟宗三先生，将之译为“对象化”。与之相应，“Gegenstehenlassen”译为“让对象化”；“Zuwendung-zu”译为“转过来面向”。——译注

知识的可能性植基于纯粹综合，而存在论知识恰恰就在于成就“让对象化”，那么，纯粹综合就必须作为可开显的东西，使得超越的内在本质建构的合一整体，得以契合与支撑起来。通过对纯粹综合的这一嵌合的揭示，理性之有限性的最内在的本质，就会展露出来。

有限的认知是正在领受着的直观。作为正在领受着的直观本身，它需要进行着规定活动的思维。因此，在存在论知识之统一性的疑难中，纯粹思维就具有某种核心意义，尽管这恰恰正是因为直观在全部知识中的优先性。

在纯粹思维的伺服性任务中，有哪些可被算作其根本性的服务呢？在使超越的根本性建构得以可能的过程中，纯粹思维的服务是什么？恰恰在这个似乎重又孤立地对纯粹思维的本质所进行的发问中，我们必须进展到关于本质统一性的疑难的最内在核心处。

在“向范畴的超越论演绎的过渡”[1]中，康德提示说，我们的表像活动，而且更确切地说，纯认知的表像活动，具有显而易见的有限性质。康德给出这一提示绝不是偶然的，“因为这里说的绝不是
72 那种由于意志而来的因果性”。问题毋宁在于：自为的表像活动与存在物有关联，在关联中影响作用于存在物，但是，什么东西使得自为的表像活动能够这样呢？康德说，“自在的表像”“并不*依据定在*产生出它的对象”。[2] 我们的认知活动不是在存在物层面上具

---

① 《纯粹理性批判》第 1 版，第 92 页以下，第 2 版，第 124 页以下。

② 这里的德文原文是，Kant sagt, dass die “Vorstellung an sich” “ihren Gegenstand dem *Dasein nach* nicht hervorbringt”。海德格尔将康德的 “Dasein nach” 用斜体标出，似在暗指他对 Dasein 的特别理解。因此，此句似亦可译为：康德说，“自在的表像”“并不依据亲在产生出它的对象”。——译注

有创生力的，它不可能将存在物从自身中产生出来并放到自己面前。在对超越论演绎的讨论中，康德强调说："在我们的认知之外，绝无任何东西，我们能够将之与这一认知相应地对置起来"。[①]

这样说来，如果我们的认知活动作为有限的认知活动必定是某种领受着的直观，那么，仅仅承认这一点还不够，毋宁说，疑难现在才刚刚出现：在存在物的这一绝非自明的领受活动的可能性中，究竟必然地包含有什么东西？

十分明显，存在物能够从自身出发来相遇，亦即说，存在物能够显现自身为站到对面的对象。但是，如果我们还没有强力掌控存在物的现成存在的话，对这现成存在物之领受活动的依存就恰恰会要求，将此对象化的可能性，从一开始以及时时刻刻地都赋予存在物。

正是在某种"让对象化"的能够中，在最初形成某种纯粹对应物的"转过来面向……"中，某种领受着的直观活动才能够实行。我们让其从我们出发来站到对面去的那个东西是什么？它不能够是存在物。但如果不是存在物，就是虚无。只有当"让对象化"延伸自己一直到虚无之中，表像活动才能够让某种并非虚无的东西〈ein nicht-Nichts〉，即让像存在物那样的东西——假设它正好也经验地显现自己——在此表像中来相遇。这个虚无完全不是 nihil absolutum〈绝对的虚无〉。它和"让对象化"有怎样的因缘关系，值得讨论。

在康德那里，有限性乃超越的前提，这十分清楚。如果这样的 73

① 《纯粹理性批判》第 1 版，第 104 页。

话，首先需要的并不是那种为了避免所谓的“主观唯心论”而“转向客体”，人们今天对这一转向有着太多浮夸不实的赞颂，而同时对疑难的领悟则少之又少。不过确实，有限性的本然存在者，会不可避免地被强逼着去询问某种先行的、向着客体转向的可能性的条件，也就是说，去询问那在这里是必然的、在存在论上的“转过来面向对象”之一般的本质。因此，在超越论演绎中，即在关联到揭示那存在论知识的内在可能性的任务时，康德提出了决定性的问题，而且是首要的问题。

“而在这里，有必要说明，人们用表像的对象这一表述究竟指的是什么”。[①] 值得进一步研究的是，那在纯粹的“让对象化”中“对置而立”的东西具有怎样的性质？“但是我们发现，我们的思维，即关于一切知识与其对象关联的思维，自身带有某种具有必然性的东西，因为[对象]被视为这样一种东西，它反对说我们的知识只是碰运气地和任意地，而不是先天地以某种方式确定的……”。[②] 在“让对象化”本身中呈报出来的东西，就是那“对举着的东西”。

通过突出这一对立，康德引证了某种直接的证据。他没有忽略对这一对立的本己结构做更详尽的描画。人们充分注意到，这里涉及的不是存在物的对峙性质，甚至也不是从感觉那里来的逼
74 迫，相反，这里涉及的是先行的存在对峙。使对象对置起来的东西“自身带有”某种必需（“必然性”）。由于这种必需，所有的遭遇者，

① 《纯粹理性批判》第 1 版，第 104 页。

② 同上。

从一开始就被一同强制性地达到某种一致性〈Einstimmigkeit〉，而与这种一致性有关，不协调一致的遭遇者〈Unstimmiges〉，也才可能第一次凸显出来。这样，在这样的一种先行地和经常地共同走向统一之中，就持续地有了统一性。但是，对某种在表像过程中进行整合的统一性所进行的表像活动，就是那种康德将之称为概念的表像活动的本质。而概念，在统一性的表像活动意义上，就叫"一种意识"。[①]这样，"让对象化"就是"原概念"，并且，只要概念式的表像活动说的就是知性活动的话，那么，它便是知性的原活动。不过，作为完全性的整体，它在自身中包含有整合模式的杂多性。因此，纯粹知性显露自身为"让对象化"的能力。作为整体的知性，事先就预设了与偶然侥幸相反的东西。在表像活动中的源初的统一性，又作为那进行着整合的东西，显现自身为某种联结，这种联结，预先就将所有可能的共同东西加以规整处理。"但是，某种确定的杂多能够依循普遍性条件（因而以同一种方式）来设定，而这普遍性条件的表像就叫作规则"。[②]概念，"不管如何那般的不完美，抑或还隐暗不明"，"但究其形式而言，它在任何时候都是某种普遍的东西，是用来作为规则的东西。"[③][④]

然而，纯粹的概念（conceptus reflectentes〈反思性概念〉）却是这样的一些东西，它们将上述的规则统一性，视为其唯一的内

① 《纯粹理性批判》第1版，第103页以下。

② 同上书，第113页。

③ 同上书，第106页。

④ 关于规则，请参见《杜伊斯堡文稿》10．30。［《杜伊斯堡文稿和康德1775年的批评》，海棱〈Th. Haering〉编辑出版，图宾根1910年］

75 容。它们不仅仅提供规则，而且，作为纯粹的表像活动，它们还首先并且预先就给出可以成为规则的东西。这样，随着对“让对象化”的揭示，康德就首次获得了知性的源初概念。“现在，我们可以把它标画为**规则的能力**。这一标识更具效果，并且更为接近知性的本质”。①

如果现在知性应当恰恰就是使那“让对象化”成为可能的东西，如果说它可能事先就对直观所带来的一切进行了规范整理，那么，它岂不就被解说成最高的能力了吗？仆人岂不成了主人？这样的话，它的服务性位置怎么办？这一服务性位置，迄今为止一直被解说为其本质以及其有限性的真正指南。如果康德将知性解说为规则的能力，可以更切近地达到知性的本质，那么，在询问超越论演绎的中心问题的过程中，康德难道遗忘了知性的有限性吗？

但是，只要理性的有限性招致并规定和支撑着形而上学可能性的全部疑难，这一过分要求就是不可能的。不过，倘若如此，那个知性的、现在变得明显起来的主宰性地位，如何可以和它的服务性位置协调起来呢？统一性规则的“让对象化”就是知性的主宰力和强制力，难道说它的这种主宰力和强制力在根本上就是一种服务？难道说知性在强制推行服务？正是通过这一强制推行的服务，知性在最深层处泄露出它的有限性质，因为正是在“让对象化”的过程中，知性呈现出有限性的本然存在者的源初性贫乏。

事实上，知性是在有限性中的最高能力，即最高级的有限。但倘若如此，那就一定要在作为纯粹知性的源初活动的“让对象化”

① 《纯粹理性批判》第 1 版，第 126 页。

的过程中，最鲜明地展露知性对直观的依存。当然，这里不能是经验的，而必须是纯粹的直观。

仅当纯粹知性作为知性是纯粹直观的奴仆，始能保持其为经 76
验直观的主人。

但是，恰恰正是这纯粹直观自身，复又是有限的本然存在者。首先，纯粹直观与纯粹思维的本质性的结构统一，将其沉隐到完全的有限性之中，而这种完全的有限性呈现自身为超越。然而，如果纯粹的综合将纯粹认知的要素源初地整合起来，那么，对纯粹综合的全部综合结构的揭露就一定会导向下面的任务，而唯有这一任务才会引向超越论演绎的目标，这个任务就是：去揭露超越。

第 17 节　超越论演绎的两条道路

在规定存在论知识之疑难索问的过程中，产生出了超越论演绎的意义。它是对纯粹综合的整体结构所进行的条分缕析式的揭明。这一对超越论演绎的阐释，最初和它的概念词义并不相称，它甚至好像与康德自己关于演绎的明确说明也背道而驰。不过，在对这点下断言之前，我们必须首先进到超越论演绎的全部过程中去，这样才可以将之具体地展现在眼前。这里的解释按照“纯粹知性概念的演绎”中的“第 3 章”[①]来进行，在那里，康德向我们介绍了“相关”的演绎。[②]

---

① 《纯粹理性批判》第 1 版，第 115—128 页。

② 同上书，第 115 页。

这一章的标题清楚地表明，存在知识的内在可能性的疑难不
77 在于别的什么东西，而只在于对超越的揭露。因此，演绎所处理的就是“知性与一般对象的关系和先天地认识这些对象的可能性”。现在为了理解康德的演绎所采取的双重道路，我们需要重新对演绎的任务进行一番回顾。

对于一个有限性的本然存在者来说，只有在某种先行的、自身转过来面向中的“让成为对象”的基础上，才可以通达存在物。这一“让对象化”事先就将可能相遇的存在物，置于某种可能的、共同隶属关系的统一境域中。面对着相遇者，这种先天就合一的统一，必须事先有所把捉。而这一相遇者自身，通过在纯直观中已经先就设定的时间境域，也在事先就已得到了把握。因此，纯知性的、事先就有的合一的统一，必须事先就已经和纯直观合而为一。

纯直观与纯知性的这种先天合一的整体，就“形成”了“让对象化”的游戏空间，所有的存在物都能够在这里相会。关于这一超越整体，我们需要显明，纯知性和纯直观的先天相互依存是如何发生的，在这里也就是说，如何同时发生？

显然，关于超越的内在可能性的证明可以依循两条道路来展开。

第一，描述从纯粹知性开始，通过对纯粹知性的本质的揭示，显示其纯内在的、对时间的依存。这第一条道路似乎是从“上端”的知性开始，再下降到直观处。（第 1 版，第 116—120 页）

第二条道路“由下而上”，[1]从直观出发，到达纯知性。（第 1

① 《纯粹理性批判》第 1 版，第 119 页。

版，第 120—128 页）

两条道路都在揭示“两个终端，即感性与知性”，而感性与知性，“必然地相互关联”。[①]在这里，本质性的东西并不在于对两种 78
能力的某种线性意义上的连接，而在于对其本质统一性的结构性揭明。它们一般在何处能够关联起来？这才是至关重要的。这两条道路总是一定要经过那个合一的中点，因此，这中点自身就会展现。在这种两个终端之间的来来往往中，就会有纯粹综合的揭露。现在应当完全从其根基处，来描述一下演绎的这一双重进程。

a）第一条道路

必须揭明纯粹知性对纯粹直观的必然依存性，这样才可以将中介于两者之间的纯粹综合作为中间点展现出来，而这就要求，尽可能清楚地澄清纯粹知性作为第一条道路的开端，只有这样，才会从纯粹知性的结构上看清其对纯粹综合，乃至对纯粹直观的依存性。

因此，“演绎”完全不是一种对上面提到的关于知性与纯粹综合，知性与纯粹直观的关系的演绎性的逻辑推论，相反，演绎从一开始就已经着眼于纯粹有限知识的整体。通过紧紧地把握住这一着眼点，那种关于将整体嵌合在一起的结构性关联的明确揭示，就会一步一步地展开出来。倘若没有对超越的有限性的这种贯穿始终的前瞻，超越论演绎的所有命题，就都还停留在不可理解的境况中。

---

① 《纯粹理性批判》第 1 版，第 124 页。

对反使得“对置而立”成为可能，对反的这一特质在对统一状态的先行持有中呈现出来。在对统一状态的表像过程中，表像活动，公开自身为与统一状态有自身关联的东西，而且，作为这样的
79 自己，它完全处在对统一状态的纯表像行为之中。[①]在公开状态中，那具有规整作用的合一统一，被置于那表像着统一的活动自身对面，唯有在这样的状态下，某种东西才可能来到这个表像活动的对面。唯有在这般的自我转过来面向中，相遇者才可能是“某种与我们相关的东西”。[②]

统一状态的表像活动，作为纯粹的思维，必然具有“我思”的特质。纯粹概念作为对统一状态之一般的意识，必然就是纯粹的自我意识。这种关于统一状态的纯粹意识，不仅仅是偶或的，或者实际上发生过的，而且，它必须永远是可能的。在本质上，它是一个“我能”。“这种纯粹原始的、不变的意识，我要把它称为‘**超越论统觉**’”。[③] 关于统一状态的“让对象化”的表像活动，“**作为一种能力**”，[④]就建基在这一统觉之中。因为，如果说只有涉及在本质上自由的行为，建立连接才成为可能，那么，只有作为不断自由的“我能”，“我思”才能够让那统一状态的对反物站到对面成为对象。纯粹知性，就在其源初性在自己面前保有的统一状态中，作为超越论的统觉在起作用。

那么现在，究竟是什么东西在由于超越论统觉而被置前的统

① 《纯粹理性批判》第 1 版，第 108 页。

② 同上书，第 1 版，第 116 页。

③ 同上书，第 1 版，第 107 页。

④ 同上书，第 1 版，第 117 页，注。（着重号为康德所加）

一状态中表像了出来？也许存在物全体，它全部一起——正如totum simul〈一起〉的意思所说——就被那 intuitus originarius〈源生性直观〉直观到。但是，这种纯粹思维确实是有限度的，它本身从自身出发，一般还不能通过其表像活动，把存在物让渡到其对面去，更不要说在其统一中，将所有的东西一下子全都表像出来。正是那表像出来的统一，才期待来相遇的存在物。作为这般期待着的东西，统一使得那相互间自我显现的对象物的相遇成为可能。作为在那非－存在物层面上的东西，这一统一在自身中，有那将尚未合一起来的东西趋往合一的本质倾向。所以，康德在澄清了超越论统觉之后，对关于在超越论统觉中表像出来的统一，这样说 80
道：统一“以一种综合为前提条件，或者包含着它”。①

这里，康德在对统一与合一的综合之间的结构性关系进行明确规定时，他出现了其特有的摇摆。在每一种情形下，这一个〈统一〉都依其本质必然地包含在那一个〈合一的综合〉之中。统一从根基上说就是合一的。这里说的是：统一的表像活动作为某种合一而自身展开出来，而对那合一的结构整体来说，则要求先行拥有统一。康德毫无顾虑地说，超越论统觉以综合“为前提”。

在奠基的第二阶段已经表明，所有的综合经由想象力而来。因此，超越论统觉，就其本质而言，关乎纯粹的想象力。作为纯粹的，它不能将某种在经验上事先给出的东西带到－前面来〈vorstellen〉，好似它只是再生性地〈reproduktiv〉面对它，相反，作为纯粹的想象力，它必然先天地就是形成着的，亦即是纯粹生产性的

① 《纯粹理性批判》第1版，第118页。

〈produktiv〉。康德也将纯粹生产性的想象力称为“超越论的”。“想象力的、先于统觉的纯粹（生产性的）综合的必然统一原理，是一切认知的可能性的根据，尤其是经验之可能性的根据”。[①]

这里的“先于统觉”是什么意思？康德是想说，在某种纯粹认知的可能性的奠基位序上，纯粹综合先于超越论统觉吗？这一阐释也许和上面的说法，即统觉以纯粹综合“为前提”相吻合。

或者，这一“先于”意味着另外的东西？“先于”指的是最初赋予整个命题以决定性的结构意义。康德实际上就是在这一意义上使用“先于”，这样就将最初寻求的那个阐释一同把捉在其中了。康德曾经有一次说到“某个在某种完全不同的直观之先的对

81 象”。[②] 如果在这里，将“在……之先”〈vor〉改为“在……面前”〈für〉，那个意思就肤浅了和被削弱了，特别是当人们想到康德同样还使用过的拉丁说法：coram intuitu intellectuali〈在理智直观前面〉。[③]如果将前面所引的句子里的“先于”把握为“coram”〈在……前面〉，那么，超越论统觉与纯粹想象力的结构性统一的特质才会得到澄清。因此，统一的表像活动，就其本质来说，在自身之先，就在眼光中有了一个合一的统一，也就是说，表像活动在自身中就是一种进行着合一的表像。

但是，纯粹综合应当进行先天地合一。它所合而为一那个东西，必须对它而言是先天给出的。然而，事先就以纯粹领受性的方

---

① 《纯粹理性批判》第1版，第118页。

② 同上书，第1版，第287页，第2版，第343页以下。参见“批判性补遗”（康德遗著，艾德曼编辑）1881年，第45页。

③ 同上书，第1版，第249页。

式给予的普遍直观，就是时间。因此，纯粹想象力一定在本质上与它相关。唯有这样，纯粹想象力才展现自身为超越论统觉与时间之间的中间人。

因此，在所有关于超越论演绎的讨论之前，康德预先给出了一个“人们在下文中必须完全作为基础的普遍说明”。[①] 按照这一说明，“所有心灵的变状都服从于时间，即它们全都必须在时间中得到整理，联结并发生关系”。[②] 这好像暂时有点突兀，康德既没有在第一条道路上也没有在第二条道路上，详细和明确地讨论纯粹想象力与时间之间的先天性本质关联。相反，全部的分析，都集中在弄清纯粹知性与想象力之间的纯粹综合的本质关联上。因为唯有通过这一关联，它的本性，即有限性才会得到最鲜明的表达。知性，仅当它以纯粹想象力“为前提”或“包含有”纯粹想象力之际，方为知性。“**统觉的统一性与想象力的综合的相关联，就是**
知性，而这同一种统一性与想象力的**超越论综合的**相关联，乃**纯粹** 82
知性。[③]

b）第二条道路

纯粹直观对纯粹知性的必然依存，亦即两者之间中介着的统一，纯粹综合，作为中间物应当变得很清楚了。因此，第二条道路以下面的话开始：“现在，我们想自下而上，亦即从经验性的东西开

---

① 《纯粹理性批判》第 1 版，第 99 页。

② 同上。

③ 同上书，第 1 版，第 119 页。

始，来弄清楚知性——凭借着范畴——与诸现像的必然关联”。[①]

即便在这里，康德明确地强调有限知识的领受性的纯粹条件，他也没有停下来讨论纯粹直观（时间），相反，他不顾一切地立即想说明，尽管有“感官”在领受，但诸如与相遇者联结这样的事情在自身中“还没有得到”。这种东西却必须要在有限的认知中才能经历，因为有限的本然存在者绝不是将存在物 totum simul〈一起〉拥有的，而是像康德在这里明确说的那样，相遇者“零散地和单个地来相遇”。[②] 但是，如果来到的东西，因此能够作为某种站到关联中的东西来相遇，那么，像“关联”这样的东西必须事先就已经被领会了。关联从一开始就得到表－像，但这说的是，首先表像般地形成诸如关系之一般那样的东西。而这首先形成关系的力量，则是纯粹的想象力。

83 按照“一般的说明”，[③]时间作为纯粹一般的直观就是：在那里，一般说来同时发生着关联，而且联结能够形成。存在物应当能够在其成为对象的关联性中显现，这样的让存在物来相遇，必须建基在本质上与时间相关的想象力之上。在规定性关系的纯粹形成过程中，想象力预先就给出了规整性的合一，但这样就也有了事先就对反着的碰巧领受的相遇者。有所规整的联结的这一境域包含有现像的“亲和性”。“因此，甚至现像的亲和性……都唯有凭借想象力的这一超越论功能才会成为可能，这虽然令人感到奇怪，但根

① 《纯粹理性批判》第 1 版，第 119 页。

② 同上书，第 1 版，第 120 页。

③ 同上书，第 1 版，第 99 页。

据以上所说毕竟还是可以明白的”。[1]

不过,所有的连接,尤其是对合一之一般的纯粹形成,在结构上就包含有某种对统一性的先行表像。如果说纯粹综合应该是先天的发生,那么,这一包含必须自身就是先天的,就是这样的:在所有将统一形成为不变的一和形成为自己的过程中,都一直有着统一的表像。但这一“伫立着的和持存着的”自己就是超越论统觉的自我。就像在所有的经验直观中都含有时间一样,在让存在物在其本己的位序中来相遇这样的直观中,也含有在超越论想象力中的亲和性的先行形成。但是,要想能够领受到某种纯粹的转过来面向,[2]即应当能够承担让从……对象化,纯粹的统觉必须要达到这一点。[3]

然而,第一条道路已经显出,那个必须通过纯粹想象力的本质
性中介来达至纯直观的超越论统觉,自身并不自足地和孤立地现
成存在着。所以,超越论统觉并非因为偶尔地为纯粹想象力需用
的缘故,才与纯粹想象力为伍。相反,这一超越论的统觉,自身作 84
为统一的表像活动,必须在先已经有了某种在合一中自己形成的

① 《纯粹理性批判》第1版,第123页。

② 在德文中,“Zuwendung” 是动词“zuwenden”的动名词形式。“zuwenden”的主要意义有二:1)把……转过去朝向……;2)使得到……;使受到……。由此,又引申出“全神贯注于……”,“献身于……”,“奉献于……”的意思。海德格尔在此试图混用“Zuwendung”的这几层意义,意在说明我们日常说的“感觉”过程,乃是一种对象化的转过来面向……中的奉献过程,正是在这一过程中,我们才会领受感觉到对象。中文很难将这几层意思在一个译名中同时表达出来。所以,暂依其字面意义译为“转过来面向……”,有时也简译为“转向”和“转向奉献”。——译注

③ 《纯粹理性批判》第1版,第124页。

统一。这样，在第二条道路上，一切也就都被集中到展现作为中介的超越论想象力上。“因此，我们有一种纯粹的想象力，作为人类灵魂的基本能力，它先天地为一切知识的建基。凭借它，我们一方面把直观的杂多［带到连接中］，并且［把它］另一方面与纯粹统觉的必然统一性的条件结合起来。”①②

现在，纯粹直观、纯粹想象力和纯粹统觉三方，在能力上不再是比肩并立。通过揭示纯粹统觉的中介性形成，超越论演绎就阐明了纯粹认知的本质统一性的内在可能性。这就使得纯粹的“从……让对象化”成形，并且作为这样的形象，它使得像对象性之一般的境域这样的东西第一次公开出来。因为这种方式下的纯粹

---

① 《纯粹理性批判》第1版，第124页。艾尔德曼〈Erdmann〉和里尔〈Riehl〉建议删去“并且”［und］。这样就恰恰从这个诘屈聱牙的表述中抹去了关键性的意义，按照这一意义，超越论的想象本来就曾和纯直观在自己本身中为一，再将它与纯粹统觉合一。

② 这一段落的方括号中的词语乃海德格尔添加，以示强调。但是，关于这一关键性的段落有多种不同的看法：

Erdmann：“das Mannigfaltige der Anschauung einerseits, mit der Bedingung ….”；

Riehl：“das Mannigfaltige der Anschauung und der Zeit einerseits und mit der Bedingung ….”；

Schmidt：“das Mannigfaltige der Anschauung einerseits, und mit der Bedingung ….”

Heidegger：“das Mannigfaltige der Anschauung einerseits ［in Verbindung］, und ［dieses］ mit der Bedingung ….”

Kemp Smith 的英译依循 Erdman 的看法：“the manifold of intuition on the one side, into connection with the condition ….”

在我的英译中，我尽可能地贴近海德格尔的看法。和海德格尔所说的相反，Erdmann 与 Riehl 的看法并不相同，Erdmann 仅仅删去了一个“与”字，而 Riehl 则根本没有删去它。—— 英译注

认知，第一次获得了对于有限性的本然存在者来说十分必要的游戏空间，在这里“所有存在的或不存在的关系都出现”[①]，所以，它就叫存在论的。

可现在，因为有限性是通过知性来标明的，知性就在演绎中起到了一种特别的作用。而正是在两条道路的来往过程中，知性放弃了它的优先地位，而且通过这一放弃，知性就在其本质中呈报出自己本身。知性的本质就在于：必须建基在与时间相关的超越论想象力的纯粹综合之基础上。

第 18 节　超越论演绎的外在形式 85

究竟什么缘故，使得作为“将超越置于眼前”的超越论演绎采取了某种“quaestio juris”〈法权问题〉的形式？这其中的合理性在何处？这样“法权式”提问的界限又在何方？这一提问充其量仅是超越论演绎的第一步导引，但还没有进入到其整体进程之中。

康德不是在与 intuitus〈直觉〉有别的 deductio〈推演〉的哲学意义上使用“演绎”，[②]而是像“法学学究”那样来理解这个术语。在诉讼中可以说“有权”以及驳回“逾权要求”。这里涉及一个双重的必要性：先是对事实情况和有争议之处的确认（quid facti），而后才是对有所根据的有权行为的合法性的推证（quid juris）。对

---

① A 110。

② 笛卡尔，Regulae ad Directionem Ingenii〈引导心智之法则〉，《全集》，亚当〈Adam〉和谭内瑞〈Tannery〉编，第 X 卷，第 368 页以下。

有权行为的合法可能性的推证就称为法权式“演绎”。

对于形而上学的可能性问题，为什么康德赋予其这样一种法权式演绎任务的形式？难道说存在论的内在可能性问题建基在某种“诉讼”活动之上吗？

我曾经说过，[1]对一般形而上学（存在论）之可能性的发问，在康德那里，如何源出于对传统的特殊形而上学之可能性的发问。传统的形而上学想要理智地（从单纯概念出发）认识超感性的存在物。在纯粹概念（范畴）中，存在有某种先天的在存在物层面上的认知的逾权要求。它究竟有权还是无权这样做呢？

与传统的形而上学“在其终极目标”上的、关涉其本己的可能性的争辩变成了一场诉讼。必须“起诉”纯粹理性，对它进行“听证
86 审判”。康德说到“法庭”。[2] 这是关涉到存在论知识难题的诉讼，这一诉讼要求进行演绎，即证明纯粹概念可先天地作用于对象的可能性。这些概念不是从经验中起源，使用这些概念的权限不应当从它们的实际使用中来得到说明，因此，纯粹概念需要“每时每刻都进行演绎”。[3]

范畴的权限必须通过对其本质的揭示来确定。作为在一个有限的表像活动中对统一性的纯粹表像，范畴本质上依赖于纯粹综合，并因此依赖于纯粹直观。换句话说，要解决以“quaestio juris”〈法权问题〉的方式出现的任务，关键在于揭露范畴的本质：范畴

[1] 参见本书上面第 2 节，第 10 页及以下。

[2] 《纯粹理性批判》第 1 版，第 669、703 页，第 2 版，第 697、731 页。

[3] 同上书，第 1 版，第 85 页，第 2 版，第 117 页。

不是观念，而是纯粹的，通过想象力与时间有着本质性关联的概念。但只要范畴具有这一本质，它正好就成就了超越。它伴随着"从……让对象化"一起成长形成。因此，它从一开始，当某个有限的本然存在者遇上对象之际，就规定着对象，亦即存在物。

通过将诸范畴的本质分析性地揭示为本质上必不可少的建材以及超越的嵌接，它们的"客观实在性"得以说明。然而，为了将范畴的客观实在问题领会为超越问题，绝对不可以在今天的"知识论"意义下来把握康德的"实在"，按照这一意义，"实在"与康德用"定在"或者"实存"所标明的"现实性"说的是同样的东西。恰恰相反，正如康德自己恰当地翻译过的那样，"realitas〈实在〉"说的是"事实"〈Sachheit〉，意味着被 essentia〈本质〉所限制的存在物的实质内容〈Wasgehalt〉。在范畴的客观实在性这样的名头下，我 87
们会问：在何种程度上，在纯粹概念中表像的实质内容（实在）能够是站到有限认知对面的东西，即是作为某种对象（客体）的存在物？只要范畴属于存在论的知识，它就是客观实在的，这种存在论的知识"形成"了有限的本然存在物的超越，即从……让对象化。

现在可以容易地看出，假如人们不是从超越论想象力的纯粹综合的本质出发来解释"客观实在性"这一术语，将其解释为形成存在论知识的本质统一性，而是首先和完全地固执于这一名称——康德则在作为某种法权式发问的超越论演绎之外在和初步形式化的意义上使用这一名称；固执于"客观有效"这样的名头，而且然后还将有效性把握为判断的逻辑有效性——这和康德问题的意义截然相反；如果这样，那么关键性的问题就从眼前完全消失了。

但是，所谓范畴的“起源和真理性”[①]的疑难问题，就是在存在论知识的本质统一性中去发问存在物之存在的可能的公开性。然而，如果要具体抓住这个问题并且将之作为疑难来把握，quaestio juris 就不可以理解为有效性之类的难题，相反，quaestio juris 不过是某种为了超越之分析的任务而具有的形式，也就是说，是主体的主体性的某种纯粹现象学的形式，而且这还是某个有限的主体。

但如果说，由传统的特殊形而上学启端的根基性疑难问题，正是通过超越论演绎来得到解决的话，那么，是不是说在目前讨论的
88 阶段，奠基已经一般地说达到了目标？同时，所说的东西是不是足以证明，在对纯粹理性批判的解释中，超越论演绎确实是要素论的积极部分中的核心议题？存在知识奠基的下一个阶段去向何方？是什么样的东西在要求一种更加源初的回溯，回溯到存在论知识的本质统一性的根基中去？

奠基的第四阶段：存在论认知的内在可能性之根基

存在论知识的内在可能性在超越性之法理所特有的整体性那里显现出来，它的聚持中点就是纯粹想象力。康德不仅看出这一奠基活动的结局是“陌生的”，而且，他还一再强调，所有关于超越论演绎的讨论都必然会被逼迫走进晦暗。同时，存在论知识的奠

① 《纯粹理性批判》第 1 版，第 128 页。

基活动努力要达到的是：超出某种对超越的单纯标画，去展露这一标画，使之能够作为对超越进行描绘的系统整体（超越论哲学=存在论）建立起来。

现在，超越论演绎恰恰让存在论知识的整体之统一性成了问题。随着有限性的中心意义和逻辑的（理性的）提问方式在形而上学中取得统治，知性占据了关键性的地位，这也就是说，知性与使统一体成形的中点，即与纯粹想象力的关系占据了前台。

可是，如果所有的认知原本就是直观，而有限的直观具有领受 89
的特征，那么，要想完全有效地揭示超越，我们必须同样明确地探讨超越论想象力与纯粹直观的关联，以及探讨纯粹知性与纯粹直观的关联。但是，这样的任务就导致在超越论想象力的合一性功能中展开超越论想象力，并因而在超越及其境域的自身－形成的最内在的历程中，对超越及其境域的自身－形成进行展开。紧接着超越论演绎，下面一章的标题为“论纯粹知性概念的图式化过程”，[①]在这一章里，康德对存在论知识的本质根基进行展露，并将之称为有限的纯粹直观。

图式化这一章在奠基过程中的位序，暗示着它在系统中的位置。仅仅这一点就已经泄露出，《纯粹理性批判》书中的这十一页必定是这部内容广泛的著作的**核心部分**。当然，只有在首先对其内容进行解释的基础上，我们才能看清康德图式论的核心意义，而这一解释，则又需要对有限的本然存在者的超越不断地进行追根究底式的发问。

① 《纯粹理性批判》第1版，第137—147页，第2版，第176—187页。

现在，康德首先以一种相对更为外在的方式重新引出问题，主要线索被引向去问可能的将现像统摄到范畴之下的问题。但我们是否有权这样提出问题呢？这和对待 quaestio juris 一样，应当首先取决于对图式化难题之内在动因的发掘呈现。

90

第 19 节　超越与感性化

一个有限的本然存在者必须要在一存在物作为已然现成的东西公开之际，才能够领受到存在物。但领受要成为可能，需要某种像“转过来面向”〈Zuwendung〉这样的东西，而且这不是一个任意的“转过来面向”，而是这样的一种“转到对面”，它先行地使得与存在物的相遇成为可能。但是，为了存在物能够将自身作为自身供奉出来，其可能的相遇活动的境域必须要自身具有奉献的表征。这种“转到对面”本身必须是奉献者之一般的某种前象式的持存活动。

可是，为了使“让对象化”自身的境域发挥作用，这一奉献表征就要求有某种可闻悉性。“可闻悉的”说的是：可直接地在直观中领受到的。因此，境域作为有所闻悉的奉献，必须先行地和不断地显现自身为纯粹的外观。这样就得出：有限知性的“让对象化”必须直观性地供奉出对象性自身，也就是说，纯粹知性必须建基在某种引导着和承载着它的纯粹直观之上。

不过现在，这种先行的“转过来面向”的境域，它的“可使……得以闻悉”中包含有些什么东西呢？有限的本然存在者自身转到对面，它必须自己就能够直观这一境域，也就是说，从自身出发“形象出”[1]奉献品的外观。但是，正如超越论演绎所显现出来的那样，如果纯粹直观（时间）与纯粹综合有着本质性的关联，那么，纯粹的想象力就造就了境域外观的形象。然而，它不仅只是通过将境域作为自由的“转过来面向”“创造”出来，从而“形象出”境域之直观的可闻悉性，而且，在这个意义上形象着的〈bildend〉纯粹想象力，还更在第二层意义上是“有形像的”〈bildend〉，这也就是说，它一般说还获有“图像”〈Bild〉这样的东西。

在这里，“图像”一词是在最源初的意义上使用的，按照这一意 91
义，我们说，这一风景展现出一幅漂亮的“图画”（外观），或者，这个集会呈现了一个悲惨的“画面”（外观）。在康德进行演绎的第二条道路上，即从时间的内在关联到纯粹想象力，他也这样说到想象力（想象）：它“应当会将……带入一个**图像**之中”。[2]

只有在这一双重成像（获得外观）的发生过程中，超越的可能性根基才可能被看到，它的暂时性的本质，即“成为对象”并且有所奉献所必备的外观特质，才有可能得到领悟。但是，现在超越同时又是有限性自身。如果超越，在“让对象化”中，应当对在其中生发形象的境域进行直观，而有限直观又叫作感觉性的话，那么，提供外观就只能是境域的某种感性化过程。超越之境域就只能在某种

① 德文动词“bilden”原意为“形成”，“育成”。其名词形式为“Bild”，意为“图像”。海德格尔此处用此词，旨在说明事物的形成过程原本是一种“图像”过程，是“形象”而成的。这样就和康德哲学的另一关键词，想象力〈Einbildungskraft〉联系起来，因为想象力，在海德格尔看来，就其本质而言，无疑首先应当就是“形象力”而已。基于这一理解，我将“bilden”在以下译文中译为“形象”或“成像”，但有时也因上下文之故，译为“形成”或“成形”。——译注

② 《纯粹理性批判》第1版，第120页。

感性化中形象出自身。

从纯粹知性的角度来看,“让对象化”就是对统一本身的一种表像活动,而所有的合一活动,都是去规整(纯粹概念)这个统一本身。因此,超越就在纯粹概念的感性化中形象出自身。因为这只是暂时的转过来面向,所以,感性化必须同样是纯粹的。

纯粹的感性化以一种“图式化”〈Schematismus〉的方式发生。纯粹的想象力预先以图式-形象化的方式〈Schema-bildend〉给出超越的境域之外观(“图像”)。从某种纯粹的感性化之理念中,我们已经可以看出,仅仅只是指出这种感性化还是不够的,且不说如果我们事先不了解它的本质,它在事实上根本就不能被指明。

在康德那里,感性就叫有限性直观。纯粹感性应当就是这样的一种直观,它事先就——在一切经验接纳之先——将可直观的
92 东西领受进来。但是现在,有限的直观在直观活动中,恰恰不能把可直观的存在物制作出来。因此,纯粹的感性化必须是对某种东西的领受活动,而这种东西首先只有在领受活动自身中才会成形;另外,纯粹的感性化也是一种外观,但这种外观同样不会提供出存在物。

如果这样的话,纯粹感性的可直观者具有怎样的表征?它具有某种“图像”的表征吗?什么叫图像?怎样才可将在纯粹想象力中自己“形象”的外观,将纯粹的图式与图像区别开来?在什么样的意义上,图式最终也还可以被称为是一“图像”?如果离开了前面对感性化这一现象所进行的解释,图式化作为超越的根基就仍然还隐晦在完全的黑暗之中。

第 20 节　图像与图式①

一般地说，感性化就是一种方式。在这一方式中，一个有限的本然存在者能够使某物直观，即能从某种东西中成就一个外观(图像)。每每根据某物的是什么，以及它如何地进入眼帘，外观或图像有所不同。

图像最初可以说是一个外观，即某个确定的存在物作为现成的东西公开出来时的外观。图像提供外观。作为这一意义的引申，图像还可以进一步说是：一个现成东西的映象外观〈abbildender Anblick〉(映象)；一个不再现成的东西的后象外观〈nachbildender Anblick〉，或者，一个正要制作的存在物的前象外观〈vorbildender Anblick〉。②

此外，“图像”还可以有非常宽泛的一般外观的意义。但是，一 93
个存在物或非存在物在这一外观中是否可直观，这在这里则没有说及。

实际上，康德现在是在三个意义上使用“图像”这一术语：某个存在物的直接外观；某个存在物的现成的摹映外观；关于某物的外观之一般。“图像”一词的这些意义在这儿并无特别的相互冲突，

① 参见《哲学指南》I，1925/1926。左边，图像与知识，第 302 页以下。——作者边注

② “Abbild”“Nachbild”“Vorbild”是海德格尔在此描绘“图像”的三种形式，分别译为“映象”“后象”和“前象”，意指“现在的图像”或“反映”，“逝去的图像”与“未来的图像”或“范本”，与时间性的三个向度分别对应。也参见本书第 32—33 节的讨论。——译注

问题倒是在于：所列举的这些关于图像存在的意义和方式，是否足以揭示康德在“图式化”的名称下所讨论的东西。

最熟悉的获得外观（给出图像）的方式乃是对自身展现的东西的经验直观。自身展现者在这里，总是具有直接看到的个体的表征（“这一个－亲临到此”〈“Dies-da”〉），但它完全不排除某种杂多性，相反，它作为某种更为丰富的“这一个－亲临到此”得到直观。例如，这一风景的这个单一整体。它被称为一个外观（图景）、样子，正如我们看见它的那样。因此，图像总是某个可以直观的这一个亲临到此。出于这一原因，每个映象，例如一幅照像，[1]仅仅是保留下来的某种铭记而已，而这一铭记铭刻作为“图像”直接地自己显现出的东西。

“图像”还同样经常地在映象这第二种意义上使用。此处的这个物，这个现成的照像，直接地提供出一个作为这个物的外观，这就是在第一层和宽泛意义上的图像。但借助于自身显现，图像恰恰要把它所映象的东西显现出来。这种在这第二层意义上获得“图像”，现在不再仅仅意味着是对某个存在物直接地直观，而是像去购买或制作一幅照像一样。

从这样的一个映象，例如死人的面模，又制出一个后象（照像）。现在，后象可能是对映象的直接复现，这样，死者的“图像”
94 （直接的外观）就自身显现了。死者面模的照像作为一种映象的后象自身就是一图像，但仅仅因为此照像给出了死者的“图像”，这样就展现了他现在的和曾经的样子。按照到目前为止所界定的“图

① 影－像〈Licht-bild〉。——作者边注

像”这个术语的意义，感性化，一方面说的就是：直接的经验直观的方式，而另一方面，它是说直接地观察映象的方式，在这中间，某个存在物的外观呈献出来。

但是，某种像一个死者面模那样的东西之一般所见的样子，现在照像也能够显现。而死者面模又能够显现一般在死人面部所见的样子。但是，一个单个的死者自己也能够显现这些。在一个死者面模那里看见的东西，这个面模自己也能显示出来，就像在照像那里，不仅看见被照的东西，而且也看见某个照像之一般。

可是现在，这些“外观”（广义的图像）：这个死者的外观，这个面模的外观，这个照像的外观等等，显现出什么来？它们现在给出了怎样的“看见”〈Aussehen〉（εἶδος〈本相〉，ἰδέα〈形相〉）？它们现在感性化出了什么？在以一驭多的“一”中，它们显示如何“一般性地”看见某物。但这种杂多中的“一统”只是表像以概念的方式表像出来的东西。现在，这些外观应当要服务于概念的感性化。

这个感性化现在说的不再是从某个概念那里获得某种直接的外观，获得直观，因为概念作为表像出来的普遍，不会让自身在某种却是直观的 repraesentatio singularis〈个别表像〉中表像出来。正因如此，概念就其本质而言是不可映象的。

那么，一个概念的感性化究竟是什么意思呢？它包含有哪些东西？在这一直观化过程中，在经验中可触及的现成事物的，或者以往事物的外观，以及它的可能映象的外观是如何得到分有的呢？

我们说，比如这个被知觉的房子显现出一所房子一般来说所 95
看见的样子，我们的房子概念所表像的东西也就因此显现出来。那么，这一房子的外观如何显现出一所房子一般所见的样子呢？

正是这所房子自身提供了这一具有规定性的外观。可是，我们并非只有沉溺于这一外观才可以去经验，去看这座房子的真正样子。相反，这所房子恰恰显现自身为这样的东西：它是一所房子，但并不必然要像它的所现出的那个样子去看见。它“仅仅”显示给我们一所房子可能的如此－如何……的所见。

这个在经验中的能够看见的如此的样子，就是我们关于这个确定的房子所表像的东西。一所房子可能就是这样被见到。它恰恰就是这一现成的房子，带着它的这样看见的样子，在诸多看见的可能性的周遭范围内，中选为一所确定的房屋。但是，我们对这一中选的结果，以及对那些别的房子的实际所见样子的中选结果，同样都不太感兴趣。我们看见的就是可能看见的周遭范围本身，更确切地说，是造就这一范围的东西，它进行着规整并且描画〈vorzeichnen〉出，某物为了能够提供出其作为一所房子的相应外观，在根本上必须显现的样子。这种对规整之规则的描画〈Vorzeichnung〉，绝不是单纯地把在一所房子那里找到的“标志性特征”列举出来，进行登录〈Verzeichnis〉，而是对诸如“房子”这样的东西所意指的东西之整体的“标明”〈Auszeichnen〉。[①]

可是，这个所意指的东西，现在根本就只是那可意指的东西而已，这里意思是说，作为某种被表像出来的东西，它在某一种经验的外观下，将这一关联的那些可能的相互隶属，加以规则规整出来。唯有在这样的方式下进行表像，即通过规则，把指向性标志

① 海德格尔在这里提醒我们注意“描画”〈vorzeichnen〉、“登录”〈Verzeichnis〉、“标明”〈Auszeichnen〉、“指向性标志”〈Hineinzeichnen〉之间的语义联系。这些联系未能在中译中完全表达。——译注

〈Hineinzeichnen〉规整到某一种可能的外观中，概念的统一性在根本上才可能表像为合一性的、通用于杂多的统一。如果概念之一般就是那服务于规则的东西，那么，概念式表像说的就是：某种可能的外观形态，以规整的方式，事先站出。于是，这样的表像在结构上，必然就和某种可能的外观相连，并因此自身也就是某种本 96
己的感性化方式。

这一感性化方式没有给出概念的直接性的直观外观。在它那里必然一道出现在直接性外观那里的东西，不是特定的专题性意指指向的东西，而是作为可能的、在描绘过程中的可描绘的东西，而且，此描绘过程中进行规则规整的方式也表像了出来。这样，正是在经验的外观下，规则以规则规整的方式表现出来。

但是，这种感性化过程，不仅仅没有给出作为统一性的概念的直接性外观，而且这种统一性自身，其游移不定的表像内容，甚至根本也没有得到过专题性地指向。概念性的统一，即它作为合一性的东西能够与应当所是的统一，仅仅是具有规整作用的统一。统一性不是去进行把握的，相反，一旦将目光从它那里移开，转到其对规则的制定上，那么，它在本质上马上就会显明为具有规定性的规整过程。这种把目光从它那里移开，根本没有使它失去目光，相反，这样做正是让统一性作为具有规整性的统一性聚光出来而已。

对这一规整过程之本身的表像，就是本来意义上的概念性表像活动。那个迄今为止被称为是通用于杂多的统一的表像，只是概念的剥离出来的一个因素而已，而概念，特别是就其对显明出来的特定的感性化过程赋予规则的功能而言，依然还是被掩盖着。

但是，如果说在感性化中得到专题性表像出来的东西，既不是经验的外观，也不是孤离出来的概念，而是获取图像的规则的"登录"(Verzeichnis)，那么，对这一"登录"就还需要做更进一步的特征描画。规则在其如何进行规整之中得到表像，这也就是说，在其如此规整的过程中，规则强令自己，在规整着的描画之际，进入正在描画着的外观。对规整活动之如何所进行的表像活动，就是对某种感性化活动所进行的，不被确定的现成事物束缚的、自由的"成像活动"，而这一感性化活动则就是标画出来的获得图像。

97 这样的感性化活动原始地发生在想象力中。"想象力为一个概念提供其图像，我把从想象力的这样一种普遍做法而来的表像，称为导向该概念的图式"。①图式－成象〈Schema-bildung〉的整个过程，作为概念的感性化的方式，就叫作图式化〈Schmatismus〉。虽然图式和图像之间尚有区别，但它仍然还是和像图像这样的东西有着关联，也就是说，图式中必然地含有图像的特征。它有着其本己的本质。它既不仅仅是一个简单的外观(第一层意义上的"图像")，也不是一个映象(第二层意义上的"图像")。因此，它或许可被称作为式－像〈Schema-Bild〉。

第21节　图式与式－像

通过对式－像的更进一步的特征描画，它和图式的关系将变

① 《纯粹理性批判》第1版，第141页(此处引文页码有误，应为第140页。——译注)，第2版，第179页以下。

得更加清晰，同样，概念与图像的关系方式也将因此更为清楚。图式成像〈Schemabildung〉就是概念的感性化。直接地表像出来的存在物的外观，怎样与在关于它的概念中表像出来的东西发生关联呢？这一外观在什么意义上是概念的一个“图像”？应该分为两类概念来讨论这些问题：一类是经验感性的概念（一只狗的概念）；另一类是纯粹感性的、数学的概念（一个三角形以及一个数）。

康德强调，一个“经验的对象”，即我们达到的一个现成事物的外观，“或者这一事物的图像”，即存在物的某个现成的映象或后象，永远没有“达至”[①]这一事物的经验概念。这一没有达至首先意味着：描绘“不恰当”。然而，这绝不意味着不可能有恰当的概念映象。存在物的某种经验外观，根本就不可能通过映象作用去关涉到这一存在物的一般概念。反之，这种不恰当性正是隶属于式 98
－像，而式－像正是概念的真确意义上的图像。甚至，可能不如这样说，经验映象中恰恰含有——如果不是甚至更多的话——概念中所包含的一切。但是，经验外观含有的东西，并不像概念那样，将之作为适用于众多的“一”表像出来。相反，经验外观的内容作为任意的众多中的每一个，亦即被主题化地作为本身表像出来的每个独一的那个出现。然而，这个独一性排除了任意性，并藉此而成为规整着杂多随意性本身的“一”的某个可能的榜样。[②] 但在这一规整中，普遍性的东西便有了其特别的条分缕析式的规定性，而这绝不是与每个独一东西相对立的某种模糊不确定的“所有和每

① 《纯粹理性批判》第 1 版，第 141 页，第 2 版，第 180 页。

② 参见《判断力批判》，第 59 节，第 254 页。——作者边注

一”。

规则的表像就是图式。图式本身必然地和诸种可能的式－像保持关联，这些式－像绝不可能独一无二。“狗的概念意味着一条规则，我的想象力可以根据这条规则普遍地描画一个四足动物的形象，不用局限于经验呈现给我的任何一个单一的特殊形象，或者局限于我可以具体描绘的某一可能的图像”。[1]

经验外观没有达至它的经验概念，这表达出式－像与图式的积极性的结构关系，按照这一结构关系，式－像就是对在图式中表像出来的描画规则的一种可能描画。这同时也就是说：超出对这样规整着的规则的统一性所进行的表像，概念就什么都不是。逻辑称之为概念的东西，建基在图式中。[2]概念“在任何时候都与图式直接地关联”。[3]

99 当谈到经验对象时，康德说，经验对象比纯粹感性概念的“图像”“还更少地”达到它的概念。难道真的因此就说，数学概念的式－像对它们的概念而言更合适一些吗？明显，这里考虑的不是一种在映象意义上的比较。数学建构的式－像，无论它的描画在经验上是精确的还是粗糙的，都同样有效。[4]

康德明显是这样考虑的：一个数学的式－像，例如一个画出来的三角形，如果不是锐角三角形，那必定或者是直角，或者是钝角

① 参见《判断力批判》，第 59 节，第 254 页。——作者边注

② 这里已经显出，“这” 逻辑是什么样子的！！——作者边注

③ 同前引。

④ 康德，《论某种发现——据此，所有新的对纯粹理性的批判，都由于某种旧的东西而成为多余的》；同上书，第 8 页，注解。

三角形。但是在这里，随意性是有限的，而画一座房子，随意性要大许多。但另一方面，每个锐角或直角三角形的描画范围则更宽广。因此，这一式-像由于它的限制，就会更多地来到概念的统一性的近旁，而由于它的广阔范围，则更多地趋近这一统一性的普遍性。但图像总是着眼于个别东西的外观，而图式则以多重可能性描画的普遍规则的统一性为“目标”。

这样我们才可以清楚地看出式-像的本质：图式-图像的外观特征，不仅仅而且首先不是从它的恰巧可见的图像内容那里得到的；相反，式-像的外观特征是这样产生的：它从在其规整中表像出来的可能描画中产生出来，在这样的过程中，它仿佛也就将规则注入了可能的直观领域中。只要我们在式-像的这层意思上领会“图像”这个术语，五个先后相随的点·····才应当被称为“数字五的一个图像”。[①]这个数目自身绝不是像看上去的那样是五个点，也不是像符号“5”或“Ⅴ”那样的东西，虽然它们也是在另一种方式下这个所遇到的数的外观。一般地说来，空间中显明出 100
来的5这个图形与数没有什么共同之处，而这五个点·····的外观则是通过数字五才成为可数的。当然，这一数的排列显现出数，并不是因为它是一目了然的，并不是因为我们似乎可以从它那里推演出数来，而是因为它与对这个数的、可能描画的规则之表像相合辙。

但是，我们也不是以这一合辙为基础才把握住数的，毋宁说，在“关于某种方法的表像中”我们已经拥有每个数，而这个方法就

① 《纯粹理性批判》第1版，第140页，第2版，第179页。

是“依照某个概念，将一个量（例如 1000）在一个图像中表像出来”。[①] 在规则描画的表像中，图像的可能性早已成形。不是多个点孤离的外观，而是这可能性，才早已就是真确的，就其结构而言隶属于图式的外观，即式－像。至于一个事实上表明出来和表像出来的数之序列是否在直观上一目了然，对于式－像的“看”而言，则不是那么重要。因此，数学的概念也根本就不建基在可素朴观察的图像之上，而是建基在图式上。“事实上，我们的纯粹感性概念的基础不是诸多的对象之图像（直接的外观），而是诸图式”。[②]

经验的和纯粹感性的概念中有式－像，对它的图像特征的分析已经表明，概念的感性化乃是一种对其诸多的特有图像的完全本己的获得。在图式化中，图式成像的感性化过程，既不通过惯常的“图像描绘”式的模拟来把握，更说不上溯源到它。这后一种情况的可能性微乎其微，甚至可以说是相反。那种在一开始就描述
101 过的意义上的感性化，即事物的直接经验外观，以及对其现成性映象的制作，唯有在以图式化方式进行的概念的可能的感性化之基础上，方有可能。

所有概念性的表像活动，就其本质而言，都是图式化。但所有有限的认知，作为运思着的直观，必然就是概念性的。[③] 这样，在对某个现成事物，例如房子的直接感知中，必然就已经有了某种房

---

① 《纯粹理性批判》第 1 版，第 140 页，第 2 版，第 179 页。

② 同上书，第 1 版，第 149 页，第 2 版，第 180 页。

③ 这里又要区分：用概念思维的〈*in* Begriffen denkend〉；*以*概念表达的〈*auf* Begriffe bringend〉；由概念证明的〈*aus* Begriffen beweisend〉。参见《判断力批判》。——作者边注

子一般之类的，正在进行着图式化的前瞻，只有从这样的前－置表像〈Vor-stellung〉出发，所遇到的东西才会作为房子显现出来，才能提供出“现成房子”的外观。于是，图式化必然在我们有限认知的基础上发生。因此，康德必须说，“这图式化……乃人的灵魂深处……一隐秘的技艺”。[①] 但是，如果图式化存于有限认知的本然存在者中，并且有限性的核心在于超越，那么，超越的发生在其最内在的状况上就必定是一种图式化。因此，假如康德真的要想澄清超越的内在可能性之基础，他必然就会遇上某种“超越论的图式化”。

第 22 节　超越论的图式化[②]

图式化乃感性化的一种独特的方式。对图式化的一般性质的描画已经表明：图式化必然地属于超越。另一方面，存在论的知识必然地就是直观，对这一存在论知识的全部结构的特征描画引出
下面的见解：感性化，而且还是一种纯粹的感性化，必然地属于超 102
越。我们曾经断言，纯粹的感性化作为一种图式化过程出现。现在为了使这一断言的基础更加牢靠，我们需要证明，纯粹知性及其概念（观念）的必然纯粹的感性化是在某种超越论的图式化中展开的。至于这个超越论的图式化自身是什么？这将随着对这一发生

---

① 《纯粹理性批判》第 1 版，第 141 页，第 2 版，第 180 页。

② 参见《杜伊斯堡遗稿》10.18 及以下。与此有关联的有：判断的超越论“主体”；判断与图式；建构；直观！海崚（Haering）完全没有看清这一疑难问题，第 66 页！——作者边注

过程的揭明才会澄清。

在式－像的感性化过程中有一意图，那就是为概念获得一图像。在这图像中，所意指的东西因此就和明见性攀上了某种经过了规整的瓜葛。在这般的直观中，概念性的意指首次成为可知悉的。图式将自身，也就是说，将概念带入图像。纯粹的知性概念在纯粹的“我思”中被考虑，如果在纯粹的“让对象化中”站到对面的东西，真是应当能够作为一对举物来被知悉的话，纯粹的知性概念就需要一种本质上纯粹的明见性。诸纯粹概念必须建基在诸纯粹图式中，而这些纯粹图式则将诸纯粹概念带入一个图像。

可是，现在康德明确地说：“相反，一个纯粹知性概念的图式是某种根本不能被带入任何图像之中的东西……”[1]如果将自身带入一个图像属于一个图式的本质，那么，上面引文中的“图像”一词就只能意指某个特定种类的图像而不是其他。它一开始涉及的只能是式－像。然后，对观念之图式的某种可能的外形化进行否定，这意味着的首先只是：可描画的外观的描画规则是在观念的图式中得到表像的，这一外观不可能从经验直观的范围中得来。倘若图像的意思和最广义的经验外观一致，那么就十分明显，观念的图
103 式“根本不会”让自身进入“图像”。不过，用以标明概念之数学构造的外观，作为关于“数值大小”的诸图像，也被限制在诸对象的某种规定了的区域内。在规则规整的过程中，对象性之一般就作为所有对象可能进行相遇活动的先行境域成象，而作为原概念的诸观念，只要它们还表像着这样的规则过程，就不能被置入这样的一

① 《纯粹理性批判》第1版，第142页，第2版，第181页。

个“图像”。这样，前述句子中的“图像”意指关于式-像的方式，这些方式隶属于经验概念的和数学概念的图式。纯粹知性概念的图式绝不可以被置入任何一种这样的图像。

对超越论演绎中的存在论知识之内在可能性的揭示表明：通过超越论想象力的纯粹综合的中介，纯粹概念在本质上与纯粹直观（时间）建立关联，反之亦然。可迄今为止，我们只讨论了观念与时间之间关联的本质必然性，而这一关联的最内在的结构——作为超越的最内在的机缘〈Fügung〉——尚未得到揭示。

但是时间作为纯粹的直观本身，在一切经验之先就获得了一个外观。在如此这般的纯粹直观中给出的纯粹外观（对康德而言，此乃现在序列的纯粹性先后相随），必须因此而被称为纯粹的图像。因为康德自己也在图式化那一章节中说：“所有感官对象之一般[①]的纯粹图像……[即是]时间”。[②] 康德还在后面，同样重要的地方，用相同的话来规定观念的本质：“纯粹概念，如果仅仅起源于知性（而不起源于感性的纯粹图像）”，[③]那么，观念就是纯粹概念。

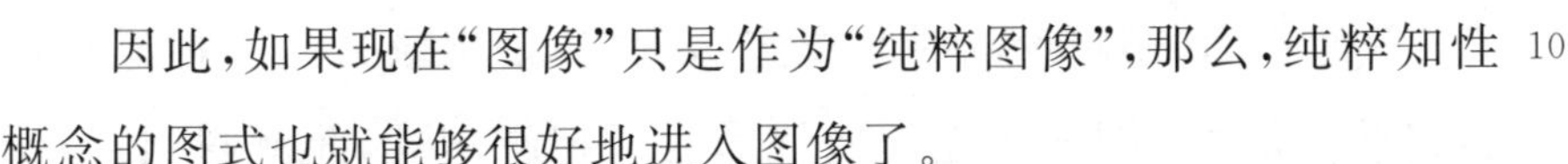

因此，如果现在“图像”只是作为“纯粹图像”，那么，纯粹知性 104
概念的图式也就能够很好地进入图像了。

时间是“纯粹图像”的式-像。它不只是站在纯粹知性概念对面的直观形式。观念的图式因此就有某种独特的特征。它乃图式之一般，表像着统一性，而且将之表像为正将自身纳入某种可能的外观的规整活动。但现在这个依据超越论演绎在观念中表像出来

① 亦即它的对象性。——作者边注

② 《纯粹理性批判》第1版，第142页，第2版，第182页。

③ 同上书，第320页，第2版，第377页。

的统一性，就必然在本质上与时间有关联。因此，纯粹知性概念的图式化必然会将这一统一性规整到时间上去。但是，正如超越论的感性论所显现的那样，时间乃是对某个“唯一对象”[①]的表像。“不同的时间只是同一时间的各个部分。但是，只能通过一个唯一的对象被给予的表像就是直观”。[②] 因此，时间不仅仅是纯粹知性概念之图式的必然的、纯粹的图像，而且也是其唯一的纯粹外观可能性。这个唯一的外观可能性总只是在自身中显现自身为时间和有时间的。

但是，如果包含在纯粹知性概念中的杂多性，在此唯一的外观可能性中获得其图像，那么，这一图像必定就是一可以以多种方式成象的纯粹图像。观念的图式，通过将自身规整到作为纯粹外观的时间中去，并从此出发，赋予自身以图像，这样，观念的图式就将唯一的纯粹外观的可能性钩织为诸纯粹图像的多样性。纯粹知性概念的图式就以这样的方式“规定着”时间。“因此，图式无非就是

105 按照规则的先天**时间规定**”，[③]或者简短地说，“超越论的时间规定”。[④]而作为“超越论的时间规定”，图式“是想象力的一种超越论的产物”。[⑤]这一图式化先天地就形成了超越，并因此就叫“超越论的图式化”。

对象提供出自身，这种正在供出自身的对象的、对举物的“让

① 《纯粹理性批判》第1版，第31页以下，第2版，第41页。

② 同上。

③ 同上书，第1版，第145页，第2版，第184页。

④ 同上书，第1版，第138页，第2版，第177页。

⑤ 同上书，第1版，第142页，第2版，第181页。

成为对象”在超越中发生。这一发生的依据就在于：存在论知识，作为图式化的直观，使得在时间图像中的规则统一性之超越论的亲和力，成为先天可见的，并因而成为可领受的。通过其纯粹的式-像，超越论图式必然具有某种先天的符合性特征。因此，要将唯一的纯粹图式详细解释为超越论的时间规定性，必须指明这一符合性成像的〈korrespondenzbildend〉特征。

但是，康德从判断表推出纯粹知性概念的完全统一性，并且相应地将观念表定义为关于唯一的纯粹知性概念的图式。依照范畴的四个划分阶段（量、质、关系、模态），纯粹的时间之外观显现为四种可成象的可能性：“时间绵延、时间内容、时间序列、时间总念”。[①]这些时间的特质并不是通过分析时间自身并从这一分析中有系统地发展出来，而是在其中“按照范畴的序列”[②]确定而来。对个别图式的解释，首先开始于关于量、实在和实体的纯粹图式的，一种依照关系而进行的详尽分析，然后，越来越精致，直到最终到达单纯定义的目标为止。[③]

在某种意义上，康德有权做出这样简练的描画。因为如果超越论的图式化在其本质根基上规定了存在论知识，那么，在描画超 106
越论综合判断的系统中，存在论知识的系统性整理过程就必然会有图式化的特征，就一定会凸显出相应的、超越论的时间规定性。尽管还仅仅是在一定的界限之内，但这种情况现在正在出现。[④]

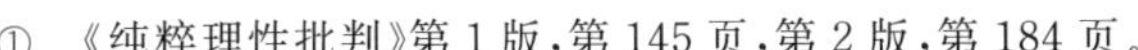

① 《纯粹理性批判》第1版，第145页，第2版，第184页。

② 同上。

③ 同上书，第1版，第142页及以下诸页，第2版，第182页及以下诸页。

④ 同上书，第1版，第158页及以下诸页，第2版，第197页及以下诸页。

容易看出，对超越论图式化的本质结构，以及一般来说，对所有属于超越者整体的东西看得越透彻，在“我们灵魂深处”的这一最源初性结构的晦暗中去摸索的道路，也就显现得越清晰。图式化之一般的，尤其是超越论图式化的普遍本质，实在已经被规定得足够清楚了。但是，康德自己在下面的提示中透露出了更深一步推进的可能性：“我们不再为枯燥无聊地分析一般纯粹知性概念的超越论图式所要求的东西耽搁时间了，我们宁可按照范畴的序列并与范畴相结合来阐述这些图式”。[①]

难道说仅仅是事务性的枯燥和无聊使得康德不再作进一步的分析工作了吗？关于这一问题的回答现在还不能够给出。[②]这些回答也将会说明，为什么现今的解释会放弃对康德的纯粹图式的定义进行具体的解析。不过，康德关于超越论图式化的学说不是什么巴洛克式[③]的理论，而是从诸现象活动自身中创生出来的。为了弄清这一点，我们会对某个范畴，即实体的超越论图式，给出一个只是简短和粗略的解释。

“实体的图式就是实在物在时间中的持久……”。[④]要想完全
107 地揭示这一图式的图式化，我们必须去看看“第一类比”，即“持久性原理”。

---

① 《纯粹理性批判》第 1 版，第 142 页，第 2 版，第 181 页。

② 参见下面第 35 节，第 200 页。

③ “巴洛克式”指的是缘起于意大利，后风行于 17 世纪欧洲的一种艺术风格，其主要特点在于在雕塑、建筑、绘画、音乐、文学等艺术领域的创作中，强调精雕细作，并运用夸张的运动和清晰可辨的细节营造恢弘和紧张的效果。——译注

④ 《纯粹理性批判》第 1 版，第 143 页，第 2 版，第 183 页。

实体作为观念，说的首先只是：奠基（基底）。[①]它的图式，只要是在时间的纯粹图像中描画自身，就必定是对奠基的表像。这样，时间作为纯粹的现在序列，每时每刻都是现在。在每一个现在里它都现在。这样，时间显现出它自身的持续性。时间本身是“不变的、持留着的”，它“不流逝”。[②][③]更明确地说，时间并不是某种在其他东西中持留着的东西，相反，正是在上述本质特征的基础上，即“在每个现在中现在”的基础上，时间赋予像持留者那样的东西以纯粹的外观。作为这种纯粹的图像（直接的纯粹“外观”），时间在纯粹的直观中描画奠基活动。

但是，只有当“实体”观念的全部收藏受到关注——康德在这里忽视了它——这种描画作用才会真正变得清楚。实体是一种（在基底与内在本质之间的）“关系”的范畴。它意味着为某种“附加的东西”奠基。如果时间在纯粹图像中恰恰描画这种关系，那么，它也就仅只是实体观念的纯粹图像。

但是，时间在每个现在中流逝着，它是一个现在，但也是一个另外的现在。正因如此，时间是现在的序列。作为持留的外观，它同时提供出在持留中纯粹变动的图像。

长期以来，对实体的超越论图式的粗略解释并没有能够探入源初的结构。但这种粗略的解释一定已经显出，在实体观念中所意指的东西，能够在时间中先天地获得一个纯粹的图像。因此之

① 《纯粹理性批判》第1版，第182页及以下诸页，第2版，第224页及以下诸页。

② 同上书，第1版，第143页，第2版，第183页。

③ 同上书，第1版，第41页，第2版，第158页。“时间自身不变动，而是那在时间中的东西变动。”——作者边注

108 故，在“让对象化”过程中的对象性，只要其中含有作为构成要素的实体，就会成为可先天观看和先天闻悉的。经过这一图式化过程，观念事先就作为图式化了的东西在眼前出现，而这样导致的结果就是：在这一先行的关于持久经验的纯粹图像的目光中，某种在变动中不变的存在物本身能够自己显现。“时间本身是不变的和持留的，而在现像中，时间与之相应的是在实际存在中的不变者”①（即现成存在物）。

这样，超越论图式化就成了存在论知识的内在可能性的基础。在纯粹思维中表像出来的东西必然地在时间的图像中直观出自身，以这样的方式，超越论图式化就形象出了在纯粹的“让对象化中”站在对面的东西。作为一种先天的给出，时间也从一开始就使得超越的境域有了可接纳供奉品〈Angebotes〉的特质。但还不仅仅如此。作为唯一的纯粹普遍的图像，时间还赋予超越的境域以某种先行的轮廓范围。这个单一的和纯粹的存在论境域，是使在它之内给出的存在物能够具有这样或那样特殊的、敞开的，而且成为存在物层面上的境域之可能性的条件。但时间不仅赋予超越以先行就合一化的聚合，而且，作为纯粹的地地道道的自身给出者，它根本就给出了像某种截停一样的东西。它使得一个有限的本然存在者得以闻悉具有对象性的“对举者”，而此对举又隶属于正在超越着的、进行着“奉献式的转过来面向”〈Zuwendung〉的有限性。

① 《纯粹理性批判》第1版，第41页，第2版，第158页。

第23节　图式化与统摄

前面，我们从超越的最内在的发生进程这一独特的角度出发，阐释了康德的关于纯粹知性概念的图式化的学说。但是，通过形而上学奠基，康德不仅仅在每一步上都追寻着不断更新的问题，而且，正是在第一次引导进入学说中关键性的部分时，他首先抓住最 109
可能被了解的叙述部分，而这样，就可以先行地导向问题之所在。于是，超越论的演绎就从传统形而上学中的法权行为入手来展开。法权行为由下面的证明来决定：如果观念要能够先天地规定经验上可以通达的存在物，那它们就必须是范畴，也就是说，依照其本质，它们是超越自身之中就有的东西。但是同时，“使用”这些概念的条件也就因此被固定住了。

概念的使用一般叫作：将它们运用到对象上面去，以及——若从对象的角度来看——将后者放到概念“下面”去。[①] 用传统逻辑的话说，这种概念的使用就叫统摄。[②]将纯粹概念先天地作为时间的超越论规定来使用，即纯粹知识的运作，而这就意味着：图式化的发生。这样看来，图式化的问题实际上首先非常适合于作为讲解统摄时的入门向导。需要强调的只是：在存在论知识中所处理的从一开始就是存在论的概念，也就是某种特定的概念，即存在论的“统摄”。

① （判断力）。——作者边注

② 置于……之下。——作者边注

在已经首次标明了存在论知识的本质统一性的同时，康德的确也还没有忘记指出在“置于概念之下”（这涉及对象）与“付诸概念之上”（这里遇到的是超越论想象力的综合）之间的根本性区别。[①] 在超越论图式化中发生的是纯粹综合的“付诸概念之上”。
110 它将在观念中得到的表像的统一性“成象”为纯粹可观看的对象性的本质要素。[②] 在超越论的图式化中，范畴首先作为范畴而自身成象。但如果这些是真正的“原概念”，那么，超越论的图式化就是源初的和本真的概念成象之一般。

因此，如果康德在图式化这一章的开头就指向统摄，那他是想借此引到作为中心问题的超越论统摄上面去，他的目的在于显明，正是在纯粹知识的本质结构中，询问源初的概念性之一般的内在可能性的问题才会得到突破。

经验概念从经验活动中产生，因此，它们与由它们所规定的存在物的实事内容是“同一类型的”。概念运用到对象上面，也就是说，概念的使用是毫无问题的。“但现在纯粹知性概念与经验性的（甚至完全感性的）直观相比则是完全异类的，他们绝不可能在任何直观中遇到。那么，将后者统摄到前者之下、从而把范畴运用于现像之上是如何可能的呢？因为毕竟没有人会说：这些范畴，例如因果性，也可以通过感官被直观，并且被包括在现像中”。[③]在对范畴使用的可能性的发问中，范畴特具的本质自身首先成为疑难。这些概念就完全暴露出其“成象”的可能性问题。因此，将现像统

① 参见《纯粹理性批判》第1版，第78页以下，第2版，第104页以下。

② “反思”，到何种程度？——作者边注

③ 《纯粹理性批判》第1版，第137页以下，第2版，第176页以下。

摄到“范畴之下”的说法不是解决问题的方式，相反，问题恰恰就在其中：究竟这里是在什么意义上，我们可以说统摄“到概念之下”？

康德将图式化问题表述为关于统摄的问题。如果人们只将这 111
一表述看成是某种对问题的导引的话，那么，它甚至可以说是给出了一个指向最核心意图的指南，它借此指向图式化这一章的核心内容。

概念性的表像就叫：“在普遍之中”将某物表像出来。在概念成像之一般那里，这种表像的“普遍性”[①]必然成为问题。但现在，倘若作为存在论概念的范畴与经验对象以及经验对象的概念并非同类，那么，它们的“普遍性”也就不可能是那种普遍性的普遍性，即比那种在较高的、乃至最高的存在物层面上的“种类”的普遍性仅仅在程度上更高一层的普遍性。存在论的，即形而上学的概念的普遍性具有怎样的“一般性”特征呢？但这还仅仅是问：在将存在论描画为 Metaphysica generalis〈一般形而上学〉之时，这个“generalis”〈一般〉说的是什么意思？纯粹知性概念的图式化的问题，问的就是存在论知识的最内在的本质。

这样就可以看出，如果在图式化这一章中，康德提出了源初概念的概念性问题，并且，他还借助于将这些概念的本质规定为超越论的图式化，来解开这一疑难问题，那么，关于纯粹知性概念的图式化的学说，就是为 Metaphysica generalis〈一般形而上学〉进行奠基的决定性阶段。

---

① “自身同一性”〈Selbigkeit〉作为普遍性之基础；自身同一性与“反思”。——作者边注

从统摄的理念出发来开始讲解超越论图式化的疑难，这有着它一定的道理。但是，康德接着又允许将之视为对难题之可能解决的一个标志，并且从统摄出发，来先行地标画超越论图式化的理念。如果纯粹的知性概念与现像完全不同类，但它还应当要对现
112 像有所规定，那么，就必须有一个中介在不同类别之间搭桥。“这个中介性的表像必须是纯粹的（没有任何经验性的东西），但却一方面是**知性的**，另一方面是**感性的**。**超越论的图式**就是一个这样的表像”。[①]“因此，范畴应用于现像之所以可能，乃凭借着超越论的时间规定性，而超越论的时间规定性，作为知性概念的图式，居间调停，促成现像被统摄在范畴之下”。[②]

这样，超越论图式化的最内在意义，在图式化问题的最浅近和最外在的形式下，就显现为统摄问题。我们总是在抱怨图式化这一章有什么不统一和混乱，这没什么理由。如果说在《纯粹理性批判》中有什么地方得到了最精细的彻底剖析和字斟句酌的考虑，那么就是这一在全部著作中的核心篇章。我们不妨按其意义将此章节的勾连明确地划分标明如下：[③]

1）从传统的统摄理念入手，引导出图式化的问题（A 137，B176—A 140，B179：“图式自身……”）。

2）对图式结构之一般的准备性分析，以及经验、数学概念的图式化（至 A142，B181：“与此相反，一个纯粹知性概念的图式……”）。

---

① 《纯粹理性批判》第 1 版，第 138 页，第 2 版，第 177 页。

② 同上书，第 1 版，第 139 页，第 2 版，第 178 页。

③ 在下面的章节划分中，海德格尔此书的第二版有页码引证错误，这些错误在第四版中得到了订正。—— 英译注

3)对超越论图式之一般的分析(至 A142，B182："一切大小量的纯粹图像……")。

4)以范畴表为导引，对单个的超越论图式进行解释(至 A145，B184："于是人们从这一切可以看出……")。

5)着眼于时间的纯粹成象性的四种可能情况来标画与之相应的范畴的四种类型(至 A145，B185："由此可见……")。 113

6)将超越论图式化规定为超越的"真正和唯一的条件"(至 A 146，B 185 ："但是，引人注意的毕竟还有……")。

7)批判性地应用以图式化为基础的范畴的本质规定性(至此章的结尾)。

图式化这一章的建构不是什么"混乱不堪"的，而是无可比拟的清晰。图式论这一章也没有"造成混乱"，而是以一种闻所未闻的明确性方式引领我们走向《纯粹理性批判》的整个疑难索问的核心。可是，要看清这一切，只有当超越的有限性被把握为形而上学的内在可能性的基础，这里说的是形而上学的一种必然性的基础，这样，关于这一基础的解释才能够稳固。

当然，康德在他的晚年(1797 年)也还写道："一般说来，图式化乃最困难的要点之一，甚至连贝克先生[①]也不能窥其堂奥。——我把这章视为最重要的章节之一"。[②]

① 雅克·斯·贝克〈Jakob Sigismund Beck〉(1761—1840 年)，德国哲学家，1791—1799 年任哈勒大学教授，以解释和批评康德著称，1793 年发表康德本人推荐的《康德教授先生的批判著作解说纲要——由康德本人举荐》。——译注

② 《康德手稿遗稿》，同前引，第 V 卷，Nr. 6359。

奠基的第五阶段：存在论认知的完全的本质规定性

在上一阶段，伴随着超越论的图式化，我们达到了存在论综合的内在可能性的根基，并因而达到了奠基工作的目的地。如果现在要加入一个第五阶段，那么，这不再可能是要将奠基活动拓展，而应当是，也就是说，在搭建某种可能的建筑时，坚决地保有赢得的基础本身。

114 在这种情况下，前面经历的诸阶段必须要统一起来。这里的意思不是说要把它们按数码一个接一个地迭加起来，而是说在对存在论知识的本质进行独立的和完全的规定中，将它们统一起来。在“一切综合判断的至上原理”中，①康德讨论了这一具有决定性意义的本质规定性。但是，如果存在论知识只是超越的源初成象，那么，至上原理就必定包含超越的最核心的本质规定性。现在我们应当来显现这究竟是怎么一回事情。这样，在已经达到的地基和地盘上，就产生出比康德的一般形而上学之奠基更进一步的任务和步骤的前景。

第 24 节　至上的综合原理之为超越的完全本质规定性

还有，康德对传统的形而上学所采取的态度是批判性的，在这

① 《纯粹理性批判》第 1 版，第 154—158 页，第 2 版，第 193—197 页。

种批判性的态度中，康德引入上述的核心学说。传统的形而上学要“从单纯的概念”，即仅仅通过思维来认知存在物。单纯思维的特定本质就为一般的逻辑划出了界限。单纯的思维就是主词和谓词的联结(判断)。[①]这样的联结仅仅阐明了被联结的诸表像中表像出来的东西自身。它必定只是“分析性的”阐明，因为它“纯粹只是玩弄表像”。[②][③]单纯的思，如果它想要是思自身，就必须“持留”在表像自身那里。当然，即便在这一联结中，思也已经有了它本己的规则、原理，其中最高的就是“矛盾律”。[④] 一般地说，单纯的思 115
并不认知，它只是有限知识的一个要素，尽管这是一个必需的要素。虽然也可以谈论单纯的思，但前提是：它事先就被当作有限知识的要素，这样来看清它和首先源初地规定着全部知识的东西之间的必然关联。

如果说谓词应当是一个知识的要素，那么，重要的并不特别在于它和主词之间的关系(命题的－述谓的综合)，而在于它的和“某种完全不同的东西”[⑤]之间的“关系”(更恰当地说：整体性的主—谓关联)。这个不同的东西就是存在物自身，而认识活动——以及属于它的判断关系——应当和这存在物自身“合拍”。

---

① 对一般性的主－谓词关系和形式的与分析的判断两者进行区别；两者不相同。参见：分析判断的至上原理和一切判断之一般的否定性条件——1935/1936 夏季学期[物的追问——康德超越论原理的学说。全集第 41 卷]，第 173 页及以下诸页。——作者边注

② 《纯粹理性批判》第 1 版，第 155 页，第 2 版，第 195 页。

③ 第 4 版“纯粹只是玩弄表像”，而第 2 版为：可能“只是纯粹玩弄表像”。——英译注

④ 《纯粹理性批判》第 1 版，第 150 页及以下诸页，第 2 版，第 189 页及以下诸页。

⑤ 同上书，第 1 版，第 154 页，第 2 版，第 193 页以下。

因此，认识必须“出离”每一单纯的思本身所必然“持留”的地方，而这些思先前是在自身之中集拢着的。康德将这种与“完全不同的东西”的“关系”称为综合(实在性的综合)。知识本身，只要它是认知完全不同的东西，就是综合性的。但是，现在因为在单纯思维中的述谓－命题的联结也可能被叫作综合，所以，这种特别的知识综合，作为附带着的东西(即那个完全不同者)，已经先就被别离出来。

但是，这样出离而走向那个“完全不同者”需要在某个“在之中存在”〈Darinnensein〉的“中介”[①]，在这一“中介”中，此“完全不同者”能够来相遇，而认知着的本然存在者自身并不是这个“完全不同者”，也没有掌控它的能力。但这个使得自己转过来面向，让……来相遇的“出离而走向”成为可能与出现的东西，康德现在用下面的话来进行描述：“它只不过是一个我们的一切表像都被包含

116 在其中的总念，也就是内感觉及其先天形式，即时间。表像的综合所依托的是想象力，但想象力的综合统一(此为判断所要求)则依托统觉的统一。[②]”

显然，我们在这里重又回到了三要素。我们曾经在奠基的第二阶段中，通过首次标明存在论知识的本质统一性，被引导走向这一点。但第三和第四阶段则显示出，这三要素如何成像为一个结

① 《纯粹理性批判》第1版，第155页，第2版，第194页。

② 参见《纯粹理性批判》第1版，第216页，第2版，第263页。作为指引的类推；指引的本质！参见夏季学期/1930年[《论人的自由的本质。哲学导论》，《全集》31卷]，第152页及以下。——作者边注

构上的统一体，它的成象中点是超越论的想象力，而在此成象的东西就是超越。现在，康德为了在实质上澄清超越，想起了这个三位一体。倘若如此，那么，这个三位一体就不再允许——像它在第二阶段中被导入时的那样——在晦暗的位序中被接纳。相反，这个三位一体，它的最终在超越论的图式化中得以公开的结构上的透明度，必须得到完全的呈现。而且，如果现在的第五阶段只是总结，那么，对在第二阶段中首先作为疑难显现出来的超越的本质统一性，必须有一个透彻的把握，而且，它的可能性之根基，也必须得到明确地揭示。

因此，康德现在将关于知识的有限性本质的全部问题放到了“**经验的可能性**”这个简短的句式中。[①]经验就叫：关于存在物的、有限的、直观着领受的知识。存在物必须作为站在对面的对象被给予知识。但“可能性”在“经验的可能性”这一术语中却有着特殊

的双重含义。 117

“可能的”经验可能意味着与现实经验不同的东西。但是，在“经验的可能性”中，问题不在于“可能的”经验[②]与现实的经验，而在于关涉这两者的，从一开始就使之成为可能的东西。所以，“经验的可能性”就是使得某种有限的，即非必然的，而是或许可能的现实经验成为可能的东西。这一“可能性”就是使“或许可能的东西”首先成为可能的东西。它就是传统形而上学的 possibilitas〈可能〉，它和 essentia〈本质〉或者 realitas〈实在〉同义。实在之

① 《纯粹理性批判》第1版，第155页及以下诸页，第2版，第195页及以下诸页。

② 某种东西——作为可能经验的对象。——作者边注

定义是“从事情的本质中，从可能性的最初根据中”得来，它们“依据其内在的可能性，为认识事情”服务。[①]

这样，“经验的可能性”原始地就意味着：使得有限的知识在本质上成为可能的东西的统一的整体性。“‘**经验的可能性**’也赋予了我们的一切知识以先天的客观实在性。”[②]因此，经验的可能性就和超越同义。将它包括在其完全的本质整体性中就叫：对“经验的可能性的诸条件”加以规定。

如果将“经验”理解为与经验到的东西有别的经验活动，“经验”就是领受着的直观，[③]它必须要让存在物给出自身。“给出一个对象”，说的就是：“在直观中直接地描画”它。[④]但这说的是什么意思呢？康德的回答是：“［对象的］表像与经验（现实的或仍旧可
118 能的）相关”。[⑤] 但这一“相关”将要说的是：为了要一个对象能够给出自身，事先就必须已经出现了一个向着这般东西的转过来面向和奉献，而它是能够“应召而来的”。这种先行的“自己转过来面向……”，正如超越论演绎所显示出的和超越论图式化所澄清的那样，发生在存在论的综合之中。这一“自己转过来面向……”就是经验之可能性的条件。

有限知识的可能性还要求第二个条件。只有真的知识才是知

---

① 《逻辑教程》，第 106 节，注 2；同上 VIII，第 447 页，也参见《纯粹理性批判》第 2 版，第 302 页注，第 1 版，第 596 页，第 2 版，第 624 页注。

② 《纯粹理性批判》第 1 版，第 156 页，第 2 版，第 195 页。

③ 不完全的——但在这里很重要。——作者边注

④ 《纯粹理性批判》第 1 版，第 156 页，第 2 版，第 195 页。

⑤ 同上。

识。但真理意味着“与客体的合拍”。[①] 因此，事先一定能够有某种可能与之相合拍的东西来相遇，也就是说，有某种通过给出判准来进行规整的东西。它必定事先就开启了对象物的境域并作为这样的东西得到闻悉。境域就是能够站到对面之意义上的对象之可能性的条件。[②]

这样，有限知识的可能性，即被经验到的东西本身的经验活动之可能性就有两个条件。这两个条件合在一起，必然划定超越的全部本质性存在。这一划定通过一个句式来进行，这一句式陈述综合的，即有限认知着的判断之可能性的根据，而且，它本身事先就是“普遍”有效的。

康德这一“所有综合判断的至上原理”有着怎样的结论性的表述呢？它是这样说的：“一般**经验之可能性**的条件同时是**经验对象之可能性**的条件”。[③]

这个句式中的关键性的内容并不在康德用斜体标出的地方，而在那个“同时是”。那么，什么是这个“同时是”？它将完全的超 119
越结构的本质统一性表达出来。而这完全的超越结构的本质统一性就在于：自己转过来面向的、让成为对象本身〈das sichzuwendende Gegenstehenlassen als solches〉就形象为对象性之一般的境域。因此，在有限的知识中先行的而且每时每刻的必然“出离而走向……”〈Hinausgehen zu …〉就是一不断的“向……站出”(Ek-

① 《纯粹理性批判》第 1 版，第 157 页，第 2 版，第 196 页以下。

② 参见《纯粹理性批判》第 1 版，第 237 页。纯粹理性作为一切真理的本源的基本原理。——作者边注

③ 《纯粹理性批判》第 1 版，第 158 页，第 2 版，第 197 页。

stasis〈绽出〉)。但这个本质上的“站出到……”就在“站”中成象并且面临着一个境域。超越在自身中就是绽出－境域式的。对在自身中合一的超越作这样的疏解就将那个至上原理表达了出来。

因此,它〈至上原理〉也可以这样简短地来把握:使得一个经验得以可能的东西,同时使可经验的东西以及经验到了的东西本身成为可能。这就是说:超越使得一个有限的本质得以进入存在物自身。这一在最高的综合原理的句式中的“同时是”不仅仅意味着,这两个条件总是同时出现;或者,如果我们想到其中一个,必然也会想到另一个;它甚至也不仅仅是在说这两个条件是同一的。此基本原理在根本上绝不是那种经由结果而反推获得的原理。经由结果反推出的原理是那种如果在经验中适合,就一定会被预先设为有效的原理。相反,此基本原理乃是对超越的内在统一性结构的源初现象学知识的表达。在上面所描画的关于存在论综合的本质性筹划的诸阶段中,这已经得到了表述。[①]

120 第25节　超越与一般形而上学的奠基

对存在论综合之本质的内在可能性的根据进行揭示,这被规定为是一般形而上学之奠基的任务。存在论的知识,就是将自身

① 上面关于最高的综合性的基本原理的解释显出:在何种程度上基本原理同时还规定着先天综合判断的本质,以及在何种程度上,它还能够被视为是得到了正当理解的形而上学的充足理由律。为此,参见海德格尔《根据的本质——埃·胡塞尔纪念文集》(哲学与现象学研究年鉴增刊),1929年,第71页及以下诸页,特别是第79页及以下。(还参见单行本,第7版,1983年,第15页及以下。)

表明为把超越形象出来的东西。因此，对超越的完整结构的洞察，现在就使得看清存在论知识的全部特征，包括它的认知活动以及它所认识的东西，第一次成为可能。

认识作为有限的认知，必定是自身给出者的一种领受着、运思着的直观，而且还是纯粹的直观。它是一种纯粹的图式化。纯粹知识的三个要素的纯粹统一，在超越论图式的概念中，作为“超越论的时间规定性”表述出来。

假如存在论的认知就是形象着的图式，那么，它也就因此从自身出发创造出（形象出）了纯粹的外观（图像）。这样，在超越论想象力中出现的存在论的知识不就是“创生性”的吗？如果说存在论的认知在超越中形象出来，而这一超越却又构成了有限性的本然存在者，那么，超越的有限性岂不因为这一“创生”特质而被撑破了吗？有限的本然存在岂不恰恰由于这一“创生”行为而成为无限的吗？

可是，难道说存在论的知识像 intuitus originarius〈源生性直观〉一样的具有“创生性”吗？对于 intuitus originarius 来说，存在物在直观中存在于站出来中，并作为站出来而存在，根本不能变成“站到对面去”。[①]难道说存在物就在这一“创生性的”存在论知识中被“知悉”，也就是说，将存在物自身创造出来吗？绝对不是！存在论的知识不仅仅不创造个别存在物，它根本上就不专题性地和直接地关联到这个存在物。

---

① 这里，“站到对面去”〈Gegenstand〉又译为“对象”。又见第 39 页译注。——译注

121 那么，关联到的是什么呢？什么是这一认知中知悉到的东西？一个虚无。康德将之称为X，说的是个“对象”。在怎样的程度上这个X是个虚无，又在怎样的程度上仍然是个“某物”？问题问的是在存在论的知识中所知悉的东西，要对这个问题作出回答，也许需要对康德谈论这个X的两个主要的地方做一简短的解释。第一个地方主要在超越论演绎的导论处。[1]第二处是在标题为“所有一般对象区分为现象和本体的根据”这一篇中，[2]而这一篇，在《纯粹理性批判》的架构中，是一般形而上学进行正面奠基的结论篇。

第一处说：“从现在起，我们也将能够更为正确地规定我们的关于某个*对象之一般*的诸种概念。[3]一切表像作为表像都有其对象，并且自身又可能是其他表像的对象。现像是能够被直接给予我们的唯一对象，而在其中直接与对象相关的东西就叫作直观。但这些现像并不是物自身自己，而且它们自己只是些表像，表像复又有其对象，而这些对象不再能够被我们直观，故而可以被称为非经验的，亦即超越论的对象＝X”。

在现像中直接站在对面的东西，就是直观给予的东西。但现象现在自己“只是些表像”，不是物自身。在表像中表像出的东西，仅仅在某种领受着的转过来面向……中，以及为了某种领受着的

---

[1] 《纯粹理性批判》第1版，第108页以下。

[2] 同上书，第1版，第235页及以下诸页，第2版，第294页及以下诸页。

[3] 按照安迪克斯人〈Andickes〉，坎普·斯密斯〈Kemp-Smith〉的版本和海德格尔本书的第二版，此处为“我们的概念”〈unseren Begriff〉，而依照斯密斯的版本和海德格尔本书的第四版，此处为“我们的诸种概念”〈unsere Begriffe〉。——英译注

转过来面向……，显现自身。但这一表像出的东西自身必须“复又有其对象”。确实，为了要形象出那个境域，那个在其中自立的存 122
在物能够来相遇的境域，它根本上必须先预定有某种一般说具有“站在对面/对象”特质的东西。这个在先行的转过来面向中的所向的东西〈Woraufzu〉，已经不再能在经验直观的意义上为我们直观到了。但这并不是要排除，而是在一种纯粹的直观中，将直接的可闻悉性的必然性包含在内。这个在先行的转过来面向中的所向的东西，因此就可以“被称为非经验的……对象 = X”。

“事实上，我们的所有表像都通过知性而与某个任意的客体相关联，而且，由于现像无非就是表像，所以知性就把它们与一个作为感性直观的对象的*某物*相关联；但这个作为某个一般直观对象的某物，因此也就只是超越论的客体。但这意味着一个等于 X 的某物，关于它，我们根本不知道任何东西，也(按照我们的知性如今的设置构造)根本不能知道任何东西，相反，它只能作为统觉的统一性的一个相关物，用于感性直观中的杂多的统一性，知性凭借这一统一性把杂多统合在一个对象的概念中”。①

这个 X 是个我们根本完全不能够知道的“某物”。但是，它的不可知，并非因为这个 X 作为一个存在物被遮盖在现像之幕的“背后”，而是因为它完全不能成为某个认知的可能对象，也就是说，它不能成为有关某个存在物的知识所拥有的对象。因为它是

① 《纯粹理性批判》第 1 版，第 250 页。这是康德自己修缮过的文本。参见“补遗”CXXXIV。[英译注：康德的“修缮”在于添加了“作为某个直观对象之一般的”的字样，用来界定上句分号前的“某物”。坎普・斯密斯在他的英译本中没有包括这个修缮。]

个虚无,它根本不能成为那样的东西。

虚无意味着:不是一个存在物,但依然还是“某个东西”。它“仅仅用来作为关联物”,也就是说,依照其本质,它乃纯粹的境域。康德将这一 X 称为“超越论的对象”,亦即在超越中并通过作为其境域的超越而可得以一瞥的对举者。但如果说,在存在论的知识
123 中得到知悉的 X,依其本质就是境域,那么,这个知识也就一定会使这一境域,保持着开放性的境域特质。但是这样,这个某物,就不允许作为在某种专题把握中直接和唯一的意指物出现。境域必须是非专题的,但还是恰好就在视线范围之内。只有这样,它才能将在其中遇见的东西本身逼将出来,进入专题。

这个 X 就是“对象一般”。这并不意味:一个普遍的、尚未规定的、站在对面的存在物。相反,这一说法意指的是那个东西,它事先成就着一切可能的站在对面的对象的模糊梗概,事先成就着一个站在对面的东西的境域。这个境域全然不是对象,而且,如果对象仅仅意味着得到专题把握的存在物,那么,这个境域就是个虚无。如果知识就叫把握存在物,那么,存在论的知识就不是知识。

可是,存在论的知识,如果它获得真理的话,就有权被称为知识。然而,存在论的知识不仅仅“拥有”真理,而且它就是源始的真理。因此,康德将这一源始的真理称为“超越论真理”,它的本质通过超越论的图式化得到澄明。“但是,我们的一切知识都处于一切可能经验的整体中,而先行于一切经验性真理,并使它们成为可能的超越论真理,就在于与这些可能经验的普遍关系”。①

① 《纯粹理性批判》第 1 版,第 146 页,第 2 版,第 185 页。

存在论的知识将超越“形象”出来，超越之形象活动不是别的什么，而是境域的保持开放，在这里，存在物的存在可先行地得以瞥见。如果真理真的是说：从……去蔽，那么，超越就是源初的真理。但是，真理自身必须分身为对存在的展露与对存在物的公
开。[①]如果存在论的知识展露出境域，那么，它的真理就恰恰在于 124
让存在物在境域内来相遇。康德说道，存在论的知识仅仅有着“经验的应用”，也就是说，它用来使有限的知识成为可能，而有限的知识意指的就是关于存在物的自身显现的经验。

因此，这个总只是存在论的而非存在物层面上的“创生性”知识，是否冲破了超越的有限性？抑或它是否正是将有限的“主体”深深植入其本己的有限性之中？这些至少都还是悬而未决的。

可是，依照存在论知识的这一本质规定性，只要纯粹知识的系统整体是对超越的形象，那么，存在论就不是别的，而只是对这一纯粹知识的系统整体的明白展露。

然而，康德却想用“超越论－哲学”——对超越的本质性揭露——这一名称来替代“存在论的高傲之名”。[②] 只要“存在论”这个头衔还是在传统形而上学的意义上被接纳，康德这样做就是有道理的。这一传统的存在论“狂妄地以为给出了关于物之一般的先天综合知识”。它将自己过分地逾越而抬升至某种先天的存在物层面上的知识的高度，唯有某种无限的存在物才能达到它。但是，这一“自视过高”的存在论，如果脱去了它的高傲，也就是说，如

① 参见《根据的本质》，同前引，第 75 页及以下诸页；第 7 版，1983 年，第 11 页及以下诸页。

② 《纯粹理性批判》第 1 版，第 247 页，第 2 版，第 303 页。

果它自身在其有限性中被把握，以及被把握为有限性的必然的本质结构，那么，“存在论”这个称号就会首次拥有它的真正本质，因而也就会得到合适的应用。康德自己也是在这一通过形而上学之
125 奠基才获得和确定了的意义上——而且特别是在呈示整个形而上学架构的《纯粹理性批判》的关键性部分中——使用“存在论”这一名称的。①

伴随着一般形而上学的这一转变，传统形而上学的建筑根基就发生了动摇。因此，特殊形而上学的本己的建筑物也处在风雨飘摇之中。不过，在这里不会涉及这个可以进一步展开的问题，因为这需要进行准备，而只有通过对康德所进行的统一工作中所达到的东西，加以更为源初地消化，才可获得这一准备。而康德所进行的统一工作，就是作为一般形而上学之奠基的，将超越论的感性论与超越论的逻辑论加以统一的工作。

① 《纯粹理性批判》第1版，第845页，第2版，第873页。使用“存在论”这一名称的地方，还参见《关于自莱布尼茨和沃尔夫以来的形而上学的进步》。

第三章　形而上学奠基活动的渊源 126

那么，对于现在已达到的奠基活动，是不是还可以在根本上更加源初地去加以把握呢？这样一种不停地对渊源的逼问，是不是一种空洞的追新骛奇呢？所有想要有更好知识的人不是都会苦恼不堪吗？这是所有这类人的致命特征。不过我们首先还是要问：这样做的结果是不是将康德哲学，逼到一个连他都感到陌异的标准前面了吗？这样的话，一切岂不都导向某种在任何时候都不合理和“外在”的批判上了吗？

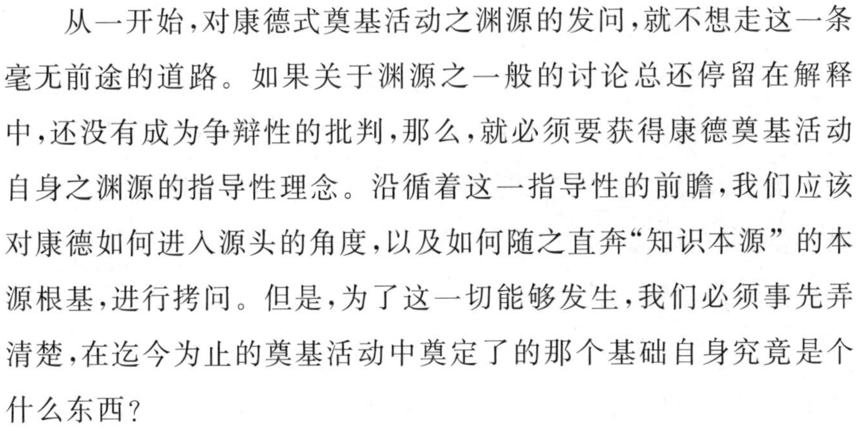

从一开始，对康德式奠基活动之渊源的发问，就不想走这一条毫无前途的道路。如果关于渊源之一般的讨论总还停留在解释中，还没有成为争辩性的批判，那么，就必须要获得康德奠基活动自身之渊源的指导性理念。沿循着这一指导性的前瞻，我们应该对康德如何进入源头的角度，以及如何随之直奔“知识本源”的本源根基，进行拷问。但是，为了这一切能够发生，我们必须事先弄清楚，在迄今为止的奠基活动中奠定了的那个基础自身究竟是个什么东西？

127

A. 在奠基中奠定了的基础的鲜明特征

第 26 节　作为超越论想象力的存在论认知的形象中点

一般形而上学之奠基就是对存在论知识的本质统一性，以及对这种统一性之可能性基础的发问的解答。存在论的知识将超越“成象”，即保持境域的开放，而境域则事先经由纯粹的图式得以瞥见。这些都作为超越论想象力的“超越论产物”[①]“生发出来”。作为源初的纯粹综合，超越论的想象力成象出纯粹直观（时间）与纯粹思维（统觉）的本质统一性。

但是，超越论的想象力，首先并不在关于超越论图式化的学说中，而是在前面的奠基阶段，即在超越论演绎中就已经成为中心论题。因为它应当被视为源初的合一，所以必须在最早标明存在论知识的本质统一性的第二阶段就提到它。因此，超越论的想象力是根基，存在论知识的内在可能性以及随之而来的一般形而上学的可能性都建基在它之上。

但是，康德在引入纯粹想象力的时候，将之介绍为一种“灵魂的不可或缺的功能”。[②]因此，坚决地发掘已被奠定的形而上学根

---

① 《纯粹理性批判》第 1 版，第 142 页，第 2 版，第 181 页。

② 同上书，第 1 版，第 78 页，第 2 版，第 103 页。

基就意味着:更切近地规定人的灵魂能力。如果形而上学,按照康
德自己的话说,真的属于“人的天性”,那么,形而上学之奠基最终 128
要达至这一任务就是“不言自明的”。这样,康德多年来一直在他的授课中涉及的“人类学”,对已被奠定的形而上学根基,一定会有所说明。[①]

“想象力(facultas imaginandi〈拟象力〉)乃某种无需对象在场的直观能力”。[②]于是,想象力属于直观能力。在上述的定义中,直观首先被理解为关于存在物的经验直观。想象力作为“感性能力”被归属在认知能力之下,认知能力分为感性和知性,而其中前者描述“较为低级的”认知能力。想象力是“无需对象在场的”感性直观的一种方式。直观出来的存在物不需要自身在场,还有,想象并不将在它之中作为直观领受得到的东西,直观为某种现实的现成物,直观为仅仅是诸如感觉一样的东西,而对于这种感觉,客体“必须被表像为当前在场”。[③]想象力“能够”直观,领受一个外观,而不用把所遇到的、直观了的东西自身,显现为存在物,它也不用只是单从自身出发去获得外观。

这样,想象力中首先就具有一种特有的与存在物的不关联性。

① 关于想象力,康德在他的《人类学》《纯粹理性批判》《判断力批判》以及其他作品和讲课中都有说明。关于叙述和解释这一学说的专著,有默兴〈H. Moerchen〉的马堡大学博士论文《康德的想象力》,1928。这一作品将在《现象学和哲学研究年鉴》第 XI 卷出版。目前的描述完全限定在对于形而上学奠基的主导问题方面来说最必要的东西上。

② 康德,《实用人类学》,全集(卡西尔编),第 8 卷,第 28 节,第 54 页。

③ 瑞克〈Reicke〉,《康德遗著汇编》,1889 年,第 102 页。

在对外观的领受中，它不受拘束，也就是说，它是以某种方式自己
129 给出自身的能力。于是，想象力可以被称作是一种在某个特有的双重意义上的形象能力。作为直观能力，它是在图像（外观）－获得〈Bild-（Anblick）-Beschaffen〉之意义上形象活动。而作为一种不依赖于可直观者的在场能力，它实现自身，即创造和形象图像。这个“形象力”就是一种同时在领受中（接受的）和在创造中（自发的）的“形成图像”。在这个“同时”中有着其本己的本质。然而，如果接受性意味着感性，自发性意味着知性，那么，想象力就以某种特定的方式落入两者之间。[①] 这样，它就具有了一种明显摇摆不定的特点，这在康德对这一能力的规定中也显现出来。在他将认知能力区分为两个基本类别时，康德不管想象力的自发性质，将之计入感性性质。在这种情形下，形成图像的决定性意义就是获得图像（直观），而在定义里，这一点也早已经呈报出来了。

然而，想象力不受拘束，在此基础上，康德将它视为比较、成型、联结、区别，及一般说联系（综合）的能力。“想象”意指的就是所有那些在宽泛意义上的不以感觉为依归的表像：思想、设想、臆想、考虑、遐想之类。因此，“想象力”与一般性的智慧力、分辨力、比较力一道而来。“感觉将物料给予我们的所有表像。其中首先有不依赖于对象的当下而形象出表像的能力，即形象力，imaginatio〈想象〉；第二是比较的能力，即智力与分辨力，iudicium discre-
130 tum〈辨别〉；第三是那个不直接将表像和对象相连，而是通过代理

① 在亚里士多德的《论灵魂》Γ卷第3章中，φαντσία就已经立于αΐσυησις和νόησις“之间”。

进行这一联结的能力，即标志能力”。[①]

可是，经过所有这些将想象力规整排序到自发性能力之下，想象力依然还保持着它的直观特质。它是 subjectio sub aspectum〈实体观察〉，也就是说，是一种直观描绘的能力、是一种给予的能力。这样，对不在场的对象的直观表像就可以是双重性的。

如果将之限定在只是在追忆中回到的、先前感觉过的东西，那么，这个外观自身，也就依赖于先前的感觉所拥有的先前的东西。通过回到从前来进行把握，这样的描绘因此就是一种从其内容那儿导引出来的东西(exhibitio derivativa〈衍生性展现〉)。

不过，假如在想象中一个对象的外貌完全是虚构的，那么，对其外观的描绘就是一种“源生性的”(exhibitio originaria〈源生性展现〉)。这样，想象力就叫“生产性的”(produktive)。[②]但是，这个源生性的描绘并不像 intuitus originarius〈源生性直观〉那般具有“创生性”，intuitus originarius 在直观中创造存在物。生产性的想象力所形象的仅仅是一个对象的外观，这一对象是可能的对象，而且它在一定的条件下也许还是可制作的，即被带出场来的对象。但是，这一制作绝没有成就想象自身。想象力的那种具有生产性的图像的形象活动，还根本从来就不是“创生性的”。“创生性的”意义就在于：它还能够仅仅完全从虚无中，即能够从以前尚未以及在任何地方都从未有过的经验活动中，去形象图像内容。因为它

---

① 艾德曼〈Erdmann〉，《反思》I，第 118 页，《康德手稿遗稿》，同前引，第 2 卷，1，Nr.339。参见珀力茨，《康德关于形而上学的讲课》，第 2 版，由施密特〈K. H. Schmidt〉根据 1821 年版重新编辑，1924 年，第 141 页。

② 《人类学》，同上，第 8 卷，第 28 节。

〈生产性的想象力〉"并没有造出感觉表像的权力，如果这种感觉表
131 像事先**从未**被给入我们的感觉能力的话，相反，人们总是能够为我
们的这种感觉能力提供质料"。①

这就是《人类学》关于一般想象力，以及尤其是生产性想象力所给我们提供的最重要的讯息。比起《纯粹理性批判》的奠基中已经提供的，它并不包含更多。相反，关于超越论演绎和图式化的讨论对想象力乃介于感性与知性之间的一种居间能力这一点，它则作出了更为源初的澄清。

但是，将想象力定义为能够直观地表像对象而无需对象的在场，这至少没有出现在《纯粹理性批判》的奠基性思考中。然而，这一定义明确地出现在超越论演绎中，当然是在第二版中才第一次出现，②撇开这个不谈，难道说超越论的图式化的运作过程，不正是显现了在想象力的定义中所宣称的特性吗？

在对存在物有所经验之前，想象力就已事先形象了关于对象性自身的境域外观。但是，这种在时间的纯粹图像中的外观形象活动，并不在关于存在物的这种或那种经验之先，而是事先就总已经在所有可能的经验之先了。因此，在提供外观时，想象力从一开始就完全不依赖于某个存在物的在场。这样的极少依赖，就导致了想象力对纯粹图式的，例如对实体的，亦即对持存的前－形象过程〈Vor-bilden〉，一般来说，首先是将常驻的在场这样的东西带入眼帘，而唯有在这常驻的在场的境域中，这个或那个"对象的当前"

① 《人类学》，同上，第 8 卷，第 28 节。

② 《纯粹理性批判》第 2 版，第 151 页。

本身才能够显现出来。因此，想象力无需当前也能够进行直观，它
的本质在超越论图式化中有着更为根本和源初性的把握。最后，132
图式化也还在更进一步的源初性意义上显现出想象力的“创生”本质。它完全不是在存在物层面上的“创生”，而是作为图像的一种自由的形象活动。《人类学》指明，生产性的想象力还依赖于感觉表像，但在超越论图式化中则相反，想象力在时间的纯粹图像中进行着源生性的描绘。它完全就不需要一种经验的直观。因此，《纯粹理性批判》在某种更源初的意义上既显现了直观特质，又同样显现出了自发性。

这样，如果想从《人类学》出发，企图将有关想象力的更具源初性的东西，作为存在论的已奠立起来的基础来经验，这在任何情况下都是毫无结果的。不仅如此，这一企图根本就是一个失策，因为它不仅认错了康德《人类学》的经验特质，而且也没有考虑到，《纯粹理性批判》的特质就在于对奠基的考量和对源泉的揭露。

康德的《人类学》是经验的，这是在某种双重的意义上说的。其一，灵魂能力的特征就在于在认知的范围内活动，而认知则提供了一般性的人类经验。第二，灵魂能力自身，例如想象力，从一开始并且单一地就是从它与可经验的存在物之关联以及如何关联的角度来考虑的。《人类学》所谈论的生产性的想象力，现在遭遇的总是些在经验上可能或不可能的对象外观的形象活动。

相反，《纯粹理性批判》中的生产性的想象力绝不和对象的图
像形象活动有什么瓜葛，而是和对象性之一般的纯粹外观相关联。133
它不受经验制约，它是使经验首先得以可能的纯粹生产性的想象力。并非每一生产性的想象力都是纯粹的，但具有这般特定意义

的纯粹想象力必然就是生产性的。只要它对超越进行形象活动，将之称为超越论的想象力就是正当的。

《人类学》根本就不提关于超越的问题。同样，那种想要借助《人类学》来更为源初地阐释想象力的不幸尝试表明，在对灵魂能力的经验阐释中——这一经验阐释在其自身根基处绝非是经验的——总已经有着一种对超越论结构的指向。但在《人类学》中，这些结构既不能被奠基，也根本不能通过单纯的接纳而从其中创生出来。

但是，这种对超越性进行揭示，即对纯粹综合进行开放，并因此对想象力进行阐释的认知是怎样的一种认知呢？如果康德将这样的认知称为“超越论的”，那么从中就可以推知，这类知识以超越为主旨。但是，这一认知有什么方法论上的特征呢？向源头的回溯如何进行？只要在这个问题上还没有达到所要求的清晰，那么，奠基中更为源初的步伐就还绝对没有迈出来。

考察到这里，我们似乎不可以再回避对“超越论方法”做一明确的讨论。即便我们假设，方法已经弄清楚了，依然还存在着从迄今已奠立的基础自身那里出发去辨认出回程方向的任务，而这一
134 回程则是从源头自身那儿来的要求。当然，转向由事情本身所标明的方向，对之进行可能更为源初性的阐释，这一工作是否成功，则完全取决于康德迄今的奠基工作以及对这一奠基的解释——如果要承担由这一转向所引起的行进——是否足够源初和丰富。然而，这只有在实际上完完全全地尝试一番之后才可知道。康德的《人类学》中起初似乎是自明的道路已被证明为是一条歧路。但是这样，对现象——它作为存在论综合的内在可能性的根据而自身

展开，以及对超越论的想象力，不断地进行更进一步阐释的必要性，也就变得更加清晰了。

第 27 节　作为第三种基本能力的超越论想象力

将“我们的心灵”能力理解为“超越论的能力”，这首先就意味着：就它如何能使超越的本质成为可能来揭示它。在这里，能力不意味着某种在灵魂中现成的“基本力量”；“能力”现在的意思是说使某种这样的现象“成为可能”，即是说，使得存在论的超越的本质结构成为可能。现在说到能力，其意义就像是在前面[1]所分析的“可能性”那样。倘若如此理解，超越论的想象力就不仅仅，而且不首先是一种位于纯粹直观和纯粹思维之间的能力，相反，它是和它们一道出现的一种“基本能力”，它使得前两者的源初统一成为可能，并因此使得超越之整体的本质可能性成为可能。“因此，我们有一种纯粹的想象力，它是人类灵魂的一种基本能力，它先天地作为一切认知的基础”。[2]

“基本能力”同时是说，纯粹的想象力不可以还原到纯粹要素
上去，纯粹想象力和纯粹要素一起形象出了超越的本质统一性。135
这样，康德就在对存在论的知识的本质统一性作决定性的阐明时，
明确地列出了三个要素：纯粹直观（时间）；通过想象力而来的纯粹

① 参见本书上文第 24 节，第 116 页以下。

② 《纯粹理性批判》第 1 版，第 124 页。

综合;纯粹统觉的纯粹概念。[①] 接着,康德强调,“我们将会看到”,想象力会以怎样的方式起作用,它是“灵魂的一种不可或缺的功能,没有它我们甚至根本就不会有知识”。

在超越论演绎中,所谓的三要素的可能的统一得到了讨论并且通过图式化得以奠基。此外,在引入纯粹图式化的理念之际,存在论知识的三个纯粹要素又同样重新被列举了出来。最后,随着将上述的三要素列为趋向“纯粹的先天综合判断的可能性”的三个源泉,又引入了关于一切综合判断的至上原理的讨论,即对超越的全部本质进行最终的规定。

这是一种明确的从《纯粹理性批判》自身的内在问题出发而生长出来的描画,这种描画将超越论想象力视为一种与纯粹感性和纯粹知性相平列的基本能力。但与这一明确性的描画相反,康德在他的著作的开头和结尾处明显给出的澄清却是这样说的:

但这只是“心灵的两个本源,感性与理性”,“我们的认知力”只有这样“两个枝干”;“除了这两种知识的源头之外”,“我们别无其他的源头”。[②] 这一说法也和将整个超越论的探究一分为二为超
136 越论感性论与超越论逻辑论相对应。超越论想象力无家可归。在它作为“直观能力”本来就归属的超越论的感性论中,也没有对它进行讨论。它反而成为超越论逻辑论中的专题,但严格说来,只要逻辑还保留为思维本身的事情,它就不应该作为专题出现在那里。不过,感性论与逻辑论从一开始就以超越为宗旨,超越不仅是纯粹

① 《纯粹理性批判》第 1 版,第 78 页及以下,第 2 版,第 104 页。

② 参见本书上文第 6 节,第 35 页下。

直观与纯粹思维的总合，而且是一种本己的源初统一，在这一源初统一中，纯粹直观与纯粹思维仅仅作为要素来起作用，正因为如此，它的双线走向的结局必须要超出它自身才行。

难道说康德没有能看出这一结局？或者说这至少符合康德的思维方式，为了偏重于二元枝干理论而对前述的基本能力之三分避而不谈？情况不太可能是这样的。相反，在奠基过程中，无论是在超越论演绎的导论的结尾处，还是在其本己进展过程的开端，康德都明确地说道“灵魂的三个源初源泉”，好像他根本就没有许诺过枝干的二元论似的。

“但是，有三种源初的源泉（灵魂的三种性能或者能力），包含着一切经验之可能性的条件，本身不能从心灵的任何其他能力派生出来，这就是**感性**、**想象力**和**统觉**……。所有这些能力，除了经验性的应用之外，都还有一种超越论的应用，后者仅仅关涉形式，而且是先天地可能的”。[①]

“这就是一般经验和经验对象的知识的可能性所依据的三种主观的知识来源：**感性**、**想象力**和**统觉**；它们的每一种都可以被视为经验性的，亦即处于对被给予的现像的应用中的，但它们也都是 137
本身使这种经验性的应用成为可能的先天要素或者基础”。[②] 在这两个地方，除了这些能力的经验使用之外，它们的超越论使用被明确地提出，这样，与前面谈到的人类学的关系就呈现出新的情况。

---

① 《纯粹理性批判》第 1 版，第 94 页。

② 同上书，第 1 版，第 115 页。

这样，基本能力的三元就和知识枝干和本源的二元产生了严重的对立。然而，什么是这个二元枝干？难道康德是偶然地使用这一图像来描画感性和知性？或者康德就是要用它来表明这个二元枝干是从一个“共同之根”中生长出来的？

但是，关于奠基的解释显现出：超越论想象力不仅是将两端连接起来的外在纽带，它源初地就是合一的，也就是说，它作为本己的能力形成了两个不同东西的统一，而后者自身则与它之间有着一种本质结构上的关联。

如果说这个源初的、形象着的中心点就是那两个枝干的“未知的共同之根”呢？康德在想象力的第一个导论中涉及这一“共同之根”时说道，“但我们却很少，甚至一次也没有意识到[它]”，①这难道是偶然的吗？

138 B. 作为双枝干之根的超越论想象力

如果设定的根基不像现成的土地，而且如果它有着树根一样的特征，那么作为根柢，它就一定可以让枝干从自身中长出，给予它们支持和支撑。但是，这样就已经得到了所寻求的方向，在这一方向上，康德的在其本来的疑难索问中进行奠基的源生性就可以

① 《纯粹理性批判》第1版，第78页，第2版，第103页。对作为基本能力的想象力的明确描画一定使得康德的同时代人熟知这一能力的意义。于是，费希特〈Fichte〉、谢林〈Schelling〉还有雅各比〈Jacobi〉——以他的方式——都宣称想象力具有一种本质性的作用。在这里，不可能来讨论康德所看到的想象力的本质是否被知悉，被坚持，甚至被源初地解释。下面的关于超越论想象力的解释从一个不同的提问生长出来，而且同时在一个与德国唯心论对立的方向上展开。参见下面第35节，第196页下。

得到讨论。如果奠基不是简单地接受所奠定的根据，而是将其揭示为两枝干之根柢，那么这一奠基就会变得更加源初。但这并不只是意味着要把纯粹直观与纯粹思维回溯到超越论想象力那般简单。

不过，完全撇开其是否成功不谈，这样做法的问题岂不也很明显？通过这样的将有限的本然存在者的知识能力回归到想象力，所有的知识岂不被贬低为单纯的想象？如果这样的话，人的本然存在岂不化解为一种假象？

的确，如果说作为超越论能力的纯粹直观与纯粹思维的源头应当从作为能力的超越论想象力中显现出来，那么，这并不是要证明，纯粹直观和纯粹思维乃想象力的一个产物，而且它们本身只是某种想象出来的东西。恰恰相反，描画出来的对源头的揭示意味着：这些能力的结构植根于超越论想象力的结构之中，而且，唯有在此结构的统一中，超越论想象力才能与其他两个能力一起“想象”某种东西。

但是，在超越论想象力中形象出来的东西是否为一种“单纯想象”意义上的单纯假象呢？这个问题至少还必须保持其未决状态。“单纯想象出来的东西”首先说的是那种非现实的现成存在物。但 139
是，如果超越论想象力在存在物层面上完全不能是创生性的，那么，在超越论想象力中形象出来的东西，依其本质而言，就根本不是一个现成存在物。因此，那在其中形象出来的东西依其本质也就绝不可能是上面所说的意义上的“单纯想象”。相反，在超越论想象力中形象出来的对象之境域——存在之领悟——才在根本上是使得像存在物层面上的真理与存在物层面上的假象（“单纯的想

象”)之间的区别成为可能的东西。

存在论的知识的本质根据乃是超越论的想象力。可是,它作为本质上有限的认知,在拥有其真理的同时不也有着一相应的非真理吗?事实上,超越论的非真理的理念在自身中隐藏着有限性的一个最核心的难题,这个疑难不仅没有丧失,而是根本就没有被提出来过,因为必须要首先建立提出这一问题的基础。但一般说来,只有当有限超越的本然存在者以及超越论想象力得到了足够的揭示之际,这样的情况才可能出现。然而,在任何时候,纯粹直观与纯粹思维,都不会由于纯粹直观与纯粹思维的本质可能性经历了一个向着超越论想象力的本质结构的回溯,从而被用来说明想象出来的东西。像纯粹直观一样,超越论想象力不是去想象这类东西,相反,它恰恰是使这类东西在其“现实”能是的东西中成为可能。

不过,超越论的想象力,因为它作为根柢而去“形象”,它自身不太可能仅仅只是一个被想象物,同理,它也不太可能被视为灵魂中的“基本力”。对于这种向着超越的本质源头的回溯来说,再没有什么是比对从想象力生出的灵魂的其他能力进行一元论的-经
140 验的说明更为不相干的事情了。这个意图本身就已经是不太可能的,因为对超越的本质性揭露最终会首先决定,在怎样的意义上可以谈及“灵魂”和“心灵”,在何种程度上这些概念会触及人的存在论-形而上学的本质。

相反,回溯到作为感性与知性之根的超越论想象力,这说的只有一个意思:着眼于在奠基性疑难发问中所获得的超越论想象力的本质结构,不断地将超越之法理向着它的可能性的根据处去重新筹划。奠立根据的回溯活动在"可能性"的、即可能的使之可能的维度里进行。在这里，首先是至今还被视为超越论想象力的东西最终化解在更为源初的"可能性"之中，这样，"想象力"这个名称自身就变得不那么贴切了。

和已经描述过的康德对根据之精心发掘的阶段相比，对奠基的源初性的更进一步的揭示，将不会因此而更多地导向一种绝对性的对基础的澄清。已奠定的基础的陌异性一定曾让康德感到窘迫，这一陌异性丝毫未能减少，而且，只要人的形而上学的本质，对于作为有限本质的人来说，同时既是最不可捉摸的又是最现实的，那么，这种陌异性就将随着生长着的源初性而增长。

只有当超越论想象力证明自身为超越之根柢，超越论演绎和图式化中的问题才可以获得透彻的了解。那里提出的有关纯粹综合的问题的目标指向一种源生性的成一过程，在这个过程中，正在成一的东西必定事先从有待成一的要素那里生长出来。但是，只有正在成一的东西，依其本质让有待成一的东西生发出来，源初性的统一这一形象过程才是可能的。因此，所设立的根据之根柢特征就第一次使得纯粹综合的源初性，即使得它的"让生发"成为可 141
领会的。

在下面的解释中，我们虽然还会继续坚持已在进行的奠基道路的方向，但不再会去描述一个个的阶段。对纯粹想象力、纯粹直观与纯粹思维之间的特定关连的源初性揭露也仅限于指出，康德的奠基活动自身对此揭露隐含怎样的启示。

第 28 节　超越论想象力与纯粹直观[①]

康德将空间和时间的纯粹直观称为“源生性表像”。这里，“源生性的”不应作存在物层面上的心理学意义的理解。它并不涉及现成存在物，即灵魂的直观活动所提供出来的东西，相反，它表征表像进行表像活动的方式。“源生性的”这个术语源于“intuitus originatius”〈源生性直观〉中的“originatius”，它的意思是说：让生发。[②] 隶属于人的有限性的纯粹直观，在其表像活动中当然不能够生发出任何存在物。

然而，这些直观却以它们特有的方式形象，它们事先将空间与时间的外观作为在自身中拥有杂多的整体表-像出来。它们领受外观，但这一领受自身恰恰就是那个自身给出的东西的、形象着的、自身将自己的给出。纯粹直观，究其本质而言，就是“源生性的”，这也就是说，纯粹直观就是对可直观的东西的让之生发的描绘：exhibitio originaria〈源生性展现〉。不过，在这样的描绘中，有着纯粹想象力的本质。正因为究其本质而言纯粹直观就是纯粹
142 的想象力，所以，它才是“源生性的”。这一想象力以形象的方式从自身中给出外观(图像)。

如果我们追问在纯粹直观中直观到的东西的特征，纯粹直观扎根在纯粹想象力之中就变得十分清楚了。确实，阐释者在多数

① 对于空间的源生活动，完全没有什么具有实质内容的描述，相反，有的只是对这一源泉之本质的指向。——作者边注

② 参见上面，第 47 页。——作者边注

情况下过于频繁地和过快地否认在纯粹直观之一般中有某种东西被直观到了，因为它们似乎只是“直观的形式”。在纯粹直观中所瞥见的是一个整体，它自身成一，而非空空如许，它的众部分从来就仅仅是它自身的限制。但是，这个成一的整体必须事先让它自身，从聚合它自身的那些大多不那么显露的多样性的角度，得以自身一窥。纯粹直观必须以源初成一的方式，即以给出统一性的方式*使*统一性得以窥见。所以，康德这里不说是一种综合〈Synthesis〉，而说“综观”〈Synopsis〉[①]是有道理的。

在纯粹直观中直观到的东西的整体不具有一种概念普遍性的统一性。因此，直观整体的统一性也不能从“知性综合”中源生出来。它是一种在给出图像的想象中事先窥见了的统一性。这个时空整体的“综”是形成着的直观的一种能力。如果纯粹综观构成了纯粹直观的本质，那么，它只有在超越论的想象力中才是可能的，更不用说这个想象力一般还是一切“综合的东西”的源泉。[②]在这里，“综合”必须要在将直观综观〈die Synopsis der Anschauung〉与知性“综合”〈die “Synthesis” der Verstandes〉合在一起把捉的意义上去把握。

在一次思考中，康德曾形象而又直接地说道，“空间和时间就是在直观中的前象的形式”。[③]它们事先形象出了用来作为可经验 143

① 《纯粹理性批判》第1版，第94页以下。在这里，康德明确地说，他在超越论感性论中探讨了超越论综观。

② 同上书，第1版，第78页，第2版，第103页。

③ 艾尔德曼〈Erdmann〉，《反思》II，第408页。《康德手稿遗稿》，同前引，第5卷，Nr. 5934。依照艾尔德曼式的读法，阿迪克斯〈Adickes〉将之读作“联结”〈Verbindung〉而不是“前象”〈Vorbildung〉，这在我看来是不对的。参见下文第32节，第175页。

直观到的东西之境域的纯粹外观。但如果纯粹直观以其直观的方式呈报出超越论想象力的特定本质，那么，在其中得到前象的东西，作为在想象中(imaginatio〈拟象〉)形象出的东西，难道自身是不具有想象性的吗？这个在纯粹直观中直观到的东西本身的特征绝不是前面分析的形式化结果，相反，它完全包含在纯粹直观时所达致的东西自身的本质内容中。如果我们坚持，空间和时间的这一想象性特质所涉及的是纯粹直观与纯粹想象，那么，它就根本不是什么闻所未闻的或者怪异的东西。于是，正如显示过的那样，在想象中形象出的东西，并不必然就是存在物层面上的假象。

如果康德没有看到在其中直观到的东西的想象性特征，他就一定不太会看见纯粹直观的本质结构，也根本不太可能把握到它。康德明确地说："无实体的直观的单纯形式自身绝不是对象，而是对象(作为现像)单纯的形式条件，例如纯粹空间与纯粹时间，它们虽然作为直观的形式是某物，但本身却不是被直观的对象(ens imaginarium〈拟象的存在物〉)"。[①]在纯粹直观自身中直观到的东西就是一个 ens imaginarium。在其本质根基处的纯粹直观就是纯粹的拟象。

这个 ens imaginarium 隶属于"无"的可能的形式，也就是说，
144 这个"无"不是一个在现成物意义上的存在物。纯粹时间和纯粹空间是某种"东西"，但绝对不是"对象"。假如有人毫不犹疑地说，在纯粹直观中什么也"没有"直观到，所以没有"对象"。但康德这里

① 《纯粹理性批判》第 1 版，第 291 页，第 2 版，第 347 页。斯密特〈 R. Schmidt〉评论，在第 1 版中，"ens imaginarium"出现在上面三行，紧接在"时间"之后。

是在一种有着确定限制的意义上使用着“对象”这个词，因此，“对象”就意味着在现像中自身显现的存在物自己。所以，只要我们还没有弄清康德使用“对象”的意义，上面的那种解释首先就还只是消极性的，此外，它也是含混不清的。因此，某个任意的“某物”并不就已经是一个对象。

纯粹直观作为“直观形式”的确是“无物的直观”，[①]但它们仍然还拥有其直观到的东西。空间不是现实的东西，即不是在感觉中触及的存在物，而是“在一起存在的某种单纯可能性的表像”。[②]

当然，尤其是因为人能够诉诸纯粹直观的真正的现象特征，而无须对这一特征进行足够的规定，这样，对纯粹直观之一般是某种在直观到的东西的意义上的对象这一倾向的否认就得到了加强。当我们与现成的、在“空间－时间”中排序的物发生认知作用的关涉时，我们只是以这一点为目标。但是，空间和时间在此不允许被否弃在一旁。积极性的发问必须是这样的：空间和时间又是怎样亲临到此的呢？如果康德说，它们也许就是直观，那么人们可能会反驳，它们恰恰是不会被直观到的。确实，在专题把握的意义上没有被直观到，但在一种源生性的形象给予的情形下则不然。纯直观的东西，作为根本上正形象着的东西具有纯粹外观之描画性与创造性的双重意义。在此意义上，它是其所是以及如何是。也正 145
因为如此，纯粹直观才不能够以一种专题把握和领受现成存在物的方式，直观它所“直观到的东西”。

① 《反思》II，第 402 页，《康德手稿遗稿》，同前引，第 5 卷，Nr. 5315。

② 《纯粹理性批判》第 1 版，第 374 页。

这样，正是对作为想象力的纯粹直观的源初解释，使得正面地揭示在纯粹直观中直观到的东西第一次具有可能性。纯粹直观乃是一纯粹的、非专题性的，以及在康德意义上非对象性之外观的先行形象活动。纯粹直观就是这样的一种先行形象，它使得在其境域中运行的关于空间和时间事物的经验直观——在首先[①]对多样性进行固定把握的意义上——有可能不需要先对空间和时间进行直观。

只有当超越的最内在本质建基在纯粹想象力之上时，超越论直观的超越论特质才会通过这一对纯粹直观的解释得到澄清。于是，超越论感性论如何成为《纯粹理性批判》的开端，这本来是不可理喻的。它仅仅具有准备性的特征，并且，只有从超越论图式化的角度，它才能够被真正地读通。

马堡学派试图将空间和时间把捉为逻辑上的“范畴”，将超越论感性论化入逻辑论，这样的康德解释是站不住的。不过，导致这一企图的动机倒是真实的：它洞见到——当然尚无清晰的说明——超越论感性论就其本身而言，不能是在可能性上封闭在其中的整体自身。纯粹直观中的“综”的特性并不导致纯粹直观对知性综合的从属地位，相反，对这一“综”之特性的阐释，就引向了从超越论想象力出发对纯粹直观进行溯源的工作。但是，如果说超越论逻辑的特定对象，即纯粹思维是植根在超越论想象力中的话，[②]那么，

① 事先。——作者边注

② 只有通过清楚区分纯粹直观的综观和纯粹理性的综合，才可揭示出“直观的形式”与“形式的直观”之间的区别。康德在第26节，第1版，第160页的注解中引进这一区别。

将超越论感性论化解到逻辑论中去的事情，就还是值得疑问的。 146

第 29 节　超越论的想象力与理论理性

从超越论的想象力出发来说明纯粹思维以及理论理性之一般的源泉，这一企图初看起来似乎已经没什么出路，因为这样的做法自身大概就被认为是荒谬的。康德也明确地说，想象力“在任何时候都是感性的”。[①] 但它在本质上作为感性的，即低级和下等的能力，如何能够形成为高级的和“上等的”能力的源泉？在有限的认知中，知性以感性和想象力作为其“基础性”的前提，这是很清楚的。知性自身在本质上应当从感性发源，这一想法可能并不会隐含什么明显的荒谬。

然而，在做任何正式的论断之前，我们必须确定，这里所涉及的不是关于从一个低级的到一个高级的灵魂能力的，在经验上有待说明的推导。只要在一般性奠基过程的考察中尚未讨论灵魂能力，那么，这样一种关于灵魂能力之作用的“高”“低”排序就没有什么指导性意义，——但我们也说不上有任何反对。不过首先要问，什么叫“感性的”？

通过对奠基之开端的标明，感性的本质，正如康德曾首先规定 147
的那样，已经有意识地得到了界定。[②]据此，感性同样也叫有限直观。有限性就在于领受那自身给予着的东西。什么东西来此给出

① 《纯粹理性批判》第 1 版，第 124 页。

② 参见上面第 5 节，第 25 页及以下诸页。

以及它如何给出？这仍然是个空白。并非每一个感性的，即领受着的直观都必须已经是一个接受着的经验直观。“较为低级的”受到肉体限制的感官触觉绝不属于感性的本质。这样，作为纯粹有限直观的超越论想象力不仅仅能够是“感性的”，而且，它作为有限超越的基本规定性，甚至必须是“感性的”。

然而，如果这一超越论想象力的感性，尤其是作为超越论层面的东西，它应当是所有能力之可能性的条件，那么，就根本不能要求它归入到低等的灵魂能力的类别中去。而正因如此，才出现了最为困难的，因为它首先是“最自然的”疑惑，这一疑惑反对一种从超越论想象力中源生出纯粹思维的可能。

现在理性已经不能再被要求作为“更高级的”东西。但这样立即就呈现出另一个困难。如果说从作为一种直观能力的超越论想象力中产生出纯粹直观，这还是可以理解的，但说与所有直观有着鲜明分别的思维，应当发源于超越论的想象力，这就好像不太可能了，即便现在不可以再强调，感性与知性之间有着高低的位序。

可是思维和直观，尽管有所区别，但绝非像两个完全不同的事
148 物那样分别开来。相反，两者都作为表像类的东西属于表－像之一般的种。两者都是对……表像的方式。对于下面的解释来说，看到思维原本的表像特质，就像正确地领悟想象力的感性特质一样，同样地具有决定性的意义。

通过对知性进行源初性的本质揭露，它的最内在的本质，即依存于直观，必定出现在视线中。这一知性的依－存之在〈Angewiesen-sein〉就是知性的知性之在〈Verstandsein〉。而这个“在”，在它的纯粹想象力的纯粹综合之中，就是其所在和如其所在。这

里人们也许想反驳说，知性确实"通过"纯粹想象力与纯粹直观发生关联，但这在所有情况下都绝不意味着，纯粹知性自身就是超越论想象力，而不是什么独立的东西〈Eigenstaendiges〉。

它〈纯粹知性〉就是那个独立的东西，逻辑证明了这一点，而逻辑是不需要和想象力打交道的。恰巧正是康德，总将知性引入那似乎是"绝对的"现成物的逻辑所为之定制的式样。如果要想从想象力来说明思想的渊源，我们的分析一定要从思想的这一独立性开端。

毋庸置疑，传统逻辑不和纯粹想象力打交道。但这是不是说逻辑在根本上就不需要与之交涉呢？如果从逻辑自身来理解，这一点至少还未得而知。恰巧是康德，他总是不断从逻辑出发来开始他的提问，这同样也是不可否认的事实。但同样值得疑问的是：是否由于逻辑在某种确定的意义上以思维为其唯一的主题，这就已经保证，这一逻辑能够涵括思维的全部本质？抑或说，它还只是可能触及它而已。

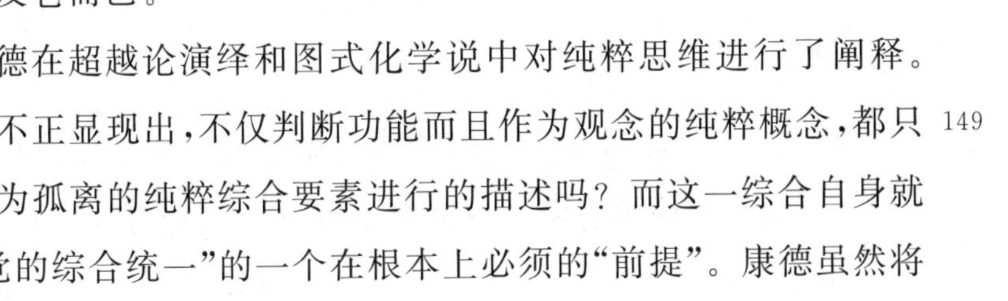

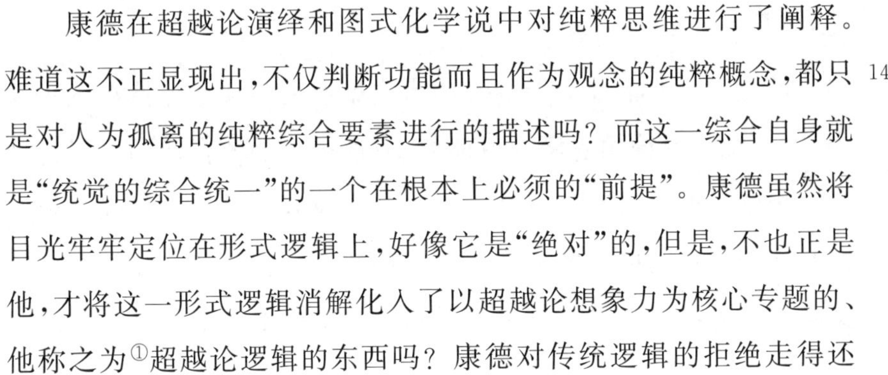

康德在超越论演绎和图式化学说中对纯粹思维进行了阐释。难道这不正显现出，不仅判断功能而且作为观念的纯粹概念，都只 149
是对人为孤离的纯粹综合要素进行的描述吗？而这一综合自身就是"统觉的综合统一"的一个在根本上必须的"前提"。康德虽然将目光牢牢定位在形式逻辑上，好像它是"绝对"的，但是，不也正是他，才将这一形式逻辑消解化入了以超越论想象力为核心专题的、他称之为[1]超越论逻辑的东西吗？康德对传统逻辑的拒绝走得还

① 参见后面关于判断概念的含义！——作者边注

不够远吗？正因如此，康德在第二版中不得不第一次这样特别地说道："如此一来，统觉的综合统一就是那个最高的点，而一切知性应用，甚至全部逻辑，以及依照逻辑而来的超越论哲学全都必须附着于这个最高点上，这样的一种能力就是知性自身"。[①]

从貌似至高无上和不可再推导的形式逻辑学科的实际存在中，我们得到了关于思维独立性的初步意见，可这样的初步意见还不允许被作为判准，来决定纯粹思维从纯粹想象力中源生而出的可能性问题。相反，我们应当从奠基活动自身中已经照亮的东西那里，去寻找纯粹思维的本质。只有从知性的源初本质出发，而绝不是从那个并不重视这一本质的"逻辑"出发，关于可能源头的问题才会得到确定。

将思维的特征描画为判断活动，这虽然有所触及，但仅仅是其本质的一个遥远的规定性。而将思维标明为"规则的能力"，这就已经向这一本质更加"迈近了一步"。[②]其原因就在于，从这里出发，一条通往作为"纯粹统觉"的知性的基本规定性的通道正在展开。

150 但是，"规则的能力"意味着：事先就有所表像地保持在统一性中，这一统一性统领着所有可能的、有所表像的统合活动。但这种具有规整性的、表像出来的统一性（观念及其范畴），不仅仅必须要按照他们的本己的亲和关系来进行调整，而且，这种亲和关系自身又必须事先在一种持存下来的统一性中，通过一种更为在先把握

① 《纯粹理性批判》第1版，第133页注。

② 同上书，第126页。

的、关于这种亲和关系的表－像活动，得到周全的把握。

将这种持存着的统一性作为亲和性的规则整体的自身同一性表像出来，就是“从……让对象化”的基本过程。在如此表像着的“自身转过来面向……”中，这个“自我”同时就在那个“转向”中出离出来。在这样的“转过来面向”中以及在随之而“外化的”“自我”中，这个“自我”的“我”就必然公开出来。以这样的方式，“我表像”就“伴随着”一切的表像。但这里涉及的不是一个在近旁进行的，以思维自身为指向的认知行为。在纯粹的自我转过来面向中，这个“我”“一道”“前行”。只要它自身在这个“我思”中仅是其所是，那么，纯粹思维的本质以及自我的本质就处在“纯粹自我意识”之中。但这个自我的“意识－存在”〈“Bewusst-sein”des Selbst〉只能够从自我的存在出发得到揭示，而不是反过来，后者通过前者得以揭示，或者说，甚至通过前者来肤浅地建构自我的存在。

可是，这个“我思”总已经是某个“我思实体”，“我思因果”，或者更确切地说，在这些纯粹的统一性（范畴）“之中”，它总已经“说的是”[①]：“我思实体”，“我思因果”，等等。这个“我”乃是范畴的“载具”，意义仅在于：它在其先行的“自我转过来面向……”中将范畴带将出来，由此，范畴能够作为表像出来的、有所规整的统一性进行统合。

纯粹知性因此是一“从自身出发”的，对统一性境域有所表像的前象活动，是一有所表像的形象着的自发性过程，这一过程的发 151
生出现在“超越论图式化”中。康德明确地将之称为“伴随着这些

① 《纯粹理性批判》第1版，第343页，第2版，第401页。

图式的知性运作过程"[①]并且谈到"我们的知性的图式化"。[②]可是，纯粹图式现在是"想象力的一个超越论的成果"。[③] 它如何得以统合？知性并不将图式产生出来，而是"伴随它们运作"。但这一知性运作不是一种它偶尔也为之的操作方式，反之，正是这种立基于超越论想象力之上的纯粹图式化的知性过程，构成了源初的知性之在，"我思实体"，等等。在统一性思维中的纯粹知性，作为自发形象着的表像活动，它的明显的自我成就活动乃是超越论想象力的一种纯粹的基本行为。倘若考虑到这一表像着的"自我转过来面向……"根本就不是什么关于统一性的专题性指称，而是对已表像的东西的非专题性自身持有，这一情况将变得更为明显。关于这一点，我们已经多次指出过。不过，这种非专题性自身持有，乃在某种形象着的（生发出来的）表像活动中发生。

每当康德将这个纯粹的、自我转过来面向的"与……有自身关涉"〈Sich-beziehen-auf...〉称为"我们的思想"时，这个思想中的"思"所意味的就不是判断，它尽管也不是那种任意的对某物的"臆想"，但却是在自由的形象和筹划意义上的思维。这一源生性的"思"就是纯粹想象活动。

如果我们从现在已经达到的关于知性的本质规定性出发，试图去更加逼近纯粹的自我意识，逼近其本质，以求达到将之把握为理性，那么，纯粹思维的想象性特质就会变得更加清晰。在这里，

---

① 《纯粹理性批判》第1版，第140页，第2版，第179页。

② 同上书，第1版，第141页，第2版，第180页。

③ 同上书，第1版，第142页，第2版，第181页。

从形式逻辑借用而来的关于判断知性与推论理性之间的区别也不 152
应当成为关键性的，相反，在知性的超越论解释中产生出来的东西才是至关重要的。

康德将纯粹知性称为是一种“封闭的统一性”。可是，经过筹划的亲和性整体从何处得到它的整体性？只要它涉及的是一个表像本身的整体性，给出整体的东西自身就必须是一个表像。这在理念的形象过程中发生。因为纯粹知性是“我思”，它在其本质的根基处就一定具有一种“理念的能力”，即一种理性的特质，因为没有理性，我们就“没有任何具有融贯力的知性使用”。[1] 众理念“包含一种确定的完全性”，[2]它们表像“某种整体的形式”[3]并且因此在某种更源初的意义上给出规则。

现在有人可能会反驳，正是通过对“必须服务于规则和原图像”的超越论理念的解析，[4]康德才明确地说，与“想象力的创生活动”打交道和那种与“画家、相术士们伪称在他们的脑袋里所拥有的东西”[5]打交道，这是全然不同的。在这里，康德确实明确地拒绝了纯粹理性的理念与想象力的理念之间的关联。然而，这里说的仅仅是：超越论的理念“每时每刻都必须栖息在规定了的概念之上”，它们不能是经验的、生产性的想象力的任意和“漂浮的记号”。但这并不排除，唯有在超越论想象力中，恰恰“得到规定的概念”才

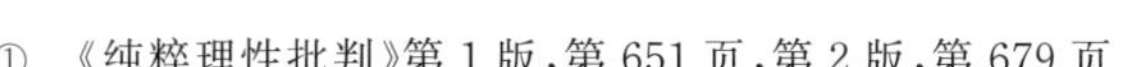

① 《纯粹理性批判》第 1 版，第 651 页，第 2 版，第 679 页。

② 同上书，第 1 版，第 567 页以下，第 2 版，第 595 页以下。

③ 同上书，第 1 版，第 832 页，第 2 版，第 860 页。关于这一点，参见《根据的本质》，第 7 版，1983 年，第 30 页下。

④ 同上书，第 1 版，第 570 页，第 2 版，第 598 页。

⑤ 同上。

成为可能。

153 将理论理性隶属于超越论想象力，有人可能会赞同这一解释，因为它在纯粹思维中突出了表像的、自由的形象活动。但是，如果这一解释想要由此从超越论想象力推论出纯粹思维的一个源头，那么，它就必须要正视：自发性活动仅仅构成想象力的一个环节。而且，虽然思维因此显现出，它和想象力有某种亲缘关系，但绝不显示出，它是对本质的一种完全囊括。因为想象力也还恰恰是直观的一种能力，即接受性。想象力也还不仅仅是有接受力的，除了它的自发性之外，它还是自发性与接受性源初的、并非刚刚组合而成的统一性。

现在，纯粹直观已经显明，它在其纯粹性的基础上拥有自发性的特质。作为纯粹自发的接受性，它的本质就在超越论的想象力之中。

如果纯粹思维具有同样的本质，那它作为自发性必须同时呈现出某种纯粹接受性的特征。但康德不是没有完全将知性、理性与自发性绝对地等同起来吗？

然而，就像将感性（有限直观）与接受性等同很少会排除一种从属的自发性一样，如果康德将知性与自发性等同，这样做也不会排除知性的接受性。如果着眼于经验直观，最终证实的只是重点突出的和具有排他性特征的接受性；而与此相应，若着眼于在经验认知内部的知性的“逻辑”功能，最终证明的则是独一无二地强调其自发性和“功能”。

相反，在纯粹认知的领域中，也就是说，在超越的可能性之疑
154 难的内部，纯粹的，即对自身给予的东西的自身（自发）给予的领

受，不可能一直被遮蔽着。那么现在，是不是也正有着某种纯粹的接受性，在对拥有所有自发性的纯粹思维所进行的超越论解释中，不可避免地必定要自身脱颖而出呢？十分明显，它早已通过前面的对超越论演绎的解释和对图式化的解释表明了出来。

为了看出纯粹思维本质性的直观性质，必须将有限直观的真正本质把握和保持为对自我给予的东西的某种领受。但是现在，事先就恒常合一的超越论统觉，反对一切偶然的撞大运，这表明为超越论统觉之"统一性"的基本特征。所以，在表像着的"自我转过来面向"中，只有这个对举物而不是其他东西被收纳下来。自由形象着的、对亲和性的筹划自身就是一种有所表像地、领受着地听命于这一亲和性。知性就是规整的能力。那些在知性中得以表像的规整活动，并不是作为某些"在意识中"的现成东西而被把握。相反，这些联结的（综合）规整活动恰恰被表像为在其联结状态中进行联结的东西。如果一种规整着的规则那样的东西，在此只是以领受活动的方式"让-自我-规整"，那么，作为规整之表像活动的"理念"，它就只能以某种领受活动的方式来进行表像。

在这个意义上，纯粹思维本身，在当下就是有所领受的，即纯粹直观。因此，这个在结构方面统一的、接受着的自发性，为了能够是其所是，必须源出于超越论的想象力。作为纯粹统觉，知性"将它的可能性建基"在一种"看穿某种自我构建的表像和概念的无限性"的"能力"之上。[①]超越论想象力事先就有所形象地对可能

① 《关于自莱布尼茨和沃尔夫以来的形而上学的进步》，同前引，第 8 卷，第 249 页。

性的整体进行筹划，它“看穿”这一整体，旨在借此保持那个境域，
155 而认知着的自我，而且不仅仅是这个自我，就在此境域内活动。唯有这样，康德才可能说：“人类理性究其本性而言是建构性的，也就是说，它把一切知识都视为属于某种可能的系统……”。[①]

但是，假如我们想到，时间空间这些纯粹直观，就像正确理解的范畴，例如它们的纯粹图式一样，也同样是“非直观的”——只要“直观”仅仅意味着：通过某种感官感知的，那么，说纯粹思维本身具有直观的特征就可能不足为怪了。

可是，在对象性境域下的对象化过程中呈报出来的必然性，只有当它事先就撞上了某种为它而生的自由之在，它作为相遇的“势必”才有可能。在纯粹知性，即纯粹理论理性的本质中已经存有自由，只要这自由是说：在某种给出自身的必然性之下站起来。这样说来，知性和理性并不仅仅因为它们具有自发性的特性而自由，它们是自由的，则是因为这种自发性还是一种接受的自发性，即超越论的想象力。

但是，随着纯粹直观与纯粹思维返回到超越论想象力，显而易见的就是，超越论想象力越来越因此而将自身开放为结构上的可能性，这也就是说，它在其使超越作为有限性的自身本质成为可能的过程中开放出来。于是，它不仅完全丧失掉了某种在经验上把捉到的灵魂能力的特质，而且，它的本质也一直被限制在理论能力本身所赖以生发的根柢存在处〈Wurzelsein〉。这样的话，对已奠立基础的“渊源”进行揭示的最后步骤必将会是冒险的。

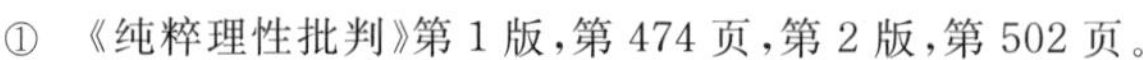

① 《纯粹理性批判》第1版，第474页，第2版，第502页。

第30节　超越论想象力与实践理性 156

康德在《纯粹理性批判》中已经说过："凡是通过自由而可能的东西，都是实践性的"。[①] 但只要自由隶属于理论理性的可能性，它在自身中就作为理论的东西而是实践的。然而，如果有限理性作为自发性就是有所接受的并且因此从超越论想象力中生发出来，那么，实践理性也就必然地植基在其中。不过，实践理性的源生不可以经由某种论辩——即使这种论辩也许还是很有道理的——来加以"展开"，相反，它要求通过对"实践性的自我"的本质加以澄清来得到明确的揭示。

我们曾谈到关于纯粹统觉的"我"，据此，自我的本质就在于"自我意识"。但是，至于这个自我在这个"意识中"是什么以及如何是，则是从这个自我的存在那里得到规定的，自我的存在包含有它的开放状态。只要开放状态还共同决定着这个自我的存在，它就是其所是。如果实践的自我在其可能性的根据上现在遭到发问，那么，首先就应当对使得这个自我成为自我的那个自我意识进行界定。这样，从这一实践的，即道德的自我意识的观点来看，我们必须要进一步研讨，在何种程度上，这一自我意识的本质结构追溯到了作为其源泉的超越论想象力上。

康德又将道德的我，本己的自我和人的本质称为人格（Person）。人格之人格性的本质何在？人格性自身就是"伴随着与之

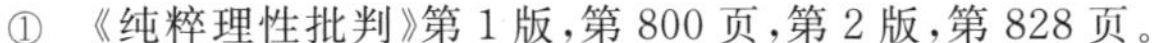

① 《纯粹理性批判》第1版，第800页，第2版，第828页。

不可分离的尊重的""道德律的理念"。[①] 尊重就是对道德律的"感
157 受状态"〈Empfänglichkeit〉，就是说，它使得将这一律令感受为一种道德律令成为可能。但是，如果尊重把人格之本质构成为道德自我，那么，依据所说过的情况，它就必定描述了自我意识的一种方式。尊重在何种程度上是这样的一种方式呢？

如果按照康德自己的说明，尊重是一种"情感"，那么，它还能够作为一种自我意识的方式来起作用吗？情感、乐趣以及无趣味的种种状态都隶属于感性。确实，这些并不都必然通过肉体状态来确定，所以，某种纯粹的，不是由感触来确定，而是"自身作用的"[②]情感的可能性就还保有存在的空间。因此，必须首先询问情感之一般的普遍本质。只有对这一本质的揭示才可以决定，在何种程度上，"情感"一般以及随之而来的作为一种纯粹情感的尊重，能够描述像某种自我意识的方式那样的东西。

甚至在"低级"的趣味情感中，乐趣所特有的基本结构也已显现出来。乐趣不仅仅是对某种东西的追求，或者是在某种东西那里的爱好，它总已经同时就是使有乐趣〈Belustigung〉，也就是说，这是一种方式，在其中使人很开心，有乐趣。所以在每一感性的（狭义）和非感性的情感中，一般都有着这种明晰的结构：情感是一种对……拥有感情，并且，它作为这种东西，同时又是情感者的自我－情感。自我－情感每每让自我以开放的方式和方法，即让自我以去存在的方式与方法，在本质上总是部分地由某种东西的特

---

① 《在单纯理性界限之内的宗教》，《全集》（卡西尔编），第 6 卷，第 166 页。

② 《道德形而上学奠基》第 2 版，《全集》（卡西尔编），第 4 卷，第 257 页。

质来决定，而这个东西就是情感者在自我－情感中对之拥有某种感情的东西。现在，尊重在何种程度上对应于情感的这种本质结构呢？为什么它是一种纯粹的情感？

在《实践理性批判》中，[1]康德对尊重进行了分析。下面的分析仅仅突出本质性的东西。

尊重本身是对道德律的尊重。尊重不仅用来对行为进行判 158
断，也不是在道德行为之后才出现的，它不是某种我们对已经发生的行为采取某种立场的方式方法这样的东西。相反，唯有对律令的尊重才构成了行为的可能性。在……前表示敬重，这是一种律令首先让我们得以通达的方式和方法。在这里同时还有：这种尊重律令的情感，正如康德明确所言，还不是用来为律令“奠基”的。律令并不因为我们在其前表示敬重，才是其所是。相反，这个有所尊重的对律令的有情感，以及随伴着的将律令开放出来的这种确定方式，乃是这样的一种方式，在此方式中，律令本身之一般能够向我们照面。

情感就是对……有情感，而且，在这里那个有情感的我同时对自己本身有感触。因此，在律令面前的尊重中，毕恭毕敬的我必定以一定的方式同时将自己本身变成可开放的，而且，这不是事后的和暂时性的，而是说，这种在律令面前的尊重自身就是一种将我自己本身作为行动着的自我公开出来，而在律令面前的尊重，就是将律令作为行动的规定性基础公开出来的特定方式。尊重在其面前

① 《实践理性批判》，第1部分，第1卷，第3章，《全集》(卡西尔编)，第5卷，第79页及以下。

成其为尊重的东西就是道德律令，道德律令赋予自由的理性以自己本身。在律令面前的尊重就是在作为这一个自我的自己本身面前的尊重，但这个自我不是那个由于自傲和自负而来的自我。尊重在其特定的公开出来的过程中还和人格发生关联。“尊重在任何时候都仅仅是对人格的尊重，而从来不是对物的尊重”。①

在律令面前的尊重中，我将自己置于律令之下。这一特别的在尊重中的对……有情感就是一种听命。在律令面前的尊重中，
159 我听命于吾本身。在这种我听命于吾中，我是我本身。我作为什么，或者更确切地问，作为谁，在尊重的情感中，对吾公开？

经过听命于律令，我听命于作为纯粹理性的吾自身。在这我－听命于－吾－自身中，我将自己升华为吾自身，即规定着自己本身的、自由的本质。这一特有的将自身升华为其自己本身就公开了在其“尊严”中的我。就否定方面来说，我作为自由的本质自身，将吾交付予律令，在律令面前的尊重中，我不能自己鄙视自己。因此，尊重是我的自身存在的方式，正是在这一基础上，“士不可辱”。尊重是自己面对自己本身的负责任的方式，是本己的自身存在。

有所听命的自身筹划活动朝向本己生存活动的整体的基本可能性，这一基本可能性给出律令，它就是行动着的自我存在的本质，即实践理性的本质。

上述对尊重的情感的解释不仅显示出，它在何种程度上构成了实践理性，而且它还同时澄清，某种经验意义上的作为灵魂能力的情感概念已然消失，替代它的则是道德自我之超越的超越论基

① 《实践理性批判》，同前引，第 84 页。

础结构。康德将尊重标明为“道德情感”和“我的生存之情感”。如果要透彻地领会康德在这里的意思,必须在上述存在论－形而上学的意义上来理解“情感”这一术语。现在甚至无需再多做任何事情就可以看清,尊重的这一本质性结构在自身中让超越论想象力的源生性法理展露了出来。

听命的、直接的对……奉献就是纯粹的接受性,但律令之自由的自身先行给出则是纯粹的自发性,这两者在自身中源初性地成一。而且,唯有从超越论想象力而来的实践理性的这一源泉,才可 160
以重新让我们理解到,在怎样的程度上,尊重中的律令,就像行动着的自我一样,不是被对象式地把握住的。但是,作为应当与行动,它们却恰恰以一种更为源生性的、非对象性的和非专题性的方式得到公开,并且作为非反思的、行动着的自我存在形象出来。

第 31 节　已奠立的基础之渊源与康德在超越论想象力前的退缩

“一切综合判断的至上原理”框划出了纯粹认知之超越的全部本质。超越论的想象力将自身公开为这一本然存在的根基。但是,前面对这一根基的本质所做的、更为源生性的阐释,刚刚才显现出至上原理的范围。只要人的本质被规定为有限的纯粹理性,那么,这一至上原理说的就是人的本质之一般的本质法理。

这一源生性的、“植根于”超越论想象力中的人的本质法理是“未知的”。如果康德曾说起过“我们未知的根源”,他就一定已经看到了这一点。因为,这种未知的东西并不就是我们根本一无所知的东西，而是那个在已认知到的东西中的、面向我们挤迫过来的、让人困扰不已的东西。然而，康德并没有对超越论想象力进行更为源初的阐释。即使康德本人对这样的分析曾经有过清楚的、最早知晓到的勾勒，他也完全没有去从事这样的工作。相反：

康德在这一未知的根源前退缩了。[①]

在《纯粹理性批判》的第二版中，超越论想象力，比照它在第一次筹划中[②]光鲜照人的出场亮相，这次却出于讨好知性的缘故，被排斥在一旁且被改变了意义。如果说整个奠基建筑本身不应该坍塌的话，那么，那些根据第一版而来的、曾经是其超越论奠基成就的一切东西，都必须始终得到保留。

在这里，我们还不能够讨论，纯粹想象力在何种意义上在《判断力的批判》中返回？它是否首先还处在那已表明过的、为一般形而上学奠基的明确关联之中？

161 在第二版中，康德首先删去了两个主要段落。可先前在这两个地方，他明确地将想象力列为在感性和知性之旁的第三种基本能力。在第一处[③]，取而代之的是对洛克和休谟关于知性的分析所进行的批评性讨论，就好像康德将他自己的在第一版中的立场视为——尽管是错误的——仍然接近经验主义的立场一样。

但第二处[④]却在改写整个超越论演绎的过程中被删去了。

---

① 当然，这仅只对那些承认康德无论如何也走向了超越论想象力的人才有效，因为**只有这样**也才谈得上**退回**。参见《判断力批判》，第 59 节，第 258—259 页，这里也完全证实了这个解释，并且，重又**退缩**！但在何种意义上？——作者边注

② 参见上文第 24、25 节。

③ 《纯粹理性批判》第 1 版，第 94 页。

④ 同上书，第 1 版，第 115 页。

但就在康德——在《纯粹理性批判》中——第一次将想象力作为一种"灵魂的不可或缺的功能"[1]引入的那个地方，他也在事后不断地变换说法，但这不过只是出现在他自己的自存样书上。[2]康德现在要把"灵魂的功能"写为"知性的功能"，这样，纯粹综合就被 162
归附给了纯粹知性。[3]超越论的想象力作为特殊的能力就变成可以舍弃掉的，但这样的话，那种恰恰是超越论想象力可能作为存在论知识之本质根据的可能性似乎就被腰斩掉了。这一可能性在图式化那章——这章即使在第二版中也没有做任何的改动——讲得足够清楚。

不过，超越论想象力并不仅是在图式化那一章（第四阶段）中，而是恰恰早在超越论演绎（第三阶段）中，就已经展现为纯粹认知进行形象活动的中点了。因此，如果说在第二版中，超越论想象力的核心功能——作为一种奠基的能力——应当被清除掉[4]的话，

---

① 《纯粹理性批判》第 1 版，第 78 页，第 2 版，第 103 页。

② 参见《补遗》XLI。

③ 不过，"超越论地"把握了的知性。——作者边注

④ 随着将想象力的摒除，感性和知性之间的分别就变得更加清晰和尖锐。λογὀς 更加得到应有的重视，不过，它是作为某种超越论的东西，也就是说，作为某种同时总是和直观相关联的东西受到重视。对象的对象性更明确地和"我关联……"联系在一起，而且，形而上学的基本特征（存在与思维）的确实性也变得更加确定。

现在，也已经有了理解这种必然的统一的可能性［通过明确地区分感性（直观）和思维］，即在某种方式上理解它的一般的一同性〈Zusammen〉和相互性〈Zueinander〉的可能性。

它们在这里好像分为两截，但这恰恰不是某种研究工作——即使这种研究工作应当是"知识"论——的意图和意义。

只有这样，两种权能的统一（统一的*可能性*）才一定会被把握，或者至少才一定会成为疑难问题。

分离乃是第一位的奠基任务，但这仅仅是某个第一的任务而已。——作者边注

那么,超越论演绎首先就必须要经过一个完全的改写。超越论想象力就是那个纷扰不安的、未知的东西,它变为超越论演绎之更新工作的动因。从这一动因出发,我们才能第一次看清改写超越论
163 演绎的目的。[①] 而只有这一目的,才可为某种对为什么要改写提出深入的解释,并为这一解释提供正确的线索。当然,这些东西在这里不可能完全展示。我们只要认识到超越论想象力的位置发生了变动,就足够了。

上面所提到的从"灵魂功能"到"知性功能"的演变表明,康德关于超越论想象力采取了新的立场。超越论想象力作为"功能"不再是某种本己能力,它现在作为"功能"仅仅只是知性能力的成果。[②]在第一版中,一切综合,即综合本身源出于想象力,而想象力是一种既不可归溯于感性,也不可归溯于知性的能力,但现在在第二版中,知性独占了一切综合之源头的位置。[③]

第二版的超越论演绎一开头就已经说,综合[④]"乃表像力的自发性行为","为了将之与感性力区别开来,人们必须将之称为知性力"。[⑤] 人们在这里已经注意到了无差别性的"表像力"这个词。

一般说来,"综合"是用来称呼一种"知性行为"的。[⑥] "先天联结的能力"就是"知性"。[⑦] 因此,这里是在谈论"知性的先天综

① 参见本书下文第 167 页及以下。

② 依附性的。——作者边注

③ 但是,知性并非形式逻辑的思,而是第 19 节!——作者边注

④ "联结"(conjunctio);参照"我联结","我判断"!——作者边注

⑤ 《纯粹理性批判》第 2 版,第 130 页。

⑥ 同上。

⑦ 同上书,第 2 版,第 135 页。

合”。[①] 但是,赋予知性以综合的功能不再是件默不作声的事情。
相反,康德明确地说,“想象力的超越论综合(乃)……知性对感性 164
的一种作用”。[②] “*想象力的超越论行为*”被把捉为“知性对内感觉的”,即对时间的“综合性影响”[③]。

然而,这些地方并没有同时指出,是否还会保留超越论想象力。确实地说来,在第二版中将之完全地删除根本就是一件很奇怪的事情,尤其是当想象力的“功能”对于要解决的问题来说仍然是不可或缺的,而且,想象力这个名称也还在《纯粹理性批判》未被改写的部分中出现,即在超越论演绎之前和之后的部分中出现。

不过,在第二版中,超越论想象力只是名义上出现而已。“在彼处以想象力的名义,而在此处以知性的名义把联结带进直观的杂多之中的,乃是某种而且是同一种自发性”。[④] 想象力现在仅仅是经验的,即与直观有关的综合。如同我们在前面已经很清楚地表明过的那样,这一与直观有关的综合,实际上乃是隶属于知性的综合。只要“综合”与直观有关,它就“叫”“想象力”,但它在根本上却是知性。[⑤][⑥]

超越论想象力不再作为独立的根据能力来起作用,这一根据能力对感性和知性——在其可能的统一性中——进行源初地中

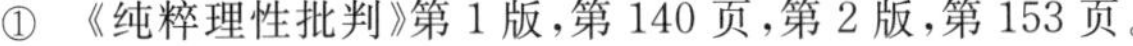

① 《纯粹理性批判》第 1 版,第 140 页,第 2 版,第 153 页。

② 同上书,第 152 页。

③ 同上书,第 2 版,第 154 页。

④ 同上书,第 2 版,第 162 页。

⑤ 作为**知性本身**!——作者边注

⑥ 《纯粹理性批判》第 2 版,第 151 页。

和，相反，这种介乎其间的能力，现在却完全坠落到心灵的两种各
165 自持有的本源之间。它的职权转交给了知性。即使在第二版中，当康德以“Synthesis speciosa”〈具体类象的综合〉[①][②]为名，开始为超越论想象力引入某种似乎特定的名称时，这一名称也恰恰表明，超越论想象力已失去了它先前的自身持驻性。超越论想象力之所以有这一称谓，只是因为知性在其中与感性相关，而没有这一关联，知性就成了[③]“synthesis intellectualis”〈智性的综合〉。

然而，康德为什么在超越论想象力面前退缩了呢？他完全没有看到这里有一种源初性奠基的可能性吗？不是。第一版的前言十分清楚地框划出了这样一种可能性。康德区别出[④]超越论演绎的“两面”：“客观的”方面和“主观的”方面。

按照上面对超越论演绎所做的解释，这也就是说，超越论演绎提出了超越的内在可能性的问题，并且，通过对这一问题的回答，对象性的境域得以展现出来。对可能客体的客观性进行分析就是演绎的“客观”方面。

但是，对象性自身在自我转过来面向的、让对象化的过程中形象，而这一自我转过来面向的让对象化就发生在纯粹主体本身之中。对在根本上参与这一转过来面向的能力以及对这一转过来面向之可能性进行发问，就是对超越着的主体本身的主体性进行发问。这就是演绎的“主观”方面。

---

① 《纯粹理性批判》第 2 版，第 151 页。

② 参见传统。——作者边注

③ 保持为。——作者边注

④ 《纯粹理性批判》第 1 版，第 XVI 页及以下。

现在对于康德来说，首先和最重要的事情，就是要在根本上让
超越得以被看见，并由此出发来达到展露超越论（存在论）知识之
本质的目标。因此，客观演绎“在根本上还是我的目的。〈演绎的〉 166
另一个方面则旨在考察纯粹知性本身，探讨它的可能性和它本身
所依据的种种认识能力，因而是在主观的关系中考察它；而即使这
种讨论，就我的主要目的而言，极为重要，但它毕竟在根本上并不
是我的主要目的，因为这里的主要问题始终依然是：脱离开了一切
经验，知性与理性能够认识什么？认识多少？而不是：*思维的能*
力自身是如何可能的？”[①]

超越论演绎在自身中必然同时是既客观又主观的。因为它是超越之展露，而这超越之展露，就将那个在有限主观性中本质性的、朝着客观性之一般的转向形象了出来。因此，超越论演绎的主观方面绝对是不可缺少的，虽然将它明确地梳理凸显的工作可以暂缓一步。如果康德决定要做〈超越论演绎〉，那么，唯有在对形而上学奠基的主观方面进行这般梳理凸显工作的本质，有了一个清晰的了解之后，他才可能做到。

在前面对主观演绎所进行的特征描述中，无论如何已经说得很明白了，主观演绎必须回到“知性自身所依据”的“认识能力”上去。康德还更进一步完全清楚地看到，这一朝向源头的回复不能够是那种进行经验性说明的心理观察，这种观察仅仅“假设性地”设定了一个根据。然而，对主体的主观性的本质进行超越论展露（超越论演绎）的任务，却不是后来才在前言中提出的，相反，尚在

① 《纯粹理性批判》第1版，第XVI页及以下。

酝酿这一演绎的过程中，康德就已经说及这一“尚未完全涉足的路程”，而这一路程自身还是一团“漆黑”。康德并没有想要给出一个
167 “长远的”关于主观性的理论，尽管“范畴的演绎”“势必”“要深入到我们一般知识的可能性的最初根据的深处”。[①]

因此，康德明白源初性奠基活动的可能性与必要性，但是，这尚未列在他的最迫切的工作计划中。但这绝不是理由，要恰恰在超越论想象力形象出超越及其他的对象性的地方，抹去超越论想象力。超越论想象力必须要自己给出一个交待，为何康德抛弃了将超越论想象力视为一种本己的和超越论的根据能力的说法。

由于主观演绎在康德那里没有进行，所以，对于康德来说，主体的主观性，就其结构与特点而言，还保持为传统的人类学与心理学所提供的那个样子。在这些学科看来，想象力只是感性内部的一种低级的能力而已。事实上，超越论演绎与图式化的结果，即对纯粹想象力的超越论本质的洞察，自身还不足为看见主体全体的主观性提供出一缕新的光线。

感性的低级能力如何也应当可能构成理性的本质？倘若以下篡上，岂不天下大乱？尊贵的传统告诉我们，理性〈Ratio〉和逻各斯〈Logos〉在形而上学的历史中起着核心的作用。但在这一尊贵的传统中，究竟发生了什么？逻辑的优先地位可能会崩塌吗？为形而上学奠基的构筑术，以及超越论感性论和超越论逻辑学的环节划分，如果它们视为主旨的东西本来应该就是超越论想象力的话，那它们在根本上说来还可以保持纹丝不动吗？

① 《纯粹理性批判》第 1 版，第 98 页。

如果说纯粹理性翻转成了超越论想象力，那“纯粹理性批判”的主旨岂不就被它自身所取消了吗？奠基工作岂不就走到了一道 168
深渊之前？

在其问题不断被推向极端的过程中，康德把形而上学的“可能性”带到了这道深渊面前，他看见了那不可知的东西，他不得不退缩。因为不仅仅是超越论想象力让他胆怯，而且，在这中间，作为理性的纯粹理性也越来越多地让他痴迷。

通过为一般形而上学奠基，康德第一次对存在论－形而上学知识的“普遍性”特征获得了某种清晰的见解。现在，他似乎才“大棒”在手，批判性地在“道德哲学”的领地里驰骋纵横，并用存在论分析的本质源初性来替换有关伦理的流俗哲学学说的、未可确定的经验普遍性，而唯有这种存在论分析才可能担当起“道德形而上学”，才可能为其奠基。占统治地位的道德哲学具有某种空泛的和模糊不清的经验主义，在反对这一经验主义的斗争中，将纯粹先天的东西与所有经验的东西断然地区分开来，这获得了越来越重要的意义。只要主体的主观性的本质还在于其人格性，而这一人格性却又与伦理理性同义的话，那么，纯粹知识以及行为的理性特征就一定会得到加强。一切纯粹综合和一般综合，作为自发性，必须落实在能力上，而能力，在其本己的意义上，就是自由的，就是行动着的理性。

人格性的纯粹理性特质就这样越来越多地自身展现出来。假如一个完全由道德性和“应当”加以规定的存在物在根本上不能成为，也不可能是“无限”的话，那么，这种人格性的纯粹理性特质在康德那里也就完全不可能涉及人的有限性。相反，现在恰恰要从

纯粹的理性本质自身那里寻找有限性，而且首先不是通过“感性”来对之加以规定，这就给康德带来了难题，因为只有这样，道德性
169 才可以被把握为纯粹的，即不是由实际经验中的人进行限制，甚至由人创造出来的东西。

这是关于某种有限的、一般纯粹理性的人格－存在论的疑难，这一疑难完全不能允许在它的近旁，有任何对有限理性本质之一般的某种确定实现方式的特定法理的回忆。但这样的东西却曾经就是想象力的本事，想象力不仅是人特有的能力，而且还是感觉的能力。

这般对纯粹理性的疑难索问的不断强化，势必要排斥掉想象力之一般，这样，就正好将其超越论的本质掩盖起来。

十分清楚，关于一种有限理性本质之一般与这种本质的特定实现之间，即与人之间区别的难题，在第二版的超越论演绎中就凸现出来。实际上，康德在其书第二版的第一页所作的首次“改进”中，就已经讲明了这一点。在对有限知识，而且是有限直观的特征描画中，康德加进了“这至少对于我们人而言”。[①] 这应当表明，每个有限直观都的确是一种领受着的直观，这种领受活动在我们人这里发生，但这并不必然地一定要以感官为中介。

超越论想象力以及第一次奠基活动开放出来的根基都是晦暗与“陌异”的，这种晦暗与“陌异”，加上纯粹理性的光明力量，它们共同作用，最后就将那仿佛仅仅在当下一瞬间露出的景色，重又掩蔽回到超越论想象力的更为源初的本质中去。

---

① 《纯粹理性批判》第 2 版，第 33 页。

这就是从《纯粹理性批判》的基本问题中把握到的观察的核心 170
内容。在对康德的阐释中，这早已是确定下来的，它在大多数情况下被表述如下：康德从第一版中“心理学”的说明转变到了第二版中的更加“逻辑学的”说明。

不过，应当注意的是，第一版中的奠基活动不是什么“心理学的”，正如第二版中的奠基活动也不是什么“逻辑学的”一样。两者毋宁都是超越论的，即必然既客观又主观。第二版在超越论的主观奠基中选择弘扬纯粹知性，贬抑纯粹想象力，其目的在于拯救理性的统治地位。在第二版中，主观的、“心理的”演绎并没有多少退缩，相反，它恰恰越来越多地投向作为综合能力的纯粹知性。现在，将知性归溯到更为源初的“认知力”，这将会是件多余的事情。①

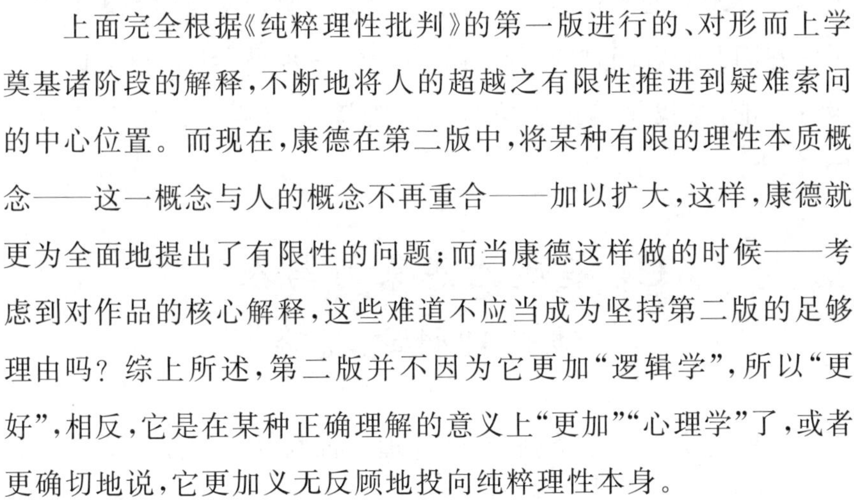

上面完全根据《纯粹理性批判》的第一版进行的、对形而上学奠基诸阶段的解释，不断地将人的超越之有限性推进到疑难索问的中心位置。而现在，康德在第二版中，将某种有限的理性本质概念——这一概念与人的概念不再重合——加以扩大，这样，康德就更为全面地提出了有限性的问题；而当康德这样做的时候——考虑到对作品的核心解释，这些难道不应当成为坚持第二版的足够理由吗？综上所述，第二版并不因为它更加“逻辑学”，所以“更好”，相反，它是在某种正确理解的意义上“更加”“心理学”了，或者更确切地说，它更加义无反顾地投向纯粹理性本身。

① 因为知性和判断（参见 19 节）事先就超越论地被把握，即与**直观**关联着。——作者边注

但这样，不就对前面的解释，乃至对产生这一解释的、关于超
171 越论想象力的、更为源生性的阐释做出了裁决吗？

然而，为什么纯粹知识的有限性从一开始就遇上了问题呢？因为“人的天性”中有形而上学，而这里说的就是为这种形而上学奠基。因此，人性中的这种特别的有限性，对于为形而上学奠基来说，就具有了决定性的意义。在对《纯粹理性批判》的解释中，究竟根本上是第二版还是第一版的位置在先？这个似乎表层的问题，仅仅是对于对康德式的形而上学奠基及其解释来说具有决定性作用的问题的苍白无力的回应，而这个具有决定性作用的问题就是：超越论想象力作为奠立起来的根基，它的承载力够吗？它可以源生性地，也就是说，统一地和完整地对人之主体的主观性的有限本质进行恰如其分的规定吗？或者说，通过对超越论想象力的排除，人的纯粹理性的问题已经获得了一个更为明晓易懂的问题形式了吗？它因此向着问题的可能解答靠近了一步吗？只要这些问题尚未有定论，寻找超越论想象力的更为源初的解释也就必然没有完结。

C. 超越论想象力与人的纯粹理性之疑难

在作为形而上学奠基的《纯粹理性批判》中，所涉及的最初和唯一的东西就是人的纯粹理性，这一点首先通过一种独特的证明方式得到了澄清。对一般形而上学之可能性疑难的发问模式是：“先天综合判断如何可能？”康德对这一任务作出了如下的解答：

“上面的任务只能用如下的方式来解决，这就是：我们事先就从人的能力方面来考虑这一问题，借助于这种能力，人先天地就能 172
够扩展他的知识，而且，这种能力，就在他那里构成了人们能够特别地称之为他的纯粹理性的那种东西。因为，如果我们将某种一般存在者的某种的纯粹理性理解为独立于经验，因而独立于感官表像去认知事物，那么，这样就根本还没有确定，这样的知识究竟是以怎样的方式在他那里（例如，在上帝或者某种别的高级精神那里）成为可能？这样的话，任务就是没有确定的。而涉及人则相反，人的每一个这样的知识都取决于概念和直观”。[①]

这些句子出现在《关于自莱布尼茨和沃尔夫以来的形而上学的进步》这篇论文中。在写作这篇论文时，康德确确实实将有关形而上学本身的疑难直接地和完整地摊开在我们的面前。这样，在为形而上学奠基的过程中，人的主体性的“特别的”有限性就成了疑难问题。这一有限性不可能只是作为某种可能的“下落”[②]〈Fall〉，即从某种有限的理性本质之一般那里的“下落”，被附带地拽入我们的考量。

人的有限性中含有在领受着的直观意义上的感性。作为纯粹感性的纯粹直观，乃是将有限性彰显出来的超越结构的一个必然要素。人的纯粹理性必然地就是一种纯粹的、感觉着的理性。这种纯粹的理性在自身中必须是感觉着的，并非通过以及因为和一个身体血肉相连，它才变成为这样。相反，只是因为超越本身先天

① 《关于自莱布尼茨和沃尔夫以来的形而上学的进步》，同前引，第 8 卷，第 312 页。

② 德文词“Fall”这里同时含有很强的“堕落”之意。——译注

地就是感觉着的，所以作为有限的理性本质的人才可能反过来在超越论的，即形而上学的意义上“拥有”他的身体。

现在，如果超越论想象力应当成为人的，而且是统一的和整体
173 的人的主体性之可能性的源初根据，那么，超越论想象力就一定要使某种像纯粹的、感觉着的理性这样的东西成为可能。但纯粹感性，更确切地说，在普遍意义之下理解的纯粹感性，就是时间，而依据这种普遍意义，纯粹感性一定要在为形而上学的奠基中才可以把握得到。

时间作为纯粹感性应当和纯粹统觉中的“我思”共处在某种源初的统一性之中吗？按照一般正宗的阐释，康德将纯粹的我从一切时间性中抽离出来并和所有时间相对置，这一纯粹的我，应当在“时间中”吗？所有这一切都植基于超越论想象力吗？超越论想象力和时间究竟是什么关系？

第32节　超越论想象力以及它与时间的关联

超越论想象力曾作为纯粹感性直观的渊源得到过阐释。[①] 这样就在根本上表明，时间，作为纯粹直观，是从超越论想象力源生出来的。然而，还需要在方式和方法上有一种真正的分析，用以揭示，时间现在怎样恰好就建基在超越论想象力之上？

① 参见上文第28节，第141页及以下。

时间，作为现在序列之纯粹的先后相续，“经久不息地流逝”。[①] 纯粹直观非对象性地直观着这种先后相续。直观意味着自身给出者的领受活动。在领受活动中，纯粹直观将自身本身给予可领受者。

人们首先将“领受……”理解为一种对现成的东西，即在场者的感受。但是，这种狭窄的、仍旧从经验直观的角度来把握的领受概念，必然与纯粹直观以及它的领受特质相去甚远。很容易就可以看清，对“现在”的纯粹的先后相续进行纯粹直观，不可能是对某 174
种在场者的领受活动。倘若真是如此的话，那么，它至多仅仅可能“直观”到每一个的现今的现在，而绝不是现在序列本身，以及在现在序列中形象着的境域。确实，严格说来，只要“现在”在其“刚才”和“即将”之间有着某种本质上不间断的延续，那么，在对某种“当前化”单纯的领受活动中，就根本不会直观到任何一个现在。纯粹直观的领受活动一定会在自身中给出现在的外观，只有这样，它才可以向前看其“即将”，往后看其“刚才”。

超越论感性论所涉及的纯粹直观，从一开始就不可能是对某种“当前化”的领受活动，这一点以及它在何种程度上不是如此，现在第一次得到了较为具体的揭露。领受着的自己给出，这在纯粹直观中根本就不与某种仅仅在场的东西相关涉，也完全不与现成的存在物相关联。

于是，倘若纯粹直观有着这种自由往来的特质，那么，我们由此就已经可以推论，纯粹直观“归根结蒂”就是纯粹想象力吗？这

① 《纯粹理性批判》第2版，第291页。

至多可以得出这样的结论，即纯粹直观自身形象出在直观中可领受的东西本身。但是，这种源生性的形象活动应当是在自身中的，尤其就是正在看着的、向前和往后看着的活动，然而，这些与超越论想象力都还是没有什么干系！

但康德本人不是明确地提出过在这种想象力的想象活动中的形象活动的三合一特征吗？

在关于形而上学的讲课中，或者确切地说，在理性心理学中，康德这样来剖析“形象力”：这一能力“产生表像，这或者是当前时间的表像，或者是过去时间的表像，再或者就是将来时间的表像。因此，形象的能力就包括：

1. 映象〈Abbildung〉能力，当前时间的表像：facultas formandi〈形象力〉；

175 2. 后象〈Nachbildung〉能力，过去时间的表像：facultas imaginandi〈拟象力〉；

3. 前象〈Vorbildung〉能力，将来时间的表像：facultas praevidendi〈期望力〉”。①

需要简短地说明一下“映象”这个词。它的意思不是说在复制的意义上制造出一幅摹像，而是指从在场的（当前的）对象本身那里直接获得的观照。映－象活动说的不是一种后－象活动，而是在直接获取对象自身外观的意义上的给出图像〈Bild-geben〉。

虽然康德在这个地方没有提及超越论想象力，但有一点却是清楚的，这就是：“想象”的形象活动在*本身中*与时间相关。但是，

---

① 玻里茨〈Poelitz〉，《康德关于形而上学的讲课》，同前引，第 88 页，参见第 83 页。

纯粹的想象之所以叫“纯粹的”，就是因为它从自身出发来形象它形象出的东西，这种纯粹的想象，作为本身与时间相关的东西，必然首先就形象时间。作为纯粹直观的时间，说的既不只是在纯粹直观活动中所直观到的东西，也不只是缺少了“对象”的直观活动。时间作为纯粹直观**一下子**就成了它直观到的东西的、形象着的直观活动。这样就第一次给出了时间的完整概念。

但是，如果纯粹直观本身就是正在进行着映象、后象和前象的想象力的话，它就只能形象为现在序列本身的纯粹的先后相续。因此，时间绝不可以，并且恰恰是绝不可以在康德式的意义上，被思考为某种随意的领域，似乎想象力现在在这里可以一下子为所欲为起来。由此说来，虽然时间必须在我们“算计时间”的境域中被接纳为现在序列，但这种现在序列绝不是源生性的时间。毋宁说，超越论想象力才使时间作为现在序列得以产生，并且因此之 176
故——作为这种让之产生的东西——它才是源生性的时间。

但是，从康德极少的暗示中，我们可以分梳出这样的一种极为宽泛的、将超越论想象力视为源生性时间的解释吗？从这一解释中最终将产生的难以预估的后果。考虑到这一点，我们必须对之给出更为具体和清楚的根据。

第33节　超越论想象力的内在时间特质

在第一版中，想象力被称为是“一般综合”的能力。现在，如果我们应当要突出想象力的内在时间特质，就必须进一步研究，康德在什么地方明确地探讨了有关综合的问题。这出现在名为“经验之可能性的先天根基"这一章中[①]，而此章是为在两条描绘出来的道路上进行超越论的演绎做准备。如此看来，康德在这个地方对综合本身进行专题性的分析绝不是随意的，而且，如果康德还把对综合的讨论特别地标画为"事先的提醒"，[②]那么，这里所思考的就不是一种顺带的或者在根本上可有可无的说明，相反，这里所论述的东西必然从一开始就是着眼于超越论演绎和超越论图式化来进行的。但是，超越论演绎作为奠基的第三阶段的任务，在于去阐明存在论的综合之本质统一的内在可能性。

存在论知识有三个要素：纯粹直观、纯粹想象力和纯粹知性。
177 它们可能的统一，亦即源初的统合（综合）之本质是个问题。因此，我们这里就需要对纯粹知识的这三种纯粹要素之综合进行一番澄清。

鉴于此，康德将他的"事先的提醒"分为三节：

1. 论直观中统握的综合

2. 论想象中再生的综合

3. 论概念中认定的综合

难道是因为纯粹知识的本质统一中有三个要素，综合的模式现在在数目上才是三种吗？抑或说，综合模式的这种三重性有一个更为源生性的基础吗？这也就同时说明，为什么它们，尤其是作为纯粹综合的方式，乃是统一的？只有这样，纯粹知识三要素的本质统一才会在其源初统一的基础上，得以"形象"。

---

① 《纯粹理性批判》第1版，第95页及以下。

② 同上书，第1版，第98页。

难道是因为时间在三种综合模式中出现，并且它们的这种三重的时间统一性表达为“当前”“过去”和“将来”，所以才有三种综合的模式吗？如果存在论知识本质统一的源初综合如此这般地通过时间而发生，而纯粹知识的可能性根基又是超越论想象力，那么，想象力明显地不就是源初的时间吗？

但是，康德却已经在所列举的三种综合模式中，将第二种综合命名为“想象中再生的综合”，康德以此想说明，想象力仅仅是处于其中的一个要素，绝不是直观与概念的根源。这里确实如此。

但超越论的演绎——它应当建立在这种对三重综合之分析的基础上——同样也无可争辩地表明，想象力不仅表现为和其他能力一道的一种能力，而且还表现为在它们之间作用的中介点。当
超越论想象力作为感性和知性的根源，这才第一次呈现出更为源 178
初的阐释。在这里，这个结论还不起什么作用。相反，对综合之三种模式的内在时间特质所做的发掘工作，应当会对将超越论想象力不仅可能，而且必然要被解释为两大枝干之根，给出最终的和决定性的证明。为了一般性地领悟康德对综合之三种模式的分析，我们必须从一开始就在多个方向上来加以澄清，并且作为指导性的东西来坚持。

一方面，我们需要对康德的表述方式加以进一步的规定。什么叫统握“的”综合，再生“的”综合，和认定“的”综合？它不意味着“统握”等等依附于综合，也不是说“统握”以及“再生”“认定”等等在进行着一种综合，而是说，综合本身有着统握、再生或者认定的特质。因此，这些表述说的是在统握、再生和认定模式中的综合，或者是：综合作为统握着的、再生着的和认定着的综合。针对这三种本身具有特定方式的模式，康德来对综合，即综合的能力进行探讨。

另一方面，值得注意的是，综合的模式在个别段落中首先通过对方式和方法的描述得到澄清，而按照这些方式和方法，综合是在经验的直观、经验的想象和经验的思维中发挥作用的。不过，这种准备性的特征描述工作旨在显示，在纯粹直观、纯粹想象和纯粹思维中，也已经相应地存在着某种纯粹统握着的，或者纯粹再生着的，和纯粹认定着的建构性综合。这同时也就表明，纯粹综合的这
179 些模式，就在与存在物的认知关联活动中，构成了经验性综合的可能性之条件。

还需要进一步看到，对综合的三种模式进行解释的真正目标在于，对纯粹综合本身的本质中的内在的和根本的共同归属性进行阐明，尽管这一点总是没那么清楚地或者事先地就表达出来。

最后，正如康德自己曾明确地要求的那样，我们也不应当忘记，所有“我们的表像……都受到时间的支配”，这必须成为“贯穿下文始终的基础”。[①]但是，假如说一切直观的、想象的和思维的表象活动都由三重的综合来掌控，那么，这不就是这一综合的时间特质吗？它使得所有的东西从一开始就成为可统一支配的。

a）作为纯粹统握的纯粹综合[②]

经验直观就是对某个“这个－亲临到此”〈Dies-da〉的直接领

① 作者这里的引证未注明出处。但读者似可参见《纯粹理性批判》第1版，第99页。——译注。

② 同上书，第1版，第98—100页。

受，而杂多总在这一经验直观中显现自身。这一直观所获得的外观也就表现出某种“含有”杂多性的东西。但“如果心灵不在印象的彼此相继中区分时间”，这种杂多根本就不会“被表像为这样的东西……”。我们的心灵必须在时间的区分中来谈及事先就已经持续着的“现在、现在、现在”，由此，我们才能相遇“这个现在”“那个现在”以及“所有一道的这些个现在”。唯有在对现在的这样一种区分中，印象才可能“流淌”和集拢。

当然，如果表像作为正在领受着的东西，“正好”一下子就抓取和掌握到杂多所提供的东西的话，直观就只是一种关于杂多的表像，一种 repraesentatio singularis〈个体的表像〉。直观本身就是
“综合性的”，这种综合具有这样的特质，它在先后相继的现在序列 180
的境域中，“恰到好处地”截－取到印象所提供的东西的一个个外观（图像）。这就是某种在前面已阐明的意义上所说的直接的映－象活动。

但是，我们还必然地拥有一种纯粹地统握着的综合，因为如果没有它，我们根本不可能拥有时间的表像，即纯粹的直观。这种纯粹地统握着的综合首先并不在时间的境域中进行，相反，它首先恰恰使像现在和现在序列这样的东西得以形象。纯粹直观是“源初的接受性”，也就是说，纯粹直观是某种东西的领受活动，而这种东西又是纯粹直观作为领受活动从自身中剥离出来的。纯粹直观的“呈现活动”是一种“具有制造力的”活动；纯粹直观着的呈现活动（作为给出外观的形象活动）所制造（作为创造活动的形象活动）出的东西，就是现在本身的直接外观，即总是当今的现在之一般的直接外观。

经验直观直接地涉及当前在“现在”中的存在物，但纯粹统握着的综合则面对现在，即当前本身，这样一来，这种直观着的涉及……活动就在本身中形象出它所涉及的东西。作为统握的纯粹综合，它作为呈现着的“当前之一般”，就时间性地形象着。因此，统握的纯粹综合本身就具有时间特性。

但康德现在明确地说：“因此，在我们里面有这种杂多之综合的一种主动的能力，我们称之为想象力，而想象力直接对知觉实施的活动，我称之为统握”。[①]

在统握模式中的综合源生于想象力，因此，纯粹统握着的综合就必然作为超越论想象力的一种模式而被谈及。但现在，如果这种综合是时间性地形象着，那么，超越论想象力本身就具有纯粹的
181 时间特性。但是，只要纯粹想象力还是纯粹直观的一种“成分”，而且想象的某种综合因此也早已存在于直观之中，那么，康德接下来首先称之为“想象”的东西，就还不能等同于超越论想象力。

b）作为纯粹再生的纯粹综合[②]

从指出经验表像中的再生综合出发，康德又开始进行分析。“心灵”可能对存在物，譬如先前知觉的东西进行表像，也可能对它在“无对象的在场”的情形下进行表像。但这种当前化过程，或者如康德所说的“想象”活动，事先就假设了心灵具有重新将先前所

① 《纯粹理性批判》第1版，第120页。参见康德对此的注释。

② 同上书，第1版，第100—102页。

表像过的存在物，再次表像性地提供出来的可能性，这样就可以将总是恰好感觉到的存在物，在其存在物层面上的整体性表像出来。因此这种重新-提-供，即再生，就是一种整合的方式。

但是，这种再生的综合，只有当心灵没有将在心灵中重新提供出的东西“在思维中遗失”[①]，它才能够进行整合。因此，在这样的综合中，必然含有“不遗失”，即能够保持。但是，只有当心灵“区分了时间”，并因而识别出诸如“先前”“当时”这样的东西时，先前经验到的存在物才能够得到保存。这种先前经验到的存在物，如果根本上就是不可保持的话，它就会不断地伴随着一个个现在的流逝而遭到完全的遗忘。因此，再生模式中的经验综合要成为可能，就必然在事先已经有一个“不再现在**本身**”能够先于一切经验地被重新提-供出来，并且，它还能够被整合到当下的现在之中去。这就是在作为纯粹综合模式之一的纯粹再生活动中发生的事情。然而，如果说再生的经验综合原始地属于经验的想象力的话，那 182
么，纯粹的再生就是纯粹想象力的纯粹综合。

可是，纯粹想象力不是在本质上被认为是具有生产性的吗？一种再生性的综合如何可以隶属于它呢？难道纯粹再生说的是非生产性的再生产吗？——这岂不又是一种自相矛盾的说法吗？

纯粹再生是不是一种生产性的再生产呢？实际上，纯粹再生，尤其是通过将“先前”的境域带入眼帘并使得这一境域本身事先保

---

① 《纯粹理性批判》第1版，第102页。

持开放的方式，使得再生之一般的可能性得以形象。[1] 再生模式中的纯粹综合形象为曾在本身。但这说的是：就这种综合模式看来，纯粹想象力时间性地形象着。它可以被称为纯粹“后象”〈Nachbildung〉，这并不是因为它返回到了某种过去了的存在物，或者回到了作为以前经验过的东西的存在物，而只是因为它完全展开了可能的返回活动的境域——曾在，并且因此把这种“后面”〈Nach〉本身“形象出来”〈bildet〉。[2]

但是，在这种对“当时”模式的时间所进行的形象中，纯粹的综合特质又在何处呢？源初的、形象着的对“当时”的保留，本身就是对“不再现在”进行的、保留着的形象活动。这种形象活动每每总
183 是在现在那里整合自己本身。从根本上说，纯粹的再生与那形象着“当前”的直观之纯粹综合是统一的。因为每一个“现在”都是刚刚经过了的现在，“所以，统握之综合是与再生之综合不可分割地结合在一起的”。[3] 统握之综合，为了可以恰好将现在之外观形象

① 康德在《纯粹理性批判》第1版，第102页中说：“……想象力的再生综合[隶属]于心灵的超越论活动”。康德现在通常将非超越论的，即经验的想象力称为再生的想象力。如果人们在这种“经验的”意义上去理解“再生的”，那么，所引用的话就会变得毫无意义。瑞尔〈Riehl〉(“对康德的修正”，《康德研究》第Ⅴ卷[1901]，第268页)因此提议将“再生的”写成“生产性的”。这虽然好像排除了臆测出来的悖谬，但同样也完全排除掉了康德在这句话中想要表达的意思。因为，这句话恰恰应该要表明的是：生产性的，亦即这里的纯粹的想象力——使一般再生得以可能的方式——乃是纯粹再生性的，这样，只有不再用“生产性的”来替代“再生的”，而是更进一步地去规定它，加入“生产性的”才是有充分意义的。然而，根据全部上下文来看，这又是多余的。——如果真要完善它的话，那么就必须写成“纯粹的再生综合”。

② 这里，海德格尔借德文词“Nachbildung”中的“nach”和“bilden”的两个构词成分，玩了一个文字游戏。——译注

③ 《纯粹理性批判》第1版，第102页。

为一，它本身就必须能够随时保持在所贯穿的每个在场的杂多之中；它同时必然就是再生之纯粹综合。

然而，如果统握之综合，如同再生之综合一样，乃是超越论想象力的一种行为，那么，这两种综合就必须被理解为这样的东西，它自身作为“综合之一般”的能力，“不可分割地”依据这两种模式进行综合。这样，在这两种模式的源初统一中，它们也可能是时间（作为当前和曾在的统一）的根源。如果这两种综合模式的这一源初统一不存在的话，“空间与时间的最纯粹、最初的基本表像绝不可能产生”。[①]

但现在，如果时间是当前、曾在与将来的三维统一整体，而康德因此在目前两种已经说明了的，在时间中形象着的综合模式中还加入了第三种；再如果一切表像，还有思维，都应当听命于时间，那么，综合的这第三种模式就必然“形象”为将来。

c）作为纯粹认定的纯粹综合[②]

虽然对这第三种综合的分析要比前面的两种更加宽泛，但人们首先却还是要去徒劳无功地寻求在某种“强制性的”论断中开展出来的东西。纯粹认定的综合应当构成为纯粹知识第三个要素：184
纯粹思维。但此认定所创造出的东西与将来有什么关联呢？如果康德确实是将“我思”及一般理性与所有的时间关系十分尖锐地对立起来，那么，纯粹思维、纯粹统觉的自我，究竟如何才可以具有时

① 《纯粹理性批判》第1版，第102页。
② 同上书，第1版，第103—110页。

间的特质呢?

“纯粹理性,作为一种纯然的理智能力,不听命于时间形式,因而也不听命于时间系列的条件”。[①] 紧接在图式化那篇之后,有一个对一切综合判断的至上原理进行规定的导论。在那里,难道康德没有指出,时间特质必须一直被排除在“一切分析判断的至上原理”之外,被排除在那个规定着单纯思维之本质的矛盾律之外吗?在关于这一原理的公式中,不可能有这个“同时”(ἅμα)的位置,否则“此律则将受到时间条件的浸染”。[②] “现在,矛盾律作为一种单纯逻辑的原理,必然绝对不可将自己的说法局限在时间关系上,因此,这样的一个公式是与它的意图完全相悖的”。[③]

在康德那里,我们一点也看不到关于综合的这种第三模式的时间特质,这是很奇怪的事吗?然而,这里起作用的既不是空洞的推测或论断,但也不可允许,那种只是人们在阅读关于这第三种综合的讨论时所首先发现的东西,在此起决定性的作用。

康德还是借助于某种对经验认定的标画,来开始描绘综合的第三种模式。而且,他还从再生之综合开始来说,“如果不意识到我们现在所思维的东西,与我们一个瞬间前所思考过的东西,正好
185 就是同一个东西,那么,在表像序列中的一切再生就可能都是徒劳的了”。[④] 再生之综合应该将通过它所产生的东西,与那每每正好

① 《纯粹理性批判》第1版,第551页,第2版,第579页。

② 同上书,第1版,第152页,第2版,第191页。

③ 同上书,第1版,第152页以下,第2版,第192页。

④ 同上书,第1版,第103页。

在知觉中显现出来的存在物，设定并保持为同一个东西。

可是，如果心灵从向着过去的东西回归的路上——为了将过去的东西与刚好现在在场的存在物设为统一体——再返回到正好在场的存在物，那么，有谁会来告诉它，这个现在在场的存在物，就是当先前的当前化活动发生时，它所离开了的那同一个东西？按照其本质，再生之综合所遇上的东西，就是那个它所要求的，在当前的知觉之前、之中与之后经验到的、作为同一个存在物的东西。不过，这知觉活动自身却仅仅总是正好就走向在场者本身了。

为了使返回着的再生之综合，每时每刻都一定将它所带来的东西与一个个其他的、刚好现成的存在物设为统一体，我们难道要将表像的整个序列打碎为一个个单独的表像吗？这个统握之直观与再生之想象的统一体，如果它要给出的东西作为统一的和自一的东西，同样也是无法定位的，那么，它应当是怎样的呢？

这样说来，这种位置是在一种知觉以及随后的回忆之后——这一回忆也许可以将所回忆出的东西与“目前状态中”在场的东西设定为同一个东西——才被产生出来的吗？或者说，综合的这两种方式事先就已经指向了一个在自身同一性中在场的存在物？

这是显而易见的，因为存在物的某种统合（综合）活动，鉴于其自身同一性，早已经前导性地为这两种综合奠立了基础。康德正确地将这种朝向自一的东西的综合，即将存在物保持为某种自一的东西，称为在“概念中”的综合；因为概念就是统一的表像，而统
一，作为自一的东西，“适合于众多”。“因为这种为一的意识[作 186
为概念式表像的这个统一体的表像]，把杂多以及而后逐渐直观到

的东西，然后还有再生出来的东西，在一个表像中整合起来”。[①]

这就表明，在对概念性形象的经验性起源进行特征描画时，[②]那个作为第三种综合浮现出来的东西，恰恰是第一位的，也就是说，它是导引着先前已经标画过的两种综合的首要的综合。它仿佛领先于后两者。康德给了这一认同活动的综合一个恰当的说法：它的统合活动是一种认定活动。它事先侦察，并且对那些从一开始就必须作为具有自身同一性的东西而自身持留的东西，进行“透彻地探察”[③]，这样做的目的就在于，能够为统握着的综合及再生着的综合之一般，找到某种存在物意义上的完整范围，在这个范围里，这些综合有可能将它们提供出来的和遭遇到的东西——仿佛作为存在物——显现出来和加以领受。

但是，这种侦察着的、挤迫前行着的认同的综合，作为经验性的综合，必然以某种纯粹的认同为前提，这也就是说，正如纯粹的再生活动形象为一种“重新－提供－出来”的可能性一样，纯粹认定活动必然相应地提供像认定活动那样的东西的可能性。但是，如果这种纯粹的综合在进行认同，那么这同时也就是说，它不是在侦察一个它能够将之作为同一个东西保持在面前的存在物，而是说，它在侦察可持驻性之一般的境域。它的侦察活动作为纯粹的侦察活动就是对这种预先的粘连活动，即对将来的源初性形象活动。这就表明，综合的这第三种模式在本质上也就是一种时间性

① 《纯粹理性批判》第1版，第103页。

② 如果有人对这一经验性起源过程进行描画——这是可以的，但这种描画不是康德的目标。——作者边注

③ 《纯粹理性批判》第1版，第126页。

的形象模式。对照康德所指出的经验性想象中的映象、后象和前象诸模式，那个预先粘连活动本身的形象活动，就是纯粹的前-象活动，这是纯粹想象力的行为之一。

将纯粹概念的内在形象过程视为在本质上具有时间规定性的 187
东西，虽然这在一开始似乎是毫无前途的，甚至还是荒谬的，但现在，不仅纯粹综合第三种模式的时间特性得到了澄明，而且纯粹前-象这种模式，由于其内在结构，甚至还显现出一种比其他两种在本质上同时共同隶属的模式更为优先的位置。康德式的关于“概念中的纯粹综合”的分析似乎完全对时间避而不谈。时间的最源初性的本质就是时间原本是从“将来”到时。它何时才会在这一分析中显露出来呢？

如上所示，仍然悬而未决的、对超越论想象力之内在时间特质进行某种证明的任务已经得到了完成。如果超越论想象力——作为纯粹形象的能力——本身形象为时间，即让时间得以源生出来的话，那么，我们就会无可回避地直对上面已说出的命题：超越论的想象力乃源生性的时间。

但纯粹感性的普遍特质，即时间的普遍特质，现在同样也得到了显明。因此，超越论的想象力才能够将那个曾经宣称过的，人之主体的特定有限性的源初统一性和整体性承载和形象出来，而这种人之主体的特定有限性就是某种纯粹的感性的理性。

不过，纯粹感性（时间）和纯粹理性难道不是全然不同种类的东西吗？难道说纯粹感性的理性这一概念不是一个悖谬吗？将自我的自我性统握为在自身中就是时间性，而不是仅仅把经验主体的经验性掌握描画为具有时间规定性的，对这一企图的反对意见似乎是难以克服的。

但如果不可以成功地将自我阐明为时间性的自我,那么,相反
188 的道路会有成功的希望吗?如何才能证明,时间本身具有自我性的特质?“主体之外的”时间“什么都不是”,[①]这几乎是不可能错的,同样也是无可争辩的,然而,它说的却是:所有的一切,均在主体中。

但是,这里说的“在主体中”意味着什么呢?确实,时间并非像脑袋里的细胞那样,是“在主体中”现成地存在着。不断地絮叨时间的主体性没什么助益。当康德说“主体之外的”时间“什么都不是”时,他是不是仅仅看到了这个消极性的方面?难道康德没有在超越论演绎和图式化章节中显明,时间在根本上参与构成了超越之最内在的本质建构吗?难道说有限自我之自身存在不是由超越来规定的吗?如果仅仅只是想要追问那些被广泛议论的时间的“主观”特性的话,我们就并不一定必须要盯住主体性的这一本质吗?如果说康德是在超越的本质性根据的“深处”遭遇时间,那么,超越论感性论中以导引的方式所说的关于时间的东西,就成了最终的东西吗?抑或说,在那里所讨论的东西,仅仅只是对时间的更为源初的本质的某种提示吗?难道主体的时间特性不是最终只有从被正确把握的时间的主体特性中才会得到澄清吗?

第 34 节　作为纯粹的自身感触的时间与自我的时间特质

在初次描绘(奠基的第二阶段)纯粹知识的本质统一性时,康

① 《纯粹理性批判》第 1 版,第 35 页,第 2 版,第 51 页。

德就看出，空间和时间“每时每刻都必然会激发”[①]对象之表像活动的概念。这一首先就晦暗不清的命题：时间激发某个概念，更确切地说，激发对象之表像活动的概念，在这里意味着什么？

让我们从澄清“对象之表像活动的概念”来开始解释。这一术 189
语首先指的是“一般之物”，即是每个对象本身的表像活动所要标画的那个“让对象化”。这样，上面的命题说的就是：这个“让对象化”必然通过时间而被激发。然而直到现在，谈得还只是：时间和空间形象为那一境域，在其中总有感觉触动与我们相遇或相关。现在应当是时间自身在激发着。但所有的感触乃是某种已然现成的存在物的自我呈报，不过现在，时间既不是现成的，也根本不是“外在的”东西。如果它要有所激发的话，从何处而来？

时间只是纯粹直观，这样它就可以从自身出发，对其后续者的外观进行预先形象，并且将这个外观本身——作为形象着的领受活动——*趋*-往*自身*。这一纯粹直观与其自身中形象的直观东西本身纠缠，也就是说，它无须经验的帮助。时间就其本质而言，就是它自身的纯粹感触。还有，它正是把那个“从-自身-出发-朝向-到达……上去”〈Von-sich-aus-hin- zu-auf〉在根本上形象出来的东西，而其形象的方式就是：正在如此这般自身形象着的“朝向……上去”〈 Worauf-zu 〉，一顾三盼着地前行，达至前述的“到达……上去”〈Hin-zu...〉。

作为纯粹的自身感触，时间不是某种涉及某种现成性自我的有作用的感触。反之，作为纯粹的自身感触，它将自我自身所进行

① 《纯粹理性批判》第1版，第77页，第2版，第102页。

的交道〈Sich-selbst-angehen〉这样的东西的本质形象出来。但只要时间隶属于有限主体的本然存在，即能够进行交道的自我，那么，时间作为纯粹的自身感触就形象成为主体性的本质结构。

有限的本然存在者，唯有在这一自我性的基础上，才可能是其必然所是：依存于领受。

现在必须首先要弄清楚，“时间必然激发对象之表像活动的概念”——这个晦暗的句子说的是什么？那个“让对象化”本身，即作为纯粹的“自我转过来面向……奉献”，作为纯粹的激发，意味着完
190 全将某个“反对－它的东西”、对举物，置放到它的对面，这个“它”就是纯粹的“让对象化”，即纯粹统觉，那个我自身。时间属于这种“让对象化”的内在可能性。它作为纯粹的自身感触，通过自我能够自我意识这样的方式，源初性地形象为有限的自我性。

通过把那些对《纯粹理性批判》的内在疑难具有决定性意义的前提条件强调突出出来，[①]知识的有限性就被挪到了中心位置。知识的有限性立足于直观活动的有限性，即领受活动之上。因此，纯粹认知，也就是说，对站在对面的东西之一般的认识，即纯粹概念，也就植基于某种领受着的直观之上。但纯粹领受活动说的是：不依赖于经验而被激发，即自己本身激发。

时间作为纯粹的自身感触，就是这样一种有限的纯粹直观，它在根本上承载着纯粹概念（知性）并使之得以可能，而纯粹概念则在根本上服务于直观。

康德并不是在第二版中才首次引入纯粹自身感触的理念。这

① 参见本书上文第4节和第5节，第20页及以下。

一理念，我们现在看得很清楚，规定着超越的最内在的本质。这一理念在这里不过是有更加明确的形式，而且早在超越论感性论中就显出特色。[①] 当然，只要解释还缺乏视角——这一视角应当由奠基活动之步骤和对它的更为源生性的把捉的先行描述来确定——这个地方就势必仍然保持晦暗。但在这个视角之内，它几乎是完全“自明的”。

“现在，凡是能够在一切有所思维的行动之前作为表像而先行的东西，就是直观，而如果直观包含的无非是关系，它就是直观的形 191
式。由于这种形式——除非有某物被置于心灵之中——不表像任何东西，所以，直观不可能是任何别的东西，它无非就是心灵通过本己的行为，亦即其表像的这种置入，因而通过自己自身而被激发的那种方式，这也就是说，直观无非就是一个形式上的内感觉”。[②]

感觉意味着有限直观。感觉的形式就是纯粹的领受。内感觉不“从外部”，而是从自我来得到感受。在纯粹的领受活动中，内在的感触必然来自纯粹自我，也就是说，它在自我性本身的本质中自己形象，并因而首先形成这个自我性自身。纯粹的自身感触给出有限性自我——作为一个自我本身——的超越论元结构。所以，完全和根本就没有这样的一回事情，即一个心灵生存着，而且还是自为地使某物来与之关联并设立自身。相反，这种“从－自身－出

① 《纯粹理性批判》第2版，第67页以下。

② 同上。有人建议将“其〈ihrer〉表像”改为“它的”〈seiner〉表像。这恰恰就错失了文本中本质性的东西。这个“其”应当不是说此表像是那心灵的如此这般的一种表像，而说的是：置入心灵的表像活动，让先后相继的现在序列本身的“纯粹关系”前来－表像（vor-stellt），并进入领受之中。

发－朝向－到达……上去”和“返归到－自身”才真正构成了作为有限性自我的心灵的心灵特质。

但这样，一下子就清楚了，作为纯粹自身感触的时间，它并不是位列于纯粹统觉“旁边”而在“心灵中”出现，相反，它作为自我性的可能性的根据，早已存于纯粹统觉之中，而且，心灵也正因如此，才会成之为心灵。

纯粹有限的自我本身就具有时间特性。但是，如果这个我，这个纯粹理性，就其本质来说具有时间性的话，那么，康德对于超越论统觉所给出的具有决定性意义的规定性，恰恰必须从这一时间特性出发，才成为可理解的。

时间和“我思”不再是互不相容或异质反对的东西，它们是同
192 一种东西。在康德的形而上学奠基之中，他通过极端主义的方式，第一次不仅将从来都是自为的时间阐释为超越论的，而且将从来都是自为的“我思”也阐释为超越论的。这样，康德就将两者一起带到了它们源初的自身同一性上去，当然，他自己并没有明确地看到这一自身同一性本身。

康德用相同的本质性谓词来述说这两者——时间与“我思”。关于这一点，人们难道还可以像过去一样，毫无忌惮地对之视而不见吗？

在超越论演绎中，自我之超越论的（使超越得以可能的）本质也得到了标画：“因为常驻持存的（进行着纯粹统觉的）我构成了我们的一切表像的关联物”。[①] 并且，在时间的超越论本质得到揭露

① 《纯粹理性批判》第 1 版，第 123 页。

的图式化章节中，康德这样说到时间：“时间不流逝……”，时间“本身是不变的和持驻的”，[①]以及在后面又说“时间……持驻并且不变更”。[②]

当然，人们会反对说，时间和自我的这种本质性谓词的叠合并不奇怪。因为对此康德只要说，自我，还有时间都不“在时间之中”。但这样的话，接下来的问题便是，或者自我不是时间性的，或者恰恰就是，自我是非常“时间性的”，以至于自我就是时间自身，而且就其最本己的本质而言，它只有作为时间自身才是可能的？

“常驻持存的”自我构成了我们的一切表像的“关联物”，这究竟意味着什么？首先这说的是：持存常驻的自我在进行着“让对象化”的活动，这一让对象化的东西，不仅仅是一种“朝向－到达……上去”〈Hin-zu-auf〉的关系，而且还是一种“返归－回到……中来”〈Zurück-zu-in〉的关联，这样，它就形象出对举物。但是，康德为什么说，这一“持存常驻的”自我把这种“让对象化”形象出来呢？难道康德要强调，这种形象着的自我总是一切灵魂活动的根基，而 193
且，它跳脱了灵魂活动的一切变化而作为某种“持驻不变”的东西吗？康德曾依照自己的存在论奠基活动，对实体性进行过谬误推理[③]。难道康德应该借助于“常驻持存的”自我，来意指一种像灵魂实体这样的东西吗？抑或他只是想要确证，这一自我不是时间性的，虽然它不作为实体，但却仍然在某种确定的意义上是无限的或永恒的？但是，为什么康德要把这个所谓的确证恰恰放在他为

① 《纯粹理性批判》第1版，第143页，第2版，第183页。

② 同上书，第1版，第182页，第2版，第224页以下。

③ 同上书，第1版，第348页及以下，第2版，第406页及以下。

自我的有限性，即为其“让对象化”所划定的地方上呢？简单地说，这是因为这种自我的“常驻和持存”在根本上就隶属于“让对象化”的活动。

这种“常驻”和“持存”，绝不是对自我之不变状态在存在物层面上的陈述，而是超越论的规定活动，这意思说的是：只有当自我本身事先就像持驻性和持存活动之一般那样保持自身，它才会形象为自身同一性的境域，在这一境域中，成为对象的东西作为那在变更中的同一个东西才成为可经验到的东西。之所以叫“常驻”的自我，是因为作为“我思”，即“我表－象”，它自身持－留着，就像是驻立与持驻一样的东西。它作为自我，形象为持驻性之一般的关联物。

但是，这一对当前之一般的纯粹外观的纯粹获得却是作为纯粹直观的时间自身的本质。“常驻和持存的”自我的意思就是：在时间的源初性形象中的自我，即它作为源生性的时间，形象为“让对象化”及其境域。

至于自我的非时间性和永恒性，这不仅绝不是毫无问题的，而且在超越论疑难的范围内，它根本就还没被问及。不过，只要自我
194 是时间性的，即作为有限的自我，那么，它就在这种超越论的意义上是“常驻和持存的”。

如果现在对时间用了同一个谓词，这不仅意味着：时间是不“在时间中”的，而且还意味着：如果时间作为纯粹自身感触活动，首先让现在序列的纯粹前后相继生发出来，那么，这种产生于它的东西，其自身似乎只可以在熟悉的“时间计算”中才得以瞥见，这种东西根本不可能有足够的能力去规定时间的全部本质。

于是，如果想要确实弄清关于自我的“时间性”，或者更确切地说，自我的非时间性的话，那么，作为纯粹自身感触的时间的源初性本质就必须被视为导引。而且，凡是在康德振振有词地否认纯粹理性以及纯粹统觉的自我具有时间特质的地方，他都只不过是说，理性“不”听命于“时间的形式”。

唯有在这一意义上，删去“矛盾律”公式中的“同时”才会是有道理的。[①] 所以，康德在此争辩说：如果有这个“同时”，并因此有“时间”在“矛盾律”中，那么，这个律令就应该被限制在经验可通达 195
的、“内时间的”存在物那里。但现在，这个原理规整所有无论什么

① 参见前面第 33 节 c，第 183 页以下。——在 1770 年的论文中，有一段话表明康德本人在评判这个“同时”时，处于摇摆不定之中：“Tantum vero abest, ut quis unquam temporis conceptum adhuc rationis ope aliunde deducat et explicet, ut potius ipsum principium contradictionis eundem praemittat ac sibi conditionis loco substernat. A enim et non A non *repugnant*, nisi *simul*（h. e. tempore eodem）cogitata de *eodem*...” De mundi sensibilis atque intelligibilis forma et principiis。（“借助于理性而从某个别的地方推出和说明时间概念的任何企图都是徒劳无功的。结果，甚至连矛盾律都要对时间礼让三分，将之作为自己立身的条件，因为，A 和非 A，只有当它们同时[即在同一时间]在同一个东西那里表像出来，矛盾才会发生……)《论感性和理性世界的形式和原理》第 14 节，5，《全集》（卡西尔编）第 II 卷，第 417 页。[关于这点，还参见海林〈Haering〉，《杜伊斯堡遗著》，10.6（第 60 页）——作者边注] ——康德在这里，通过暗示一切“理性”〈ratio〉，甚至一般思维的原理全都以“时间”为前提，指明了时间的“理性”推导的不可能性，亦即指明了它的直观特质。在此，依然晦暗不清的是，“tempore eodem”〈在同一时间〉具有怎样的“时间性的”意义。如果它所意味的不过是“同一个现在”，那么，墨色斯 · 门德尔松〈Moses Mendelsohn〉在给康德的一封信中（1770 年 12 月 25 日），关于上面这段话所写的东西就是正确的：

“我相信，这条件 eodem tempore〈在同一时间〉对于矛盾律来说，也许是不必要的。只要它是同一个主体，就不可能既被说成 A 和又被说成是非 A，即便是在不同的时间内。而且，没有什么再比同一个主体同时有 A 和非 A 两个谓词更加不可能的了。人们还可以说：impossibile est, non A praedicatum de subujecto A〈用非 A 去述谓主词 A，这是不可能的〉”。康德《全集》（卡西尔编）第 IX 卷，第 93 页。

东西的思维。这样，时间的规定性在其中便没有任何地位可言。①

可是，这个“同时”越确切地是某种时间的规定性，它就越不需要意指存在物的“内时间性”。这个“同时”反而更确切地表达了这样的时间特质，这一特质，作为先行的“认定活动”（“前－象”），源初地就包含在同一性活动自身中。这里有着矛盾的可能性和不可能性的坚实基础。

康德着眼于时间的非源初性的本质，他不得不否认“矛盾律”的时间特质，这是因为他要借助于某种从时间自身衍生出来的产物，去在根本上规定时间自身源初所是的东西，而这样做是荒谬的。正因为自我在它的最内在的本质中源初地就是时间自身，“我”才可能被不作为“时间性的东西”，即这里说的内时间的东西来把握。纯粹感性（时间）与纯粹理性不仅是同类的，而且它们共同隶属在同一个本质的统一性中，而这本质，就使得人的主体性的有限性在整体上得以可能。

第35节　已奠定基础的渊源性和形而上学的疑难

康德的形而上学奠基追问的是存在论知识的本质统一性之内
196 在可能性的基础问题。康德奠基的基础就是超越论的想象力。超越论的想象力，完全不同于作为开端的心灵的两个本源（感性和知

① 参见1935/1936年冬季学期，《物的追问——康德超越论原理的学说》，《海德格尔全集》第41卷，第175页以下。——作者边注

性），它作为居间能力脱颖而出。不过，对这一已奠定的基础所作的更为源初的阐释，将这一居间能力不仅展露为源初统合的中点，而且还将这一中点展露为两枝干之根柢。

这样，通往两个本源的源生性本源的道路就得到了敞开。将超越论的想象力阐释为根柢，这也就是去阐明纯粹综合如何让这两个枝干从其自身中生长出来，保持住它，再从自身返回到这一根柢的扎根活动中去，即回到源初性的时间之中。首先，这个源初性的时间作为源生性的形象活动，把未来、过去和当前之一般合三为一，这样就使纯粹综合的“能力”得以可能。这也就是说，它使之得以可能的东西，即存在论知识的三个要素的统合，在其统一性中将超越形象出来。

因此，纯粹综合的模式在数目上有三种——纯粹统握、纯粹再生和纯粹认定，但这不是因为它与纯粹知识的三要素有什么关联，而是由于它在自身的源初为一中，以时间性形象的方式，形成着时间自身的时间化过程。只是因为纯粹综合的这些模式，在三合一的时间中原本就是一体的，在它们之中也才会有纯粹知识三要素源初统合的可能性。但也正因如此，源初起统合作用的东西，似乎仅仅是中介性的超越论想象力的居间能力，无非就是源生性的时间。唯有借助于这种在时间中的扎根，超越论想象力之一般才能够成为超越之根柢。

源生性时间使得超越论想象力成为可能，而超越论想象力本身在本质上就是自发的接受性和接受着的自发性。只有在这种统一中，纯粹感性作为自发的接受性以及纯粹统觉作为接受着的自 197
发性才能够共同隶属，而且，某种有限的纯粹感性的理性之统一的本质才能形象出来。

然而，如果像在第二版中出现的那样，不再将超越论的想象力视为本己的基本能力，并且将其功能归属到作为单纯自发性的知性之下，那么，在某种有限的人的理性中把握纯粹感性和纯粹思维之统一性的可能性，甚至使之成为难题的可能性，也就都随之消失了。但是因为超越论的想象力在其不可撕裂的源初性结构的基础上，敞开了一种为存在论知识并从而为形而上学奠基的可能性，于是，就通往为形而上学奠基的疑难的最内在途径的距离而言，第一版就还保持在了一个更近的位置上。因此，考虑到整个工作的这个最核心的问题，第一版在根本上比第二版更优越。而所有将纯粹想象力改变为纯粹思维的一种功能的重新释义都误认了纯粹想象力所特有的本质，而这一重新释义曾在紧接着《纯粹理性批判》第二版之后的“德国唯心论”中遭到了夸大。

源生性时间让超越之纯粹的形象活动得以发生。对已奠定的基础的更为源初的揭露已经被呈现出来，由此出发，我们现在回过头来才首次领会了奠基的五个阶段的最内在进程，及其他的核心篇章——超越论的图式化——所具有的意义。

因为超越在源生性的时间中自己到时〈sich zeifigen〉，所以，存在论知识就是“超越论的时间规定”。

然而，在康德那里，时间的这种必然的核心功能最先总是仅仅作为一切表像的普遍形式来被宣示和介绍的。但关键的地方仍然在于，这是在什么样的关联情境下发生的？“超越论演绎”之前的
198 “事先的提醒”应当可以表明，纯粹综合的三种模式本身是怎样源初性地合为一体的。然而，康德并没有成功地将它们明确地作为

时间性地形象着的统合体，并因而作为在源生性时间中的统合体展露出来。同样，时间的基本功能也恰恰是在这里，更确切地说，是在第二综合，即“想象中的再生”的分析那里，得到了强调。

那种构成某种可能的，而且是表像着的、将存在物重新带向总是正巧在场的东西的“必然的综合统一的先天根据”是什么呢？“如果想一想现像不是物自身，而是我们的最终归结到内感觉的种种规定之表像的纯然玩耍，人们马上就会发现……”。①

难道这意味着：存在物就其自己本身而言什么都不是，而且，它消弭在表像活动的某种嬉戏之中吗？绝非如此。康德想要说的是：在一个有限的本然存在者的某种表像活动中，发生着与存在物自身的相遇，而它的涉及对象性本身的诸纯粹表像活动，就在相互之间生发出音顺调和。这一音调谐和之在就是最终导致出来的东西，换句话说，这是从一开始就规定了的，所以它才会在某个游戏空间中能够如鱼得水般地嬉戏。这一游戏空间通过对内感觉的诸纯粹规定性而形象自身。纯粹的内感觉乃纯粹的自身感触，即源生性的时间。形象为超越之境域的东西，就是作为超越论的时间规定性的纯粹图式。

因为康德从一开始就从这一角度来看待存在论知识之本质统一性的内在可能性疑难，并且坚持时间的核心作用，他才可能在超越论演绎的两条道路上对超越的统一性进行展露之际，撇开对时间进行明确的讨论。

诚然，现在康德似乎在第二版中的关于超越本身的形象活动 199

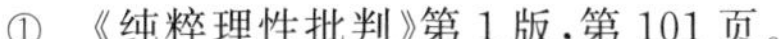

① 《纯粹理性批判》第1版，第101页。

中，收回了时间的超越论的优先地位，同样收回的还有超越论想象力，也就是说，他否认了形而上学奠基的核心，即超越论的图式化。

在第二版中，康德加入了“原理体系的总说明”，[①]即对存在论知识之整体的说明。这一说明这样开始：“有一点非常值得注意，我们不能根据单纯的范畴来看出任何事物的可能性，而是通常必须总是在当下就有一种直观，以便借助它来说明纯粹知性概念的客观实在性”。在这里，诸观念的纯粹感性化的本质必然性，也就是说，它们在某种纯粹图像中的展现被简短地提及，而关于这种纯粹图像也许就是作为时间的纯粹直观，却没有被说到。

与之相反，接下来的一段的开始则说的是明显与前面有关的话：“但更值得注意的是，为了依照范畴来理解事物的可能性，而且也为了阐明范畴的*客观实在性*，我们不单需要直观，而且甚至始终需要**外部直观**”。[②] 在这里，空间的超越论功能显现出来。这样很明显，康德本人达到了一个新的视野，空间随之也就进入了纯粹的图式化之中。但无论如何，第二版中图式化章节的改动绝不是在这个意义上进行的。难道我们不可以因而接着说，时间的优先地位被抛弃了吗？确实，假如人们想要从这里读出，时间并不是超越的源初性的唯一形象活动的话，那么，这样的结论可能就不仅仅是仓促的，而且是对全部迄今为止所作过的解释的一种完全误解。

200 但有人可能反驳，如果说超越不应当仅仅奠基于时间，那么，只有假设康德在对时间的优先地位进行限制的同时，也对超越论

① 《纯粹理性批判》第 1 版，第 143 页，第 2 版，第 288 页及以下。

② 同上书，第 2 版，第 291 页。

的想象力进行了排除，这才可以保持前后一贯的立场。然而，这一考虑忘记了，只要时间仅仅被理解为，在纯粹直观中作为纯粹地被直观者而自身形象的那种东西，即现在序列的纯粹前后相继，那么，作为纯粹直观的纯粹空间，就并不比“时间”更少超越论地扎根在超越论的想象力中。实际上，空间在某种特定的意义上，始终和必然地与这般理解的时间是一样的。

但是，时间并不是作为这样的形象物，而是作为纯粹的自我感触，才成为超越的更为源初的根据。而它本身也就是正在表像着的形象活动的，即纯粹空间的敞开活动的可能性条件。认清纯粹空间的超越论作用，这绝不会导致要拒斥时间的优先地位。相反，这只会助长一种越来越积极的要求，去显示空间也像时间一样，相应地以某种特定的方式，隶属于作为某种有限物的自身，而且这个有限物的自身，当然是在源生性时间的基础上，依其本质就是“空间性的”。

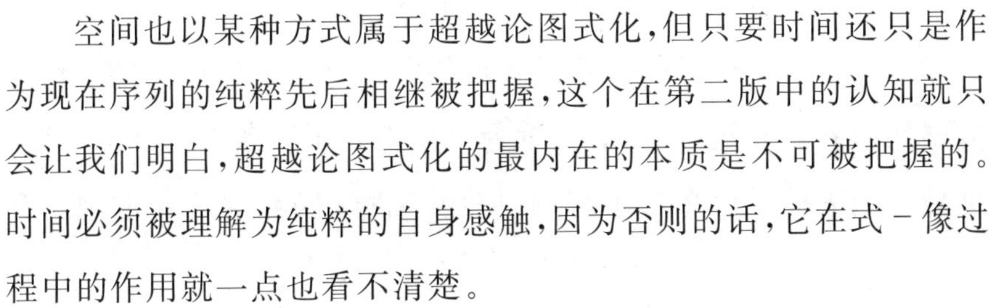

空间也以某种方式属于超越论图式化，但只要时间还只是作为现在序列的纯粹先后相继被把握，这个在第二版中的认知就只会让我们明白，超越论图式化的最内在的本质是不可被把握的。时间必须被理解为纯粹的自身感触，因为否则的话，它在式－像过程中的作用就一点也看不清楚。

在这里，我们遇上，而且并非偶然地遇上了全部康德形而上学的奠基中所特有的东西。那在向本源返归途中所揭露出来的东西，正好就在其超越之形象活动的本质中敞开自己；那个在此参与的心灵能力，还有纯粹直观，即时间，却并没有从这一超越论的作 201
用出发，得到明确的和首先的规定。相反，它们只是在奠基过程中,甚至在其还是完全对第一开端的暂先把握的结论部分才会被给出。因为当康德对超越论图式化进行描画的时候,对时间的源生性本质还没有一个成形的解释,所以,对作为超越论的时间规定性的纯粹图式的揭示,就依然还是贫乏的和不透彻的,因为,被理解为现在序列的时间,根本不会对"时间性的"观念解释提供出任何可能的道路。[①]

现在,如果一种解释〈Interpretation〉只是重新给出康德所明确说过的东西,那么,这解说从一开始就绝不是阐-释[②]〈Aus-legung〉,阐-释一直被赋予的任务在于:将康德在其奠基活动中所揭示的那些超出明确表述之外的东西,原本地加以展现。关于这些东西,康德自己似乎已不能再说什么,因为完全就像在所有哲学性的知识中那样,关键一定不在于那些说出的语句中被说出的东西,而在于借助已说出的东西,将尚未说出之物置于眼前。

这样,目前的这一对《纯粹理性批判》的解释的基本意图就在于,通过尝试表达出康德"曾想要说的"的东西,来弄清这部著作的关键性内容。在这一过程中,阐释工作就有了一条它自己的准则,这是一条康德自己想要了解的、应用于哲学研究的解释准则。在

① 参见本书前文第 22 节,第 106 页以下。

② 在德文中,"Interpretation"与"Auslegung"是两个同义词,一般都理解为"解释"。海德格尔在《存在与时间》中区别使用这两个概念,前者,或者是在一般宽泛解释的意义上,或者是在比较具体的说明解析的意义上讲,而后者则更多地是在海德格尔所讲的存在真理的去蔽、阐明、展开的意义上说。具体参见《存在与时间》第 31—33 节。在本书中,前者一般译为"解释",后者译为"阐释"。但读者也应注意到,由于这对概念的区别在本书中并非紧要,所以海德格尔似乎也没有在严格的意义上使用两者。——译注

一个反驳莱布尼茨主义者艾伯哈特〈Eberhard〉的批评的结尾处，康德用下面的这段话确定了这个准则：

“这样，也许《纯粹理性批判》就成为对莱布尼茨真正的辩护，就像它也可能成为对更早先的不同哲学家的辩护那样，这实在是 202
和莱布尼茨的那些用不名誉的颂词来赞颂他的追随者们相反。有些哲学史的写手，对这些先哲们极尽赞誉之词，但让他们说出的却是些喧杂无稽之声。他们发现不了这些先哲的意图，这是由于他们从单纯概念出发，忽略了对纯粹理性产物的所有阐释的关键，忽略了对理性本身（作为所有东西的共同源泉）的批判，并且还由于，除开对那些先哲们所说过的东西的词汇研究之外，他们看不出先哲们曾想要说的东西”。[①]

当然，为了从词语所说出的东西那里获取它想要说的东西，任何的解释都一定必然地要使用强制。但这样的强制不能是浮游无羁的任意，一定有某种在先照耀着的理念的力量，推动和导引着阐释活动。唯有在这种理念的力量之下，一种解释才可能敢于冒险放肆，将自己委身于一部作品中隐藏着的内在激情，从而可以由此被置入未曾说出的东西，被挤迫进入未曾说出的东西的言说〈Sagen〉之中。但这是一条道路，在这条道路上，引导着的理念自身以其光芒四射的力量显露出来。

康德的形而上学奠基活动引导走向超越论的想象力。而超越论的想象力是两大枝干——感性和知性——的根柢。超越论想象

① 康德，《论某种发现——据此，所有新的对纯粹理性的批判，都由于某种旧的东西而成为多余的》，同前引，第 VI 卷，第 71 页。

力本身使得存在论综合的源初性统一得以可能。但这个根柢扎根在源生性的时间之中。在奠基活动中敞开出来的、形成着的源生性基础就是时间。

康德的形而上学奠基活动从一般形而上学开端，这样，它就成了对一般存在论之可能性的发问。[①]这个发问就提出了存在物的
203 存在法理的本质问题，即关于存在之一般的问题。

形而上学奠基活动在时间的地基上成长。存在问题，这个形而上学奠基的基本问题，就是《存在与时间》的疑难。

在这个标题中，包含前面将《纯粹理性批判》解释为一种形而上学奠基活动的主导性理念。但是，通过这种解释而得到证明的理念，预先描画了一个基础存在论疑难的轮廓。这个基础存在论不是将自身把握为用一种臆想出的“新东西”来反对所谓的“旧东西”。它不如说是表达了一种企图，那种想为形而上学的一种奠基活动去源初性地真正获得本质性东西的企图，也就是说，企图帮助这一奠基活动，通过某种往返回复，返归到它的本己的源初性的可能性之中去。

① 然而，它也同时为那特殊形而上学，即*神*学所驱动。见本书下文，第206页。——作者边注

第四章　形而上学奠基的一次复返 204

我们把对某个基本问题的复返，领会为对这一基本问题的、源初性的、至今还隐藏着的诸种可能性的揭示。通过把这些可能性梳理凸显出来，基本问题就发生了变更，这样，它才会保有它的疑问性内容。但是，保存一个疑难就意味着：将疑难问题自由地和警醒地保存在种种内在力道中，而这种种内在力道就使得作为在其本质基础上的疑难问题成为可能。

可能之物的复返，说的绝不是去回头抓住那些“常见而流逝的东西”，在这些东西之上人们“建立起设想”，而根据这些设想“某事得以做成”。这种可能之物终究只是太过于现实的东西，是每一个人在其掌控的行当中所操控的东西。在这一意义上的可能之物，恰恰正好阻碍某种真正的复返，并因此一般说来也阻碍着某种与历史的关系。

但是，在形而上学奠基中得到正确领会的复返，必须首先确保构成了早先的，在这里说的也就是康德奠基的真正成果的东西。同时，必须从在《纯粹理性批判》中所寻求的形而上学奠基活动的“结局”那里，并从所发现的东西如何被规定的方式出发来进行验定：我们在何种程度上达到了对所有的复返活动以及可能之物领会的引导，以及这一领会是否足以胜任去般配那复返的东西。

205 A. 在人类学中的形而上学奠基

第36节 康德形而上学奠基中已奠定的基础和成果

综览康德奠基活动的逐个阶段，我们可以看出，奠基最终如何遇上了作为存在论综合的，即作为超越的内在可能性之基础的超越论想象力。那么，这一对基础的确立，更确切地说，更源初地将基础阐释为时间性，难道这就是康德奠基的成果吗？或许，他的奠基活动还产生了其他不同的成果？如果只是要确定上面所说的结果，似乎就不需要去努力，专门将奠基活动的内在发生过程和步骤位序摆列出来。我们大概只需要对超越论演绎和超越论图式化中有关超越论想象力的核心作用的引文做一些相应的引证就足够了。但是，如果这一成果并不在于去知道超越论的想象力是否构成了基础，那么，这个奠基活动还应该产生别的什么东西吗？

如果奠基的成果并不在于它的“结局”，那么就必须要问，奠基活动在其发生过程本身中，在形而上学的建基问题上，公开出了什么东西？在康德的奠基活动中发生了什么？完完全全就是：为存在论的内在可能性的建基活动自身展现为对超越，即对人类主体之主体性的一种揭示。

对形而上学之本质进行发问，就是去发问人的“心灵”之基本能力的统一性问题。康德的奠基表明：为形而上学建立根据就是一种对人的发问，而这就是人类学。

可是，在对康德奠基进行源初性把捉的最初尝试那里，[①]返归 206
到他的《人类学》不是失败了吗？如果指出，正是《纯粹理性批判》才将《人类学》在知识以及知识的两大源泉的阐释上所提供出的东西，在一种更为源初的形态中加以揭露，那么确实如此。但我们现在只会从中得出这样的结论：那种由康德提出的人类学是一门经验性人类学，但它绝不是能够处理超越论疑难的纯粹的人类学。这在今天也就正好使得建立一种够格的、即以形而上学奠基为目标的"哲学人类学"的要求变得更加突出。

康德奠基的成果就在于洞见到，在人类学与形而上学之间有一必然的关联，这一点甚至可以在康德自己的表述中得到毫无疑义的证实。康德的形而上学奠基旨在为"终极目标的形而上学"[②]，即为特殊的形而上学建立根基，这些特殊的形而上学有宇宙学、心理学和神学这三门学科。可是，只要我们应当将形而上学在其可能性和界限范围内把握为"人的自然天性"，那么，这一建基过程作为《纯粹理性批判》，就必须要去领会这些特殊形而上学的最内在的本质。但人类理性的最内在的本质在种种旨趣之中呈现出来，这些旨趣每时每刻作为人的旨趣，都在激荡着人类理性。"吾之理性（无论是思辨的还是实践的）的一切旨趣都归结为以下三个问题：

1. 我能够知道什么？

① 参见本书前文第 26 节，第 127 页及以下。

② 哲学之为 teleologia rationis humanae〈人类理性的目的〉，《纯粹理性批判》。——作者边注

2. **我应当做什么？**

3. **我可以希望什么？**”①

207 但这三个问题就是真正形而上学，作为特殊形而上学的三门学科，要去涉猎的问题。② 人的认知所涉及的是现成物最宽泛意义上的自然（宇宙学）；行动是人的行为，并且涉及其人格性和自由（心理学）；希望的目标指向的是作为天国极乐的不朽，即与上帝的合一（神学）。

这三种源初性的旨趣并不将人作为自然的本质来规定，而是规定为“世界公民”。③在这种“世界性公民的设想中”，这些旨趣就构成了哲学的对象，即真正的哲学领域。因此，康德在他的发展其一般哲学概念的《逻辑教程》的导言中说：“在哲学的领地中，在这种世界性公民的意义上，可以提出下面的问题：

1. 我能够知道什么？

2. 我应该做什么？

3. 我可以希望什么？

4. 人是什么？”④

这里紧接着上面的三个问题，浮现出了第四个问题。但是，如果考虑到理性心理学，作为特殊形而上学的分科，已经在处理人的

① 参见《纯粹理性批判》第1版，第804页以下，第2版，第832页以下。

② 说歪了！因为从“原因”方面来考虑，自由〈的问题〉属于宇宙论。——参见1930年夏季学期[《西方哲学的开端》，《海德格尔全集》第35卷]。——作者边注

③ 这里，“公民”〈Bürger〉的概念从“担保”〈bürgen〉而来，意指在康德哲学中，人不仅是自然物，而且更是参与建构世界的主人，有着特定的义务、责任和权利。——译注

④ 《全集》（卡西尔编），第Ⅷ卷，第343页。

问题，这第四个关于人的发问难道不就是外在地附加在最先的三个之后，而且是多余的吗？

可是，康德并不是简单地将这第四个问题附加在最先的三个问题之后。相反他说：“从根本上说来，人们可以将所有这些都算作人类学，因为最先的三个问题都关联到最后的这个上面”。[①]

因此，康德自己明确地说出了他的形而上学奠基活动的真正 208
成果。奠基的复返工作这一尝试由此就对自己的任务有了一个清晰的指向。虽然康德仅仅在一般的意义上谈论人类学，但是，根据上面的讨论，毫无疑难的地方在于，唯有一门哲学人类学才能够是真正哲学的奠基活动，即特殊形而上学的奠基活动。这样，康德奠基活动的复返工作，不就是将要把系统地建立一门“哲学人类学”推动为这一复返工作的真正任务吗？这一工作因此必须要对这一“哲学人类学”的理念事先进行规定吗？

第 37 节　一种哲学人类学的理念

哲学人类学包含有哪些东西？什么是一般人类学？它又通过什么变成为一门哲学人类学？人类学就是关于人的知识学科，它统括一切可被知悉的涉及人的天性的东西。这里的人指的就是肉体的－灵魂的－精神的本然存在者。但在人类学领域，不仅有人的那些现成的、可确定的特性，这些特性作为这个确定的种的特性就使人与动物和植物区别开来。属于人类学领域的，还有人的那

① 《全集》(卡西尔编)，第Ⅷ卷，第 344 页。

些被隐藏了的特质，那些在性格、种族和性别上有差异的东西。并且，只要人不仅作为自然的存在者而存在，而且还有所行动和有所创造，那么，人类学就一定还会要试图去把捉，人作为行动者“从自身中产生出来”的东西，以及他能够和应当产生的东西。他的能够与应当最终总会置身在人本身所能占据的基本立场上，而这些基本立场，我们称之为“世界观”，其“心理学”包括的就是关于人的知识学科的整体。

209 在此作为对人的躯体的、生物学和心理学之考察的人类学中，那些作为性格学、精神分析学、人种学、教育心理学、文化形态学和世界观类型学融汇到一起的东西，不仅在内容上是无法判定的，而且其提问的方式、证明的要求、描述的意图、传达的形式，以及最终其主导性的前提条件，都在根本上从一开始就是各不相同的。只要全部的这一切，以及一般来说存在物的全体，都以某种方式总是与人相关联，并因此可能被算作人类学的话，那么，人类学就会变得如此的无所不包，它的理念也就因此没入了完全的无规定性之中。

今天的人类学也早已不再仅仅是一门学科的名称，相反，这个词语标明了人对自己本身以及对人在存在物整体中的当今地位的一种基本倾向。依据这种基本立场，只有当某种东西有了一种人类学的说明时，它才得到认识和领会。人类学寻求的不仅仅是关于人的真理，而且它现在更要求去确定，真理之一般的可能意义是什么？

没有任何时代像今天的时代一样，对于人有着如此大量而又如此多样的知识；也没有任何时代像今天的时代一样，关于人的知识会以一种如此强烈和如此迷人的方式表现出来；迄今为止，更没有任何时代像今天的时代这样，可能如此迅速和如此容易地提供出这一知识。但是，同样也没有任何时代像今天的时代这样，对人是什么的问题知道得如此之少；更没有任何时代像我们的时代这样，人竟然如此的成为问题。[①]

但人类学的问题的这种宽泛和骚动不安，不正好适合于某种哲学人类学的诞生，并且赋予这一哲学人类学的种种努力以一种特别的力量吗？不正是凭借着一种哲学人类学的理念，我们才获得了这样一个使全部哲学都必须集中于其上的科目吗？

好些年之前，马克斯·舍勒就曾谈到过这种哲学人类学：“在 210
某种意义上，哲学的一切中心问题都可以归结为，人是什么以及他在存在、世界和上帝之整体中，占据着怎样的形而上学立场和地位”。[②] 但舍勒恰恰也特别敏锐地看出，关于人的本质之规定的多样性，是不能简单地被涵括在某个共同定义之中的：“人是一个如此宽阔无垠、丰富多彩、复杂多样的东西，因此，所有这一切的定义都嫌太少，他有着太多的头绪。”[③]所以，舍勒不仅致力于获得一种关于人的统一的理念，而且同样也特别强调指出这一任务在本质上的诸多困难和复杂性。[④] 舍勒的这一努力近年来得到了加强并开始产生新的结果。

① 参见马克斯·舍勒，《人在宇宙中的位置》，1928 年，第 13 页以下。

② 参见《关于人的观念——论文和文章》，第 I 卷，1915 年，第 319 页。——这一卷在第 2 版和第 3 版（1927 年）中以“价值的颠覆”为题出版。（《舍勒全集》第 3 卷，第 173 页）。

③ 同上书，第 324 页（《舍勒全集》第 3 卷，第 175 页）。

④ 参见《人在宇宙中的位置》。

不过，哲学人类学的根本困难，也许首先并不在于它的任务是要去获得这种具有多样性的本质的本质规定性上的系统统一，而在于哲学人类学的概念自身。就连最丰富和最纯正的人类学知识也都不再能够掩盖这一困难。

那么，一种人类学究竟依靠什么而变为一种哲学人类学？难道仅仅在于，哲学人类学的知识在普遍性的程度上有别于一种经验人类学的知识？这样，总还可以发问，在何种程度的普遍性上，经验性的知识终止了，而哲学的知识开始了呢？

确实，只要人类学的方法是某种哲学式的方法，例如是在某种对人进行本质性观察的意义上的方法，那么，这种人类学就可以被

211 称为是哲学的。这样，这一本质性考察的目标就在于将我们称之为人的存在者，与植物、动物以及其他领域的存在物区别开来，并由此将存在者的这个确定区域的特别的本质性状况凸显强调出来。于是，哲学人类学就成了某种关于人的领域的存在论，并且自身一直是和其他那些与之分享着存在物之共同领域的诸种存在论比肩并列。在这一意义上理解的哲学人类学并不是毫无困难的，而且，根据其疑难索问的内在结构，它首先也不是哲学的正宗。

但人类学也还有另一种可能性成为哲学式的，即只要它作为人类学或者规定哲学的目标，或者规定哲学的开端，或者同时规定两者。倘若哲学的目标在于制定某种世界观，那么就有一种人类学不得不去界定“人在宇宙中的地位”。而且，如果人最适合充当这样的存在物，因为在为一种绝对明确的知识建立根基的过程中，他是绝对最先给出的和最确定无疑的，那么这样设计出来的哲学大厦就必将以人的主体性作为它的核心开端。这第一个任务可以

与第二个任务统合起来，而且，两者作为人类学的考察活动，都可能应用到有关人的区域存在论的方法和成果中去。

但正是由于对人类学的哲学特征进行界定的这些多重的可能性，这一理念的不确定性早已出现。当经验性的人类学知识的多样性被始终关注之际，这种不确定性就会增加，但这种多样性却是任何一种哲学人类学至少在开始时所依据的。

这样，尽管一种哲学人类学的理念可能是有多种含义的，但它
总是如此自然和自明的，总是如此不可抗拒地一再赢得尊重。哲 212
学中的“人类学主义”也总是如此不可避免地一再遭到反对。哲学人类学的理念不仅没有得到充分的规定，它在整个哲学中的作用仍然也还是不清楚和不确定的。

但是，在哲学人类学的理念的内在界限范围中，这一缺陷有其根源。因为它本身并没有明确地从哲学的本质那里建立根据，而是从哲学的那种首先是外在把握的目标和它的可能起点开始出发的。这样对这一理念的规定就最后归结到：人类学是对一种可能汇聚诸哲学核心问题的场所的描述。但这样的一个特征描述，就把它的表面性和哲学上的可疑性显露出来了。

然而，如果人类学已经以某种确定的方式在自身中汇集了哲学的所有核心问题，为什么又要让这些问题回溯到“人是什么”的问题上呢？如果仅仅有人忽发奇想，要去做这样的回溯，那这些问题就可以回溯了吗？或者说，它们是不是必须要回溯到那个问题上呢？如果是必须的，那么这种必然性的根据在什么地方呢？也许是这样：哲学的核心问题都从人而来，但难道这样说并不仅仅因为是人提出了这些问题，而是因为这些问题就其内在内容而言，都

与人有着某种关联吗？但在什么样的程度上所有核心的哲学问题都寓于人的本质呢？这些核心问题一般说来都有哪些？它们的核心又在何处？什么叫哲学运思？难道说在其疑难索问中，有这样一个核心扎根在人的本质之中吗？

213 只要这些问题的内部的系统还未被展开和确定，那么甚至就连哲学人类学理念的内在界限就也还都是看不清楚的。如果没有对这些问题的讨论，处于哲学内部的哲学人类学的本质、正当性与其作用，一般说来都缺乏那可确定性的基石。

总是会有一些哲学人类学的尝试，它们有清楚明白的论说，也持守这一门学科的核心立场，但它们并不从哲学的本质出发来建立根基；也总可能会有哲学人类学的反对者出来说，人并不是存在物的中心，在它的“近旁”有着存在物的“汪洋大海”—— 这就反驳了哲学人类学的核心立场，这一反驳除了它的断言之外，并不丝毫增加它的哲学性。

对哲学人类学的理念进行如此这番的批判性的思考，这不仅是要表明这一理念的不确定性和内在局限，而且是要让人们首先明白，对这一理念的本质的根据性追问，在根本上说来还是缺少基石与框架的。

所以，仅仅因为康德将真正的形而上学的三个问题归结到第四个问题——“人是什么”，就将这个问题把握为人类学问题，并且就将形而上学奠基工作转托给某种哲学人类学，这也许是草率的。人类学并不因为它是人类学，就已经给形而上学奠立了根基。

但是，[1]康德奠基真正的成果不正在于把对人的本质进行发问与形而上学的奠基联系起来吗？这一关联岂不必然会主导那复返着的奠基活动的任务吗？

但是，对哲学人类学的理念所进行的批判表明，仅仅简单地提出第四个“人是什么”的问题是不够的。相反，这一问题的不确定 214
性就意味着，康德奠基的决定性成果现在最终也还没有被获得。

第38节　追问人的本质与康德奠基的真正成果

只要我们坚守任何一个定义或者一个公式化的命题，我们就接近不到康德奠基的真正成果，这一点越来越清楚了。只有当我们不再问康德说了些什么，而是比以前更加坚定地追问，什么在康德的奠基工作中发生了，这样我们才会接近康德真正的哲思。前面所作的关于《纯粹理性批判》的更为源初的阐释，其唯一目标就在于发掘出这一发生过程。

但是，在康德奠基的进程中真实地产生了什么样的结果呢？不是超越论想象力成为被奠定的基础，也不是这种奠基变成了对人类理性的本质的一种发问，而是在揭示出主体之主体性之际，康德在他自己所奠立的基础面前的退缩。

这一退缩不也是结果吗？究竟什么在退缩中发生了？发生了某种我们应该对康德加以指责的前后不一吗？这一退缩或者半途

① 正是如此。——作者边注

而废仅仅是一消极的东西吗？绝非如此。它毋宁是表明，康德本人在其奠基活动中，亲手葬送了他在一开始时赖以提出批判的那个地基。纯粹理性的概念以及某种纯粹感性的理性之统一成了疑难问题。对主体之主体性的进一步发问，即主观演绎走向晦蔽。康德之所以不在他的人类学中寻求根据，不仅仅因为这是经验性的和不纯粹的，而是因为在经由这一人类学自身的奠基进程中，对人的发问方式成为有疑问的。

215 值得寻求的不是那个关于"人是什么"的问题的答案，而是首先要去追问，在形而上学之一般的奠基活动中，人究竟如何才可能和必然地被**发问**？

对人进行发问的问题性，这就是在康德的形而上学奠基的发生过程中被曝光出来的疑难索问。现在才清楚：康德在他本人所揭示出来的根基前面的退缩，在超越论想象力前面的退缩，就是那种旨在拯救纯粹理性，即坚守本己根基的哲思活动的行进路程，而这一行进路程，就将根基的坍塌以及随之而来的形而上学的深渊敞开了出来。

只有从这一成果出发，前面所进行的对康德奠基的源初性阐释，才获得了其正当性和它的必然性的根据。既不是对更为源初的东西的空洞强求，也不是获得更好知识的愿望，而是那个唯一的任务——展露奠基活动的最内在进程，以及由此展露其最本己的疑难——主导着解释的一切努力。

不过，奠基并不一定要排除"人是什么"的问题，但它也不试图给这一问题一个圆满的答案，相反，这一问题只有在它的可疑难性中方才成为可看见的。但如果这样的话，那个特殊形而上学以及本真的哲学活动应当归溯于其上的康德的第四个问题，情况又如何呢？

如果我们从目前对奠基成果的理解出发，将这第四个问题作为问题提出来，并且放弃某种仓促的回答，那我们才能够将这第四个问题，像其所想要被提出的那样提出来。

值得发问的是：为什么这三个问题（1. 我能够知道什么？2. 我应当做什么？3. 我可以希望什么？）可以“关联”到这第四个问题？为什么“人们能够将所有这一切都算作人类学”？这三个问题的共同之处是什么？在什么方面它们是具有统一性的？甚至从什么角 216
度说它们能够被归溯到第四个问题上？这第四个问题本身必须如何来发问，它才能够将前三个问题统一地吸纳和包括在自身之中？

人类理性最内在的旨趣，就是将上面所提到的三个问题统合在自身中。在这里，人类理性中的“能够”“应当”和“可以”就都处在问题之中。

凡是在一种“能够”成之为问题，并且想要划定其可能性之范围的地方，它自身就已经处在某种“不能够”之中了。一种全能的存在者无需去问：我能怎样，亦即我不能怎样？它不仅不需要这样去问，而且，依据其本质，它根本就不能够提出这一问题。但这种不能够不是缺陷，而是任何缺陷和“不”的原初状态。但谁要是这样发问：我能怎样？他就同时宣示了某种有限性。那种完全被其对这一问题的最内在兴趣所推动的东西，就在其本质的最深处敞开了一种有限性。

凡是在一种“应该”成之为问题的地方，那个发问着的本然存在者就在“是”与“否”之间摇摆犹豫，他为他不应当去做的东西折磨。一个从根基上就对“应当”有兴趣的本然存在，是在一种“仍－未－完满”中知晓自身的，更确切地说，他在根本上应当怎样，这对他来说是有问题的。这种自身尚未被规定的完满状态的“仍－未”就表明，那样一种其最内在兴趣在于某种“应当”的本然存在者，它在根基上是有限的。

凡是在一种“可以”成之为问题的地方，那种提问者所认可或始终拒绝的东西就得到了凸显。被问的是这样一种在期望中可能被提出和不可能被提出的东西。但一切期望都表明有一种匮乏。如果这种需要完全是在人类理性的最内在旨趣中生长出来，那它就证明自己是一种本质上有限的需要。

可是，在这样的发问中，人类理性不仅仅暴露出其有限性，而且其最内在的兴趣也关联到有限性自身。对于人类理性至关紧要
217 的地方不在于要去排除有些像“能够”“应当”和“可以”那样的东西，从而消灭有限性，而是相反，恰恰是要让这一有限性变成为确定的，从而可以在这一有限性中保持自己。

因此，有限性并不只是简单地附加在纯粹的人类理性之上的东西，相反，理性的有限性就是“使有终结”，即为了“能够－有终结的－存在”而“操心”。①

这样就说明，人的理性，不仅仅是因为它提出了所说的三个问题，才是有限的，而是相反，正因为它是有限的，它才会提出这些问题，更确切地说，正因为它是如此的有限，结果对于它的理性存在

① 德文词“endlich”可译为“有限的”，也可译为“有终结的”。海德格尔这里明显想把人类理性的有限性讨论与人的生存的会死性领会联系起来，参见《存在与时间》第46—53节中关于亲在“向死而在”的讨论。——译注

来说，这种有限性自身才是攸关的。因为这三个问题都追问有限性这个东西，所以“它们才可以与”第四个问题——人是什么？——“相关联”。

但是，这三个问题不仅可以与第四个问题相关联，而且它们本身根本无非就是这个问题，即它们必然依其本质而与这个问题相关联。不过，只有当这第四个问题消除了它最初被赋予的普遍性和不确定性，并且达到了那种人们可以据此而在其中对人的有限性进行发问的无歧义性时，这种关联才成为某种具有本质必然性的关联。

但作为这样的一个问题，它不仅被合理地位列于前三个问题之后，而且它还转变为首要的问题，让其余的三个问题从其自身中释放出来。

尽管对人的问题有着全方位的规定，而且正是通过这些规定，这一问题的疑难之处才随着上述成果的取得第一次变得尖锐起来。值得发问的是，这个问题是一个怎样的关于人的问题？它根本上还可能是一个人类学的问题吗？这样，康德奠基的成果现在才首次得到明确的澄清，而在此之中，就可以看清复返过程的某种更为源初的可能性。

形而上学奠基活动在对人的有限性发问中建立根基，这样就使得这种有限性现在第一次变为疑难。形而上学奠基就是将我们的，即有限的知识“分解”（分析）为其要素。康德将之称为是“对我 218
们内在本性的探究”。[①]但是，如果这一疑难索问——探究在根本

① 《纯粹理性批判》第1版，第703页，第2版，第731页。

上由它引导——被把握得足够源初和宽广；并且如果从那儿出发，“我们”自身的“内在本性”作为人的有限性而成之为疑难的话，那么这一探究就绝不仅仅是个对人的任意的、漫无方向的发问，相反，它“对于哲学家”来说，“……简直就是个义务”。[①]

哲学人类学还可能提出关于人的各式各样的和根本性的知识学说，但它并不能仅仅因为是人类学，就有权成为哲学的一门基础学科。相反，它在自身中对恒常的危险浑然不见。因此，从形而上学的奠基活动出发，把对人的发问首先作为问题建立起来，这样的做法具有必然性，而恒常的危险就在于一直掩盖这种必然性。

在形而上学奠基的问题之外，至于“哲学人类学”怎样以及如何还呈现为一种具有本色的学科的任务，在这里就不讨论了。

B.人的有限性之疑难和亲在的形而上学

着眼于形而上学奠基，对人的有限性必然进行发问，而将这一基本的疑难展露出来，就是上面对《纯粹理性批判》正在进行的阐释工作的目标。根据这一阐释，有限性就是从解释的开始时必须已经被纳入回忆，并在解释的进行过程中，必须不断被纳入回忆中
219 的东西。如果说康德在他的奠基中葬送了他原先设立的根基，那么，现在这就意味着：在解释的开头，那些作为康德没有说出的“前提”而被突出出来的东西，[②]知识的本质以及认知的有限性，都成

① 《纯粹理性批判》第1版，第703页，第2版，第731页。

② 参见本文前面第2章，第19页及以下。

了至关紧要的疑难问题。有限性以及关于有限性问题的独特性，首次从根本上决定了关于主体之主体性的一种超越论“分析论”的内在形式。

第39节　一种可能的关于人的有限性之规定的难题

应当如何对人的有限性进行发问呢？这究竟是不是个严肃的疑问呀？人的有限性，难道不正时时处处以各种形态呈现出来吗？

如果说到人的有限，只要从其不完善性中随意列举一些就已足够了。但这样我们充其量只会获得一些关于人是一有限的本然存在者的例证。但我们既没有获悉人之有限性的本质在于何处，甚至也不知晓，这一有限性如何从根本上来对作为其所是的存在者的人在整体上进行规定。

即使有可能将人类的全部不完善性的总和成功地合计出来，并且“概括”出其中具有共同性的东西，我们可能对于这有限性的本质依然一无所获，因为事先依然悬而未决的是：究竟是人的不完善性使得他的有限性得以被直接看出，还是相反，人的不完善性不再是其有限性的本质派生出来的实际结果，因而它只有从这一本质出发才变为可理解的？对人的被造性存在进行理性的举证
〈nachweisen〉，这本来是件不可能的事情。但即使这是可能的，将 220
人标明为一种 ens creatum〈被造物〉这件事仅只是再一次证实〈erweisen〉人的有限性的事实状况而已。这一有限性的本质并没有得到明证〈aufweisen〉，也没有将这一本质规定为人的存在的基

本状况。所以,像人的有限性问题,即对人之本质的最日常的表明进行发问,究竟应该如何着手呢?这根本就还不是什么自明的事。迄今为止的探讨只产生了一个结果,那就是:现今的关于人之有限性的发问绝不是什么对人的特质的随意勘查,毋宁说,它是在形而上学奠基的任务中生发出来的。它作为基本问题被这一任务自身所要求。因此,形而上学奠基之疑难在本身中就包含有方向性的指令〈Anweisung〉,[①]而人的有限性问题则必定会在这一方向上运行。

而现在,如果形而上学奠基的任务获准去到一种更为源初的复返,那么奠基之疑难以及由这一疑难所引发出来的、关于人的有限性问题之间的本质关联,就必然会通过这一复返而得到更加清晰和准确的阐明。

康德的形而上学奠基,从一般形而上学的奠基开端,而这一奠基则又建立在那个作为本来意义上的形而上学,即建立在特殊形而上学的基础之上。但是,这个一般形而上学——作为"存在论"——在形式上已被固定为一门学科,这门学科的内容就是作为πρῶτηφιλοσοφία〈第一哲学〉,即真正的哲学活动的某个[②]疑难而在古代,最-终在亚里士多德那里仍然保留下来的东西。但在那里,关于 ὄν ᾗ ὄν(关于存在物本身)的问题与关于存在物整体(θεῖον)的问题,都还处在一种完全晦暗不明的关联之中。

① 德文中关于"证明"有不同的词,海德格尔这里在不同的语句中分别使用"nachweisen"〈举证〉,"erweisen"〈证实〉,"aufweisen"〈明证〉和"Anweisung"〈指令〉,它们之间细微的语义差别和关联值得关注。——译注

② 那个。——作者边注

“形而上学”这一名称就标明，这是个问题概念，在这一概念
中，不仅仅对存在物追问的两种基本方向是有问题的，而且同时， 221
它们之间可能的统一性也是成问题的，这里还尚且不论，上述的两个追问方向，在根本上是否穷尽了像存在物的基本知识之疑难索问的整体这样的问题。

但现在，如果关于人的有限性问题应当从形而上学奠基的某一更为源初的复返过程来进行规定的话，那么康德的问题自身就必然要摆脱僵硬的学院化形而上学的学科和体系，而被置入其本己疑难索问的自由领地。这同时也就说明，亚里士多德式的提问方式不能作为某种定论而被接纳。

虽然随着τί τὸ ὄν〈存在(物)是什么?〉，关于存在物的问题被提出来了，但提出一个问题[①]并不等于说就抓住并疏理凸显出了在此问题中的疑难索问。在τί τὸ ὄν的问题中，形而上学的疑难还是如此深地依然被隐藏着，这就使我们认识到，从这个问题出发，首先还完全无法断定，它在其自身中——倘若这个问题应当被把握为疑难的话——是如何包含有人的有限性之疑难的。仅凭说出和复述这一问题，更不能使人们获得任何线索去对人的有限性进行发问。一般形而上学之奠基的复返也不是意味着去复述“存在物本身是什么”这个问题。这一复返必须是将我们所简称为存在问题的问题展开为疑难，而这一展开一定要显示出，人的有限性的疑难以及由此而先行标明的研究工作，在何种程度上必然地会

① 参见1930年夏季学期[《西方哲学的开端》，《海德格尔全集》第35卷]。——作者边注

222 受到存在问题的支配。这从根本上来说就是:必须要阐明存在本身(而非存在物)与人的有限性之间的本质关联。

第40节　存在问题的源初凸显——作为通往人之有限性疑难的道路

古代的φυσιολόγοι〈物理学家〉[1]对存在物之一般(对φύσις〈自然〉之λόγος〈逻各斯〉)的根本性发问,就是从这一发问最初之普遍性的无规定性和丰富性出发,然后形成为两个明确的发问方向,这也是古代形而上学从其开端到亚里士多德那里的内在发展过程。在亚里士多德看来,这两个发问方向,就构成了真正的哲学活动。

尽管两者之间的关系还非常晦暗不清,但两者之间的高低位序在某种意义上已经凸显出来。只要在对存在物整体及其重要领域的发问中,已经先行设定了某种确定的对"存在物本身是什么"的把握的话,那么,对ὂν ᾗ ὄν〈存在物本身〉的发问就必须要位列于关于存在物之整体的发问之先。存在物之一般本身究竟是什么?这一问题在对存在物整体所可能进行的基本认知过程的排序上是第一位的。然而,这一在形而上学的具有决定性意义的自身奠基中的优先地位,是否会落到这一发问头上,还是个问题,而且,这个问题在这里似乎只是被提及了而已。

但是,这个关于τί τὸ ὄν的一般性问题,并非是个不确定的问

① 参见亚里士多德,《物理学》Γ4,203b15。——康德还在《纯粹理性批判》(A845, B873)中说到"纯粹理性的自然物学〈Physiologie〉"。

题，如果那样的话，那它在根本上也就不再追问，而且拒绝任何可能在何处以及如何去找寻关于这个问题之答案的线索。

在“存在物的本身是什么？”的发问中所问的是：究竟是什么将此存在物规定为此存在物？我们将之称为存在物的存在，并将此问题称为存在问题。存在问题所研究的是那个将此存在物规定为 223
一个如此这般的存在物的东西。这个起着规定作用的东西，应当在其进行规定时的“如何”中，即在它如何被阐释、被把握为这一个或那一个中来得到认识。但是，为了能够通过存在来把握存在物在本质上的规定性，这种起着规定作用的东西本身必须可以被充分地把握。**存在本身**，而首先不是存在物本身，必须先行被把握。这样，在τί τὸ ὄν的发问中就有着更为源初的发问：**在那个发问中已被预先领会了的存在是什么意思？**

如果说τί τὸ ὄν的问题已经几乎不可把握，那么更源初且更“抽象”的问题怎么会让某个具体的疑难索问发生呢？

但要证明存在着这样的一个疑难索问，只要指出，在古往今来的哲学中，有某种东西作为过于自明的东西被接收下来就可以了。我们通过与之交道的各种各样的方式，有时还着眼于它的“如是存在”（τί ἐστιν），对向着我们公开的存在物进行规定和询问。哲学将这一“是什么”称为 essentia（本质），它使得一个存在物在其所是中成为可能。因此，possibilitas（内在可能性）这个名称也就表示着某种事实（realitas）的事实性。一个存在物是什么？对于这个问题，给出的答案是：这一存在物的外观（εἶδος〈形相〉）。因此，这一存在物的“如是存在”也就意味着ἰδέα〈本相〉。

这样一来，在任何一个存在物那里都产生出问题，或者说，这个问题总已经是有了答案的。这个问题就是:这个每每被规定了“如是存在”的存在物究竟是存在的呢,还是相反,真的是不存在的?于是,我们也还联系到存在物的“实事存在”(ὅτι ἔστιν)——那个在哲学名称上习惯于用 existentia(现实性)来把捉的东西——来对此存在物进行规定。

在任何一个存在物身上都“有”这样的“如是存在”和“实事存在”,essentia〈本质〉和 existential〈实存〉,可能性和现实性。在这里,“存在”每每说的也是这同样的东西吗?如果不是,那么,将存在分裂为“如是存在”和“实事存在”的根据在什么地方呢?es-
224 sentia〈本质〉和 existential〈实存〉之间的、被人一下子就接纳的区别太过于自明,就像有阿猫阿狗一样,但它们之间真的有这样一种区别吗?抑或说,是不是这里有一个最终必须被提出来的疑难,而且显然地,**只有当**“**存在本身是什么**?”**被问及之时**,这一疑难才**可能**被提出来?

倘若这个问题还没有疏理凸显出来,那么,企图对本质的本质性进行“界定”,以及对现实东西的现实性进行“阐明”,不也就缺少了那一个个境域吗?

存在作为“真在”,在作为每个说出的和未说出的语句中的一个个“是”〈ist〉中——当然首先不仅在这里——明显地暴露出来。[①] 这一作为“真在”的存在之意义,难道不同时是与那个所谓的、就其可能性根据以及必然性方式而言晦暗不清的、在“如是存在”和“实事存在”中的存在之环节的勾连交织缠绕在一起吗?

---

① 参见《论根据的本质》第1章。

在“存在”这个疑难语词〈Problemwort〉中所包含的东西，是不是已经有点太多、太沉重了？是要让它一直保持着存在问题的不确定状态呢？还是必须要，甚至去冒险跨出一更为源初的步骤，来将这个问题疏理凸显出来呢？

如果仍然不清楚，究竟从何处可能期待关于“什么叫存在？”这个问题的回答，那么这个问题应当如何去发现其答案呢？难道不是必须要首先去问：我们究竟从何处获得着眼点，才能从那里出发对存在作为这般的存在进行规定，并因此获得存在的某种概念？而从这一概念出发，存在的本质性勾连环节的必要性和可能性才会成为可理解的。所以，“存在物本身是什么？”这个“第一哲学”的问题，必须要越过“存在本身是什么？”的问题，追溯到那个更为源初的问题上：**究竟从何处出发，像存在这样的东西，特别是连同在其中包含的诸环节和诸关联的总体丰富内容，才会得到把握？**

现在，如果说在形而上学的奠基和人的有限性问题之间有着 225
某种内在关联的话，目前所达到的关于存在问题的更为源初的说法，将会更为原本地表明它与有限性疑难之间的根本性关系。

但目前这种关系总还是不那么明显，这特别是因为人们根本就不想奢望在这个被展开的问题中有这样的一层关系。它也许潜伏在前面所提到的康德的诸如“我可以希望什么？”等等问题中。然而，存在问题，尤其是在其目前发展出来的形态中，作为对存在之一般进行把握的可能性的问题，应当怎样地与人的有限性有着某种根本性关联呢？也许是在某种从亚里士多德那里而来的形而上学的抽象存在论的内部，存在问题才赢得了某种意义，于是，它宣称有权去处理某种学理上的、多少有些独特性的特殊问题。然而，与人的有限性的根本性关联依然是看不清楚的。

但是如果说迄今为止，存在问题的源初形态依然是在亚里士多德问题的定位方向上得到澄清的话，那么这样并不就是说，这一疑难的渊源就在那里。相反，只有当这个问题被包含在哲学的最内在本质中，而哲学自身又仅仅是人的亲在的某种具有决定性的可能性时[①]，真正的哲学活动才将会有可能碰上存在问题。

如果对诸如存在这样的东西进行把握的可能性被发问的话，那么，这个“存在”就不是在臆想和强制中，也许是为了重新接纳哲学传统中的某个问题，而被逼迫到某个疑难之中的。被发问的毋226 宁是对我们大家作为人已经而且持续不断去领会的那个东西进行把握的可能性。[②]就其自身来说，存在问题作为对存在概念之可能性的发问，产生于前概念性的存在之领悟。所以，对存在概念之可能性的发问，在某个阶段上就会被重新追溯到对存在之一般的领会之本质进行发问上去。这样，形而上学奠基的任务，经过更为源初的把握，就由此变成了对存在之领悟的内在可能性的澄清。对如此把捉的存在问题的这一梳理凸显就第一次决定了存在疑难，是否并且以怎样的方式，自己驶向了一条与人的有限性发生内在关联的路途。

第 41 节　存在领悟和人之亲在

显而易见，我们人与存在物打交道、有关联。在考虑对存在物

① 有条件的必然性。——作者边注

② 在超越论层面上提出问题并在此背景下完全地归返。——作者边注

进行表像这一任务面前，我们随时可以举出任意的存在物，说这个是我们所不是的，而且也不和我们相似的东西；那个是我们自己所是的东西；而这个呢，尽管不是我们自己所是的，但却仍然还是一个和我们相似的自我。存在物是我们熟悉的东西，可是存在呢？如果我们去规定存在这样的东西，而且还应当只是将它予以特别的把捉，这难道不是件令人头痛的事情吗？存在不是某种像虚无那样的东西吗？实际上，再没有比黑格尔说得更精妙的了："纯粹的存在和纯粹的虚无也是同一的"。[①]

通过对存在本身的发问，我们冒险来到了那个完全黑暗的边缘地带。可是，应当做的不是要过早地回避，而是去逼近存在之领悟的全部特性。因为，尽管笼罩在存在及其意义之上的黑暗是那样的不可穿透，但它一直是如此的确凿无疑，以至于我们在任何时候、在存在物开放的全部领域之内，都对像存在这样的东西进行着

领会，都在为存在物的"是什么"与"如此是"〈Was- und So-sein〉 227
操虑，在这其中，我们经历和争辩"实事存在"〈Daß-sein〉，确定和错过存在物的"真实存在"〈Wahr-sein〉。在说出每一语句之际，例如：当说出"今天是假日"之时，我们都在领会着这个"是"，并由此领会着像存在这样的东西。

在"火！"这一喊声中包含着："起火了，需要救助，逃命（将自己的存在带到安全中）吧！"但即使我们并没有特别地谈论这个存在物，而只是沉默地与它保持关联之际，我们也领会着它的"如是存在""实事存在"与"真实存在" 相互之间的——尽管是被掩盖了

① 《逻辑学》，《全集》第 III 卷，第 78 页以下。

的——协调流畅的特质。

在各种“感到这样和那样”的情绪情感中，我们的亲－在〈Dasein〉对我们开放。我们也领会着存在，但却缺乏概念。这种对存在的前概念式领会，在持久性和广阔性的所有方面，大多还是完全不确定的。而我们所熟知的是那些特定的存在样式，诸如物质性的东西、植物、动物、人、数目。但这一个个熟知物本身则是不得而知的。不仅如此，在其全部的广阔性、持续性和不确定性中得到了前概念式领会的存在物的存在，却以一种完全不容置疑的样子出现。存在自身变得如此没有丝毫的问题，结果它看上去就像不曾“有过”它这样一个东西一样。[1]

这样用简略的笔触描画出来存在之领悟，就保持在不受干扰的、无危险的、最纯粹的自明性之上。然而，*如果存在之领会没有发生*，[2]无论人还被赋予了多么奇特的能耐，他绝不可能作为他所是的存在物去存在。人是一种立于存在物之中的存在物，这样，他所不是的存在物以及他自身所是的存在物，总是在那里一起早就成为公开的了。人的这种存在方式我们称之为生存。唯有在存在之领悟的基础上，生存才成为可能。

228 人在与其自身所不是的存在物的交道过程中，已经发现这存在物乃是承载着他的，他赖以为生的，以及他在根本上无论通过多

① 德文原文为：Als “gäbe” es dergleichen nicht. 海德格尔这里在“sein”〈存在〉与“es gibt”〈有〉之间玩了一个文字游戏，意在揭示两者之间的存在论关联。另可参见海德格尔《存在与时间》第43节；以及《关于人道主义的通信》中关于“es gibt”的论述。——译注

② 历史作为诸“自在发生”〈Ereignisses〉的命运。——作者边注

少文化和技术手段都绝不能成为其主宰的东西。在对他所不是的存在物有所依赖的同时，人在根本上也不是他每每本身总是的存在物的主宰。

伴随着人的生存活动，在存在物整体中就出现了这样的一种突破，其结果就是：这一存在物现在第一次以各种不同的程度，在其广阔性、清晰性和确信度上，在其自身那里，即作为存在物公开出来。但这种优先性说的不仅仅是这种存在物，无须在自身中作为自己本身公开出来，而只要混在其他存在物中间以现成的方式存在即可；这种优先性说的毋宁是，在存在物中间以被移交到某个自己本身，而这个自己本身又被交托给某个存在物的方式去存在。这种优先性，即去生存的优先性，在自身之中就蕴藏了亟需存在之领悟的紧迫性。

如果人根本就*不能让*存在物作为存在物本身*来存在*的话，他就不可能是那个作为某种自我的被抛的存在物。但为了能够让存在物是其所是和是其如何是，生存着的存在物，必须总已经着眼于其是存在物这一点，来筹划他正在遭遇到的东西。生存就意味着：在托付给那如此可依赖的存在物之为存在物中，对存在物之为存在物的依赖性。

生存作为存在方式，本身就是有限性，[①]而这种有限性的存在方式，只有基于存在之领悟才是可能的。唯有当存在这样的东西在，而且它必须在，有限性才会在那里生存。这样，存在之领悟就

---

① 虚无化活动之虚无性〈Nichtigkeit des *Nichtens*〉。——作者边注

敞开了自身,而这一主宰着人的生存的领悟,作为人的有限性[①]的内在基础,在其广阔性、持续性、无规定性和无可质疑性方面,都还
229 不为人知。存在之领悟并不具有那种无关痛痒的普遍性,即撇开许多其他的特质,将人的某种频繁出现的特质提取出来的普遍性。它的“普遍性”就是亲在之有限性的最内在根基的源初性。只是因为存在之领悟是有限的东西中最有限的东西,它才能使有限的人之本质的所谓“创生”能力成为可能。而且,也还是因为它在有限性的根基上发生,它才具备所标明出来的广阔性和持续性,但也有了遮蔽性。

人在存在之领悟的基础上就是那个“亲临到此”,伴随着他的存在,那个向着存在物而去的敞开性突破就出现了,结果,这一存在物就能够为了某种自我而显现自己本身。**比人**[②]**更源初的是人那里的亲在的有限性**。

那个关于一般形而上学,即关于τί τὸ ὄν〈存在物是什么?〉的基本问题所给出的说法,就被抛回到了关于存在之领悟的内在性本质的更为源初的观念上,而这一存在之领悟,首先就承载着、推动着以及主导着对存在概念的明确发问。但是,对形而上学基本问题进行更加源初把捉的努力,旨在看清奠基的疑难与对人的有限性进行发问之间的关联。现在显明,我们完全不需要首先去发问从存在之领悟到人的有限性那里的关联,它本身就是有限性最内在的本质。但因此我们也就获得了这样的一种有限性概念,

---

① 也就是这里提到的“**有限性**”的本质〈**本然存在**〉。——作者边注

② 生-存。——作者边注

形而上学奠基的疑难索问就处在这一概念的基石之上。如果这一奠基立足于“人是什么”的问题，那么现在，这个问题的问题性就在某个最初的阶段被排除掉了，而这也就是说，对人的发问已经获得了规定性。

如果人只是*基于在他之中的亲在*才成为人，那么，作为人的那个更为源初的东西是什么呢？这个问题根本就不可能是人类学的 230
问题。所有的人类学，甚至于哲学的人类学，都已经把人设置为人了。

在对人之亲在的发问中，即在对人的最内在的根据、对作为在本质上存在着的有限性的存在之领悟所进行的发问中，形而上学的奠基疑难找到了其根源。这一对亲在的发问所问的是：如此被规定的存在物[①]究竟是怎样的一种本然存在者？只要他的本质在于生存，那么，对亲在的本质之发问就是在生存论上的发问。但对存在物的存在所进行的每一次发问，尤其是对那种存在物的存在进行发问——这一存在物的存在法理中含有作为存在之领悟的有限性——就是形而上学。

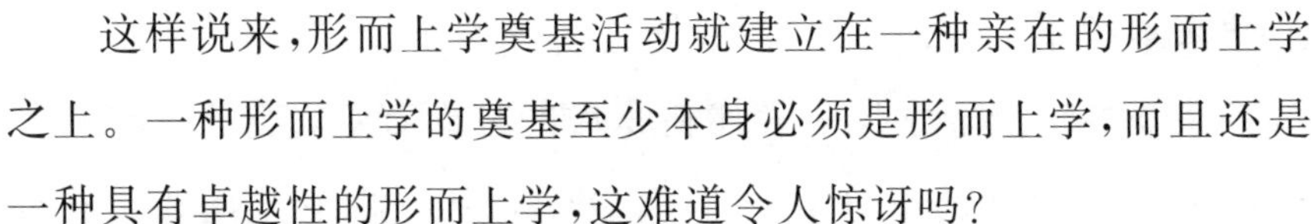

这样说来，形而上学奠基活动就建立在一种亲在的形而上学之上。一种形而上学的奠基至少本身必须是形而上学，而且还是一种具有卓越性的形而上学，这难道令人惊讶吗？

康德在其哲学活动中，对形而上学的可能性疑难是十分清醒的。这份清醒，在他之前不曾有过，在他之后也不再存在。倘若他不是已经十分清楚这一关联的话，他就未免对自己最内在的愿望

① 亲－在〈Da-sein〉绝不是存在物意义上的“存在物”。——作者边注

领会得太少了。有着完成《纯粹理性批判》的明睿和冷静的直接禀赋的他，曾经说起过这一疑难。1781 年，他在写给他的朋友和学生马尔库斯·赫茨的信中这样谈到这部著作："这种研究方式总是困难的，因为它包含了形而上学的形而上学……"。[①]

这句话最终打消了任何想在《纯粹理性批判》中，哪怕只是部分地去寻找一种"知识论"的企图。不过，它也使得任何对形而上
231 学的奠基的复返工作，担负有对这种"形而上学的形而上学"加以广泛阐明的义务，这样来为它造就一个具体的地基，为奠基的发生提供出一条可能的途径。

C. 作为基础存在论的亲在的形而上学

人类学理解的是其本身特有的问题以及这些问题的前提条件，但还没有任何一种人类学能够去要求，哪怕仅仅是去展开形而上学奠基的疑难，更何况是去实施这一奠基工作了。这样，形而上学的奠基所必然要问的问题，即人是什么的问题，就由亲在的形而上学来承担了。

亲在的形而上学这一表述在积极的方面有双重含义。亲在的形而上学不只是关于亲在的形而上学，毋宁说，它是*作为亲在*而必然发生着的形而上学，而这说的就是，它根本不可能像动物学是关于动物的学科那样，成为"关于"亲在的形而上学。*这个*亲在的形而上学完全不是什么固定的和已准备在那里的"工具论"。它必

① 《全集》(卡西尔编)，第Ⅳ卷，第 198 页。

须每时每刻都在其观念的不断变化中，在形而上学之可能性的梳理凸显中，重新塑像自身。

亲在自身中隐藏着的形而上学的发生，形而上学命中注定要和这一发生始终关联。多亏了这一形而上学的发生，人们才会去算计或者去忘却他们为此皓首穷经而耗去的年华岁月。

康德的尝试足以说明亲在形而上学的内在要求及其对之规定的困难，但康德之尝试最本己的和得到正确理解的成就，却恰恰在于展示出在对存在论综合之可能性的发问与对人之有限性的揭示之间的问题关联，这也就是说，〈康德的成就〉在于要求人们去思考，亲在的形而上学应当如何具体地实现出来？

第 42 节　一种基础存在论的理念 232

在设立其任务时，形而上学的奠基活动必须在这个任务的开端、进展和到达目标的过程中，完全地而且以不断加剧的方式由形而上学奠基的基本问题来引导。这个基本问题就是存在之领悟的内在可能性疑难，所有对存在的明确发问都应该能够从中生长出来。由奠基问题所引出的亲在的形而上学，应该以如下的方式来揭示其存在法理，即将这一法理显现为存在之领悟的内在可能过程。

对亲在之存在法理的揭示就是存在论。只要形而上学之可能性的根基——亲在的有限性作为它的基础——应当被建基在这一揭示之上，它就叫基础存在论。从使得存在之领悟成为可能的角度来说，基础存在论这一名称就在内容上将人的有限性疑难作为具有决定性作用的东西涵括了进来。

但是，基础存在论仅仅是亲在形而上学的第一个阶段。至于有哪些东西属于这一亲在形而上学的整体，以及它又总是如何历史性地植根于实际的亲在，我们在这里不能够讨论。现在所面临的任务只是要阐明基础存在论的理念，而前面对《纯粹理性批判》的解释就是由它来引导的。对基础存在论的特征描画应当只是进一步给出了一个基本轮廓，以便重新指明那些简单的步骤，在这些步骤中，有着某种去实施这一理念的先行尝试。[①]

唯有领会具备筹划的特质，所有存在物的存在法理，以及具有
233 某种优越性的亲在的存在法理才可以在领会中得以通达。因为正是领会活动显示出了基础存在论，它不仅仅是认识活动的一种方式，而首先是一般生存活动的一个基本契机。所以，筹划的明确实施，特别是在存在论层面上把握的筹划之明确实施，必然就是建构。但建构在这里并不意味着：对某个东西的漫无边际的臆想。相反，它毋宁是一种筹划活动，在这一活动中，无论此筹划之先行的向导，还是此筹划的起点，都恰恰必然是被预先规定和确保的。亲在应当在其有限性中，更确切地说，应当从其存在之领悟的内在可能性的角度来得到建构。任何一种基础存在论的建构活动，都是在这一建构的筹划所让视见的情况中，才成为真的，这也就是说，在这一情形中，基础存在论的建构活动将亲在公开出来，使得它的内在的形而上学“亲临到此－存在”〈da-sein〉。

基础存在论的建构的优越之处就在于：这一建构活动应当要

① 参见《存在与时间》。

将掌握着所有亲在的最熟悉东西的内在可能性开放出来，尽管这一最熟悉的东西还是无规定性的，甚至是太过自明的。这一建构活动可以被理解为亲在的出击，这一出击在亲在本身中生长出来，是对亲在之中的形而上学的原事实的出击，而这一原事实则在于：亲在之有限性中最有限的东西，虽然是熟知的，但却是未经概念把握的。

亲在的有限性——存在之领悟——*在于遗忘*。

这种遗忘绝不是什么偶然的或暂时的，而是必然地和持续地自身形象。一切旨在揭示存在之领悟的内在可能性的基础存在论的建构活动，必须在筹划活动中，从遗忘那里，去攫取纳入到筹划中去的东西。

亲在形而上学之基础存在论的基本活动，作为形而上学的奠基活动，因而就是一种“再忆”。

但真正的回忆在任何时候都必须要使所回忆的东西内化，[①]
也就是说，让它越来越多地在其最内在的可能性中重新来相遇。234
这对于基础存在论的展开过程来说就意味着：基础存在论的主要工作将放在如何有效地使得那个来自存在问题的唯一的和持续的引导不被打上折扣，从而将其所开放的亲在生存论之分析保持在正确的轨道上。

① 德文中，“Erinnerung” 与“verinnerlichen”有着明显的字面上的联系。海德格尔借此想说明，这里的“回忆”（Erinnerung）或者“再忆”（Wiedererinnerung）首先不是一个心理过程，而是亲在生存论上的“内化”（verinnerlichen）过程。——译注

第43节　基础存在论的开端与进程[①]

人之亲在将人这个东西规定为这样的存在物，它在存在物中存在着，它与存在物本身息息相关，而且，作为这种对存在物的关系，他的本己存在在本质上被规定为不同于所有其他的可在亲在〈过程〉中公开出来的存在物。

于是，某种对亲在的分析从一开始就必定会关注到，人的亲在，首先恰恰是在人的这样一种存在方式之中，才会得到澄清，而这种存在方式依其本质就是要将亲在及其存在之领悟，亦即源始的有限性，压抑到遗忘之中去。亲在的这种决定性的存在方式，如果仅从基础存在论的角度来看，我们称之为日常状态。在对这种日常状态进行分析的同时，我们在方法论上，力图从一开始就不让对亲在的阐释，进入对其“经历”和“能耐”的人类学－心理学描述的领域中。人类学－心理学的知识并不因此就被说成是“错误的”，
235 但值得指明的是，它们所有的正确性，都不足以从一开始并且持续地将亲在生存的疑难——也就是说其有限性的疑难——保持在视线之中，而这一视线，则是存在问题的主导性的疑难索问所要求的。

日常状态的生存论分析，不是要去描述我们如何与锅碗瓢盆

① 对这一节以及以下诸节的具体理解需要去研读《存在与时间》。——这里不对那些迄今已变得人所共知的批评意见发表看法，这要留待一部专门的著作——只要这些各式各样的“反驳”一般说来还切题的话。

打交道，而是应当去指明，这里与之打交道的存在物，尽管看上去好像仅只是存在物而已，但与之所打的一切交道，都已经是基于亲在以及如何基于亲在，即“在－世界－之中－存在”的超越之上。凭借着这一超越，才出现了虽然是隐蔽着的而且多半还是尚未规定的一般存在物的存在之筹划，结果，这一存在，即使它在最切近和在大多情形下尚不甚明晰，但却在整体上明明白白地公开了出来。但尽管如此，存在与存在物本身之间的区别还是隐蔽着的。人自己还是作为在其他存在物之中的一个存在物出现。

可是，“在－世界－之中－存在”首先并不是主体和客体之间的关联，而是当超越在展开存在物之存在的筹划之际，预先使这样一种关联成为可能的东西。在生存论的分析中，这一筹划活动（领会）首先仅仅只是在这一分析开始时所澄清的范围内得到过阐明，这样，就不那么需要马上去对领会刨根究底，追踪到超越的最内在法理中去。更需要做的倒是，去弄清楚领会与亲在的亲身状态[1]和被抛状态之间的本质统一性。

一切筹划——因而包括人的所有“创生性”活动——都是*被抛的筹划*，也就是说，都是由那种亲在自身无法控制的、对已有的存在物之整体的依赖所决定的。但被抛状态并没有将自身限制在“来－到－亲在”的有所遮蔽的事件发生之中，毋宁说，它恰恰掌控着作为这个亲在的亲在。在事件发生中表明出来的东西就是所提

---

① “Befindlichkeit”传统中译为“现身情态”，这是海德格在《存在与时间》中用来表明亲在生存的开展过程的一个重要环节，意指亲在生存“现时现地的亲身领受状态”之意。为了和本文将“Dasein”改译为“亲在”相呼应，“Befindlichkeit”在本文中译改为“亲身状态”和“亲身情态”。——译注

236 到的沦落①。这一沦落不是指那些或许是负面的和值得在文化上进行批判的人之生活事务，而是指亲在最内在的超越论有限性的一种与被抛的筹划合为一体的特质。

但是，生存论的存在论进程借助于对日常状态的分析而启端，这一进程的目标就在于而且仅只在于，在人的亲在的有限性的超越论元结构中强调凸显出统一性。在超越之中，亲在表明它自己需要存在之领悟。正是由于有了这种超越的需要，像亲－在这样的东西一般来说能够存在这样的事情，才会在根本上被“操心忧虑”，这一需要就是那个最内在的、承载着亲在的有限性。

人的亲在之最内在需要的超越论结构的统一性获得了“操心”这一名称。这个词本身虽然没有什么，一切都在于对亲在分析用这样的称呼所试图强调的东西的领悟。但现在，如果人们不顾或者甚至反对那个明显给出的指示，即这不涉及人的某种存在物层面上的特质，将“操心”这一术语用在对“人的生活”的某种世界观－伦理学的评价的意义上，而不是用来标明亲在在自身中的有限超越之**结构上的统一性**，那么就会陷入一片混乱。因为这样的话，人们就会完全看不到那个唯一引导着亲在之分析的疑难索问的要害所在。

当然，把对有限性的最内在本质的强调凸显出来，这乃是形而上学奠基活动的要求，但要一直注意的是，这一凸显工作自身在根

① 海德格尔用“Verfallen”表明亲在生存的一种生存论状况，传统译为“沉沦”，现改译为“沦落”，意在削弱此词的主体性行为的伦理意味以及强调它与“被抛”的联系。——译注

本上一定总是有限的，而且绝不可能成为绝对的。但由此就只会
推出：对有限性的每次重新思考，都不可能通过对立立场的相互争
执和居间调和去获得成功，因为它们的目标还在于最终要赢获暗
中设定的、“本身为真的”、关于有限性的绝对知识。相反，这只是 237
有限性本身之疑难索问的疏理凸显，而当这一有限性，在其不断被
源初把握的形而上学的基本问题所导引的突破开通之际——当然
这一突破*绝不能*被宣称为是唯一可能的突破——它就将其最本
己的本质开放了出来。

这样就已经很清楚了，亲在的形而上学作为形而上学的奠基活动有着它本己的真理，这一真理，就其本质而言，迄今为止还是完全被遮蔽着的。世界观式的立场，即总是非常流行的在存在物层面上的立场认定，特别是各种神学的立场，不管它们是赞成还是反对，对于亲在的形而上学疑难，根本就还没有摸着门道。所以，康德这样说，“理性的批判……从来就不可能变成通俗的，不过，它也没有必要成为那样的”。[①]

所以，“操心”乃有限性之超越论的统一。如果有一种批判想要从对“操心”的超越论解释开始——有谁想要否认其可能性和必要性呢？——那么，首先应当指出，亲在之超越以及因此而来的存在之领悟并非是人的最内在的有限性；这样，形而上学之一般的奠基与亲在的有限性之间并没有那种最内在的关联；还有最后，形而上学奠基的基本问题，并不被囊括终结在存在之领悟的内在可能性的疑难上。

① 《纯粹理性批判》第 2 版，第 XXXIV 页。

亲在的基础存在论的分析，在直接对作为“操心”的超越进行统一解释之前，有意尝试去将“畏”作为一种“决定性的基本亲身状态”明确出来。这样做的目的在于提供一个具体的指引，指出生存论的分析总是由它所唤起的、关于存在之领悟的可能性所进行的追问来引导的。畏被认为是决定性的基本亲身情态，并没有要从
238 任何一种世界观上来宣告一种具体的生存理想的意思，相反，**只有从存在问题本身的角度来看时**，它才拥有其决定性的性质。

畏是这样的一种基本亲身情态，它面临着虚无。但唯有当亲在基于其本质而自身进入虚无之际，存在物的存在一般说来才是可领会的，而超越之最为深刻的有限性就在这里。这种自身进入到“无”中，并不是随意地或暂时性地尝试着去“思”无，而是一个事件发生，[①]它为一切在已经存在的东西中的亲身出现提供基石，而且，依其内在可能性，它一定会在一种亲在的基础存在论的分析中得到澄清。

这般在基础存在论上领会的“畏”，就使得“操心”从根基上被去除了某种范畴结构上的安全保障。“畏”赋予“操心”以在基本生存论上必须具备的特有之险峻，这样，亲在的有限性就不被规定为现成的特质，而是被规定为一切生存着的东西的持续的、尽管多半是隐蔽着的颤栗。

可是，将操心作为亲在超越论的基本法理凸显强调出来，这仅仅是基础存在论的第一阶段。为了向下一步的目标迈进，正是那

---

① 虚无化中的有为〈das Nichtende Verhalten〉；但这建基在“**任之状态**”〈Gelassenheit〉中。——作者边注

个从存在问题而来的、起着规定性作用的导引，必须要在日渐增长着的严峻无情中发挥影响。

第 44 节　基础存在论的目标

生存论分析的具有决定性意义的下一步骤，就是具体澄清作为时间性的操心。现在，因为形而上学奠基疑难与人的有限性之间有着一种内在的关联，这样就可能看起来似乎是，为了要将人的有限性具体规定为某种“时间性的”本然存在者而将时间性凸显强 239
调出来。确实，“具有时间性的东西”在通常情况下都可被视为有限的。

但是，我们已经将所有包括人在内的有限存在物，在流俗的和在其具有正当时间规定性范围的意义上把握为“具有时间性的存在物”，这就必然导致，把亲在视为时间性的阐释，不能在具有时间性的东西的流俗经验范围内来进行。

然而，也并没有因为现代的哲学（柏格森、狄尔泰、齐美尔）力图比以往的哲学更深入地，并通过对生命的时间特性进行规定，从而“更活生生地”就生命之活性来把握生命，这一将亲在视为时间性的解释就因此而开张了。

相反，如果把亲在解释为时间性是基础存在论的目标，那么这一解释势必唯有通过存在之疑难本身来激发。但这样一来，首先呈现出来的就是基础存在论的意义，即在《存在与时间》中*唯*一起着引导性作用的、对时间之发问的意义。

《存在与时间》中的形而上学之基础存在论的奠基活动，必须要作为复返来领会。出自柏拉图《智者篇》的那段让人省思的话语，不是为了装饰门面，而是在暗示，在古代形而上学中，曾经爆发过关于存在物之存在的巨人之争。在这场争斗中，存在问题或许还只是一般地和含混地被提出来，但是，以怎样的方式来领会存在*本身*，在这里却必定已经变得清清楚楚了。不过，只要在这场巨人之争中，存在问题首先还是在其自身中被争夺，**尚未**以标明的方式凸显强调为存在之领悟的内在可能性疑难，那么，无论是存在本身的阐释，还是这一阐释本身在这里所必须具备的境域，就都还没
240 有能够得到明确的澄清。需要更为迫切去做的是，通过复返到这一疑难，去倾听在哲学活动的第一场围绕存在的争斗中，哲学如何以及怎样仿佛就是在自动地述说这一存在。

眼前的这部探究对于这场巨人之争的基本过程，完全不可能给出任何专题性的描述，更谈不上对之作出解释了。不过，对某种显而易见的东西给点提示一定已经足够了。

古代的形而上学把ὄντως ὄν〈真实存在物〉——即这般存在着的存在物，如同它只能那般存在着的那样——规定为ἀεὶ ὄν〈永恒存在物〉，这意味着什么呢？在这里，存在物的存在显然被领会为持驻性和驻立性。在这一存在之领悟中有着怎样的筹划呢？有时间的筹划，因为此筹划被视为"永恒"，即某种"nunc stans"〈持续的现在〉的东西，而"永恒"也作为"持续"的"现在"仅从时间那里才会得到彻底的把握。

将本真的存在物领会为οὐσία παρουσία〈在场的存在〉，这里的意思是什么呢？难道在根本上说的就是"在场"，即直接的、每时每刻当下的所有物、"占有物"吗？

这一筹划透露出，存在说的就是**在场的持驻性**。

时间的规定性难道不就是这样，而且是在对存在之自发的领悟中积聚起来的吗？直接性的存在领悟，难道不是一点一点地在某种源初的、而且是自明的、**在时间上的存在之筹划中**保持着自身吗？

这样说来，一切围绕着存在的奋争，难道不是从一开始就在时间境域中进行的吗？

于是，当对存在物"是什么"的存在论阐释，将之表述为τὸ τί ἦν εἶναι时，这还有什么奇怪吗？在这一"总已经存在过的东西"中，难道不就已经含有——现在甚至以过去的特质——那持存着在场的时刻？

在存在论传统中，"先天性"被视为理应是存在之规定的特性。人们说，这一"在先""自然地"与"时间"毫无瓜葛。但是，用这样的 241
说法来简单地阐释"先天性"，难道就足够了吗？确实，它与流俗的时间领悟所知道的时间毫无瓜葛，但这个"在先"难道因此就获得了肯定的规定性，并因此而摆脱了那令人讨厌的时间特性了吗？难道它不是作为更加尖锐的疑难重又返回来了吗？

而且，当我们对存在物进行划分时，即就它的存在而对存在物进行区分时，将其"从自身出发"规定为时间性的、非时间性的或超时间性的，难道这只是某种或多或少有点幸运的、在某时某地曾经出现的习惯吗？

但是，这种出于时间的、自发而又自明的对存在之领会，其**基础**何在？难道说这里仅仅是要在某种**被明确凸显出来的**疑难的意义上尝试去**发问**，为什么如此，以及甚至为什么必然如此发生？

对此，诸如由亚里士多德提出的关于时间本质的说法——这一说法对以后的形而上学历史发展具有决定性意义——未有给出任何答案。相反它却显示出，这一时间之分析恰恰受到某种存在之领悟的引导，而这种在其行止中掩蔽了自身的存在之领悟则将存在领会为持驻的在场，因而也就从“现在”出发来规定时间的“存在”，也就是说，从时间的总是而且持续不断在场的特性，即从时间的本来就是〈*ist*〉的古代意义的特性出发来规定时间的“存在”。

这样，虽然对于亚里士多德来说，时间也还被当作某种在“灵魂”中，在“心灵”中发生的事情，但人的灵魂、心灵、精神、意识的本质性规定，在原本的和决定性的意义上，并不由形而上学的奠基性疑难索问来引导，而且，时间的阐释也不考虑这一疑难索问，非但如此，对作为时间性的亲在之超越论性基本结构的阐释，也根本没有被当作一个疑难索问来把握和展开。

哲学活动的“回忆”触及存在向着时间的隐蔽筹划，而时间就
242 是古代的和后世的形而上学的存在之领悟的最内在的发生过程。从这一哲学活动的“回忆”那里，产生出一个任务，即通过进行上述疑难所要求的对人的有限性的复归，在亲临－存在的自身过程中，将时间性澄清为超越论的元结构，而这也就是形而上学的基本问题之复返的任务。

在通往基础存在论的这一目标的道路上，也就是说，为了要同时明确凸显出人的有限性，就必然要对良知、罪责和死亡进行生存论上的解释。在时间性基础上对历史性所进行的超越论阐释，应当同时给出一种前概念，这一前概念所涉及的就是在存在问题的复返中所发生事件的存在方式。形而上学绝不仅仅是人所“创造”的体系和学说，毋宁说，存在之领悟、这一领悟之筹划和被抛，在亲在本身中发生。“形而上学”就是在突破进入存在物之际所发生的基本事件，而这一突破就和像人这样的东西的实际生存同时发生。

亲在的形而上学应当在基础存在论中建立起来。亲在的形而上学不要求作为一门新的学科出现在已有的现成科目中，相反，在它之中呈现出一种意愿，要唤醒人们去洞见：哲学运思乃是发生着的亲在之明确的超越活动。

如果亲在的形而上学疑难索问被称为是“存在与时间”的疑难索问的话，那么，核心疑难就隐藏在此标题中的这个“与”自身中，而这一点现在由于对基础存在论的理念的澄清就变得清晰起来了。无论“存在”还是“时间”都不需要放弃其一向以来的含义，但却必须由某个更为源初的阐释来为其正当性与边界奠基。

第45节　基础存在论的理念与《纯粹理性批判》 243

康德的形而上学奠基乃是第一次对存在物之存在的公开状态的内在可能性发出坚决的追问。而作为这样的追问，只要亲在的存在之领悟在另一方面仿佛是从自身出发[①]在时间中筹划存在，它就必然会遭遇到作为有限超越之基本规定性的时间。但同时，

① 这是什么意思？——作者边注

康德的形而上学奠基也必然要被逼迫，去越过流俗的时间概念，退回到将时间作为纯粹的自我感触的超越论领悟上去，而这纯粹的自我感触，在本质上是与纯粹统觉统一的，并且在这种统一性中，它使得某种纯粹感性的理性之整体性成为可能。

时间在与超越论想象力的本质性统一中，之所以获得了在《纯粹理性批判》中核心的形而上学的作用，并不是因为时间是“直观的形式”，也不是因为它在《纯粹理性批判》的一开始就被阐释为这种东西。之所以如此，完全是由于来源于人的亲在之有限性之根基的存在领会，必须[①]要在时间中进行自身筹划。

这样做本身这样就大大动摇了理性和知性的统治。“逻辑”被除去了自古以来就在形而上学中形成的优先地位，它的理念成为有问题的。

如果说超越的本质建基在纯粹想象力中，或者说，更加源初地建基在时间性之中，那么“超越论逻辑”的理念恰恰就是个不可理喻的东西，尤其是当它还违背康德本意，被视为是自身独立的和绝对的东西时，就更加不可理喻了。

关于存在的基本特征，关于“可能性”（是什么）和“现实性”（康
244 德称为“定在”〈Dasein〉），康德说道：“可能性，定在和必然性，如果人们想要只从纯粹知性来获取它们的定义的话，那么除了明显的同语反复，从来还没有人能够以另一种方式来对它们进行说明”。[②] 当康德这样说的时候，他一定已经对逻辑在形而上学中的

---

① 空间问题在这里如何包括进来？亲临－存在〈Da-sein〉之“空间性”（存在与时间）。——作者边注

② 《纯粹理性批判》第1版，第244页，第2版，第302页。

统治地位的这一崩溃有所预见了。

但是不然！在《纯粹理性批判》的第二版中，康德不是又将这一统治地位归还给了知性吗？紧接着，在黑格尔那里，形而上学不是以如此前所未有的极端方式变成了“逻辑学”吗？

在德国唯心论中开始的反对“物自身”的争斗，除去意味着对康德所为之奋争的事业的越来越多的遗忘之外，还能意味什么呢？而康德所为之奋争的事业，就是要通过对有限性疑难的更源初的梳理凸显和更精细的保育，从根本上来承担和保存形而上学的内在可能性和必然性，亦即其本质。

当黑格尔也这样将形而上学解说为逻辑学时，康德的努力还会有怎样的结局呢？黑格尔说：“因此，逻辑学要作为纯粹理性的体系，作为纯粹思维的王国来把握。这个王国就是真理，正如真理本身是毫无遮蔽、是自在自为的。所以人们能够说，这个内容就是上帝的展现，就像他在创造自然和创造某种有限精神之前的永恒本质中所是的那样”。[①]

难道还有什么比这更有说服力的证据，来证明隶属于人的天性的形而上学，乃至“人的天性”自身，其自明性是如何之少吗？

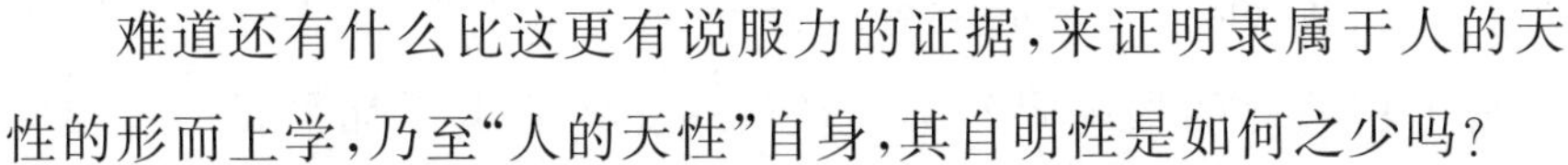

通过上面对《纯粹理性批判》所进行的基础存在论之解释的领会，我们难道想要自诩我们对它的把握比那些伟大的前辈们都更 245
高明吗？抑或在我们自己的努力中，如果可以做一个一般性的比较的话，难道最终不也有某种隐蔽着的逃避，那种在我们根本就不再看见——并非偶尔看不见——的东西面前的逃避？

① 《逻辑学》，导言，《全集》第 III 卷，第 35 页以下。

也许，从基础存在论出发对《纯粹理性批判》所进行的解释，使得形而上学奠基的疑难索问变得更加尖锐起来，虽然这样做的结果还仅是使之停留在决定性的步骤之前。但这样，所要做的就还剩下一件事：通过发问而使探究保持着开放。

我们的探究将范围局限在对广义理解的超越论分析论的阐释上，但紧接着这一超越论分析论，不是还有一个“超越论辩证论”吗？如果这个“超越论辩证论”，最初只不过是要想把从在一般性形而上学的本质那里获得的洞见，批判性地用来去拒斥传统的特殊性形而上学，那么，在超越论辩证论的这一看来仅仅只是消极性的特征中，不也存有某种具有积极意义的疑难索问吗？

但如果这些都集中到同一个发问，即集中到对亲在的有限性进行发问的疑难中呢？这一发问，尽管还被遮蔽而且尚未梳理凸显出来，但却已经在引导着所有迄今为止的形而上学之疑难索问。

康德说，使得传统形而上学得以可能的“超越论幻相”也许是必然的。这种超越论的非真理，如果就其源初地与超越论真理的统一性而言，难道不是必然地要从亲在之有限性的最内在本质那里得出积极性的根基吗？难道任何幻相的非本质都隶属于有限性的这一本质吗？

但这样一来，“超越论幻相”的疑难是不是就需要从构筑术中解脱出来了呢？这可是康德因为要依循传统逻辑，尤其是一般说来，当这种逻辑——作为形而上学之疑难索问的可能地基与主导线索——由于康德奠基的缘故而在根本上发生动摇之际，硬塞进构筑术中的东西。

246 真理之一般的超越论本质是怎样的？这一本质以及非真理的

非本质，如何同时在亲在之有限性的基础上，源初地与人的基本需要相统一呢？而人在这里，就是一被抛入存在物之中的，势必要对像存在那样的东西有所领会的存在物。

需要"存在论"，即需要存在之领悟，此乃人的最内在的有限性。但据此将人的最内在的有限性把握为"创生性的"并因而是"无限的"，这样有意义吗？正确吗？关于无限本质的理念自身在这里所要完全拒斥的难道不正是某种存在论吗？

但是，如果没有一种"事先被设为前提的"〈vorausgesetzte〉无限性，亲在的有限性还会哪怕仅仅作为问题自身展开出来吗？亲在中的这种"事先－设立"活动〈Voraus-setzen〉一般来说是怎样的一种方式？这样设立了的〈gesetzte〉无限性又意味着什么？

从所有的这些问题之为问题中，带有其原始性强力和宽阔度的存在问题会重新脱颖而出吗？抑或说，我们早已成了组织系统下的蠢物，忙忙碌碌并且高效快捷的蠢物，我们再也不能与那些本质性的东西，那些单纯和恒久的东西亲近，交朋友啦？而唯有在这样的亲密交往(φιλία〈友爱〉)中，才会出现向着存在物自身的转向奉献，而从这一转向奉献中，才生出对存在概念的发问(σοφία〈智慧〉)，即哲学的基本发问。

抑或说，我们为此首先需要的还是追忆？——

所以，亚里士多德才会说出这样的话：

Καὶ δὴ καὶ τὸ πάλαι τε καὶ νῦν καὶ ἀεὶ ζητούμενον καὶ ἀεὶ ἀπορούμενον，τί τὸ ὄν…〈古往今来，常遭质疑诘难而又一再让人困惑不已的问题就是：存在〈物〉是什么？〉(形而上学 Z1，1028b 2 及以下)

附　录

附录Ⅰ　《康德书》札记 249

1. 为《康德书》

被接纳为1)一种片面的对康德的阐释;2)《存在与时间》的先行者——两者都未想明白。

去揭示"康德本身"的工作依然沉湎在康德语文学中,即便应当指出,这工作甚至也从强暴式的海德格尔解释中学到了某些东西。

但问题是:形而上学的疑难,它说的是——存在问题。

然而,它自身作为限定意义上的《存在与时间》的"'历史性'导论"——不是"历史学的",而是——"争辩"。

2.《康德书》

是一种去深思未说出的东西的企图,而不是将康德固守在他已说出的东西上。已说出的是贫乏的,未说出的才是丰盛的。

3

分析与**综合**判断之分，以及这些判断方式每每自身就显现出有限性的特征。

就像说圆形的环，**有限性思维**是一种同语反复。

什么叫思维是**有限的**？

250 ## 4.《判断力批判》

感性论

要想看出它并不矛盾，唯有将眼界放开。

但目前对这一阐释的最高明的确证；参见第 59 节，第 258 页!! 同样，第 238 页；明智！在此之上，鉴赏力(反思－想象力)看出去(进入自己本身!!)。

5

参见康德关于某种“作为内在思维的存在论科学”的筹划。给司·贝克〈Sig. Beck〉的信，20.I.92(《全集》[卡西尔编]第 10 卷，第 115 页及以下)。

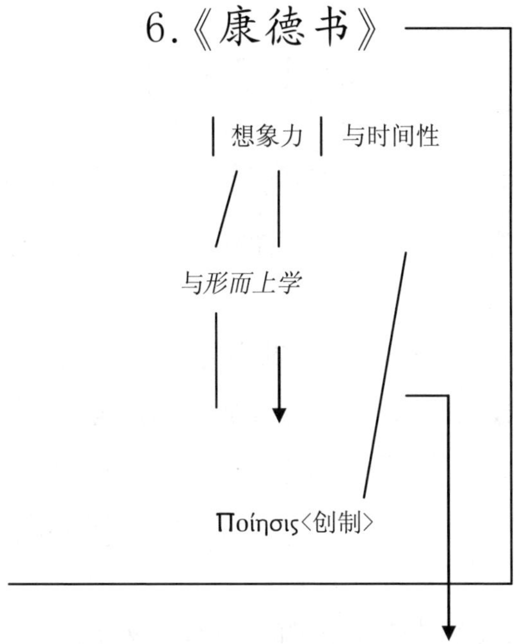

7

251

第4章由哈·柯彬〈H. Corbin〉1938年译成法文，名为“Qu'est-ce que la metaphysique?”〈形而上学是什么？〉

对**萨特**〈*Sartre*〉的**影响**是决定性的；由此《存在与时间》**才得到领会**。

参见我为这一翻译所做的法文前言。

1945年10月5日

8.诸反思概念

参见 B316[①] 及以下。与莱布尼茨的争辩——逻辑独断论！

参见一般概念，经验概念，纯粹知性概念(范畴)，纯粹理性概念(理念)

“在怎样的主观条件下……我们能够达到概念?” B316。

当我们这样发问之际，我们就处在反思(省-思)之中。我们并不是为了要从*诸对象*那里获得概念(假设在感性和知性之间有着基本的区别，参见 B327)，才处在对**这些对象**“直截了当”的把握(澄清)之中。

在反思中，我们关注被给予的表像，即这里的概念“与我们的各种知识本源”的关系(参见**模态**!)(**感性与知性** B316[想象力?理性?])。

只有通过这种反思性的对知识能力的回溯，“诸表像关系才能够在彼此间得到正确的规定”(诸概念的关系，即判断及其真理[B 317])，这也就是说，只有这样才会发现，它们在*何种能力*中共同归属在一起！而正是出于这一能力，它们才有其特定的统一(一种怎样的综合)。

因此，反思就是：对所给予的诸表像(诸概念)的杂多之统一进
252 行发问，更确切地说：对它们*得以*被“**对比**”和“联结”的**枢机处**进行发问——*discursus*〈交谈〉！而这也就是说，同时对先天给予着

---

① 此处 B 指康德《纯粹理性批判》德文第 2 版页码。下同。——译注

统一的中枢进行发问！

一个被给予的概念隶属于怎样的认知力呢！

一般说来，表像的对照[①]总带有某种认知力。我只能将这一对照与认知力“放在一起”，来得出和分辨出，这些借助于对照活动的表像活动的意思，是否就是或者作为属于纯粹知性的，或者作为属于感性的“超越论的省思”——还有，在对照中，所对照者究竟如何通过在它们之中表像出来的东西，通过“它们的客体”（B325），亦即通过对关于“超越论的处所”（同上）的规定，——无论是在存在物层面上，还是在存在论层面上；无论是属于感性，还是属于纯粹知性B324——得到意指。因此B319（参见B318）：“超越论的省思”走向对象本身（这不是单纯的逻辑式对比，即它是对诸表像本身的直截了当的比照）。作为超越论的反思，它毋宁是“客观之对比的可能性的根据”B319。

来回答这个问题：被表像的东西应当相对于何种认知力来说是对象呢？离开了这一超越论的省思，“歧义”就会悄然而入：“混淆纯粹知性客体与现像”B326。

“构成一对象之概念的东西”（B325），属于一客体本身的东西，经由范畴得到“表现”。

反思概念的“四个标题”，仅仅表现出“表像之*对照*，而这是在物的概念前面的”。

更确切一些——对照之形式的存在论的（！）诸多可能性，一般

① “Vergleichung”是“vergleichen”的名词形式，一般译为“对比”，在德文中与“Komparation”〈比较〉同义。考虑到海德格尔这里谈论表像活动如何走向“对象化”，故译为“对照”。——译注

说来，在等级上低于诸表像的超越论处所。

对于康德来说，这个难题是重要的，因为独断的形而上学，恰
253 恰就被托付给了最宽泛意义上的形式逻辑（参见，B326 关于莱布尼茨）；也就是说，那种想要先天地判断事物的思维方式，参见 B319。

9.质料－形式（参见 B322 及以下）

1）视为纯粹的形式化——出于知性的概念——作为**实施规定的东西**，determinans〈规定者〉——即实施肯定－否定者，**述谓着的**被造（鲍姆伽腾）而且同时又是**超越论的**，即有关一般对象之知识的可能性。这里所表达的是：实施规定者—可被规定者。

但是，这只有在亲在的意向性－超越的基础之上才有可能。这里有着这一关联之可能性的条件及其形式的必然性。

但我不可以在形式上一般性地去编造它们，不可以让之悬在空中。

这在康德这里已见端倪，因为形式逻辑乃是最确定的东西——它没有扎根于基础存在论，而只是自在的。

参见 B345："统觉以及伴随着统觉的思维，先行于表像的一切可能的确定秩序之先"。这是康德与笛卡尔以及莱布尼茨一道坚持的前提——对他来说，最源初的先天就是"我思"，而逻辑的优先地位就在"我思"中有其根据！

所以，在康德那里，笛卡尔的前提正好就以一种完全不同方式的疑难索问发挥着影响，这样就在最大的程度上阻碍了康德的源

初性布局，因此，正是对这一前提，可以至少视而不见或者干脆剔除。

它对于在超越的疑难问题上的错误认识，具有相同的意义。

2）但同时，这种区分的统治必须被摧毁，必须回溯到存在物—存在论的关联上去。

它的出现乃是由于古代ὕλη-εἶδος〈质料－形式〉的存在论区 254
分，而这一区分又源出于制作活动境域，也就是说，源于对存在概念进行的完全规定的绝对化。存在物作为现成物和知识 = 对同一存在物的规定着的直观。

3）形式化的统治必须通过如下的证明来打破，虽然一切都〈由于形式化〉成为可解释的，但同时，一切也都被强迫进入了某种图式，而这就偏离了源初获得的存在论的疑难索问，也偏离了逻辑学的疑难索问。

从纯粹逻辑－超越论的角度来看，materia〈质料〉是首要的。规定性活动事先就设定了可规定物。但这样，似乎需要关注的就是：在空间和时间那里，形式先于质料，作为首要的东西得到设定，前者使得后者首先成为可规定的，也就是说，使之来相遇，B324。不过在这里，人们不可根据单纯的物本身的概念，来进行纯粹智性的判断，相反，从现像上看，空间和时间在这里先行于一切 Datis〈予料〉。关于质料概念的应用，参见 B322/323。

质料——从形而上学上说——纯粹可通达的，不经过将其作为客体的谓词 =外感官的"对象"，感觉的对象，"感性直观真实经验到的东西"，《自然科学的形而上学初始根据》，I. 说明，注释 2。

255 附录Ⅱ　恩斯特·卡西尔:《符号形式的哲学》第2部:神话思维(柏林,1925年)

面前的这部卡西尔主要著作的第二卷是为了纪念而献给保罗·纳托尔普的作品。标题“神话思维”可能会引起误解,好像说要在将神话思维从纯粹逻辑思维那里剥离下来的过程中,去发现这一著述的绝对主题。但神话思维以及某种归属于它的“直观形式”是一道建基于特定的“生活形式”之中的。通过证明这一点,呈现在我们眼前的反倒是:神话思维作为知性行为的未独立形态。“思维”在这里说的只是“思虑和图谋”,它自然具有它本己的“思维形式”(阐释和规定的方式)。这一著述的意图因此就在于将“神话”揭示为某种走向某种本己真理的人类亲在的独立可能性。通过这样明确地提出问题,卡西尔接受了谢林的洞见,“也就是说,这里的(神话学)一切应当如同神话正在说它时的样子来理解,而不是按照别的什么它被思考的,它被说出的东西来理解”(《神话学哲学导论》,《谢林著作集》,第2卷,第1部分,195页)。神话,“一个民族的命运”,乃是亲在存继的一个“客观历程”,通过反抗它,亲在能够得到自由,但绝不可反抗到从根本抛弃它的地步。假如卡西尔只是坚守谢林的基本洞见,但在神话中看到的“不是精神的缺陷”,不是一个单纯的假象,而是某种本己的“形象力”,那么,卡西尔就会不同于谢林的思辨形而上学,确实抓住了神话*哲学*的任务。一种对神话的经验–心理的“说明”可能完全获得不了*哲学* 256
*的*领悟。因此,卡西尔通过坚持神话的客观性和拒绝心理学的解释,企求一种“神话意识的现象学”。这是在新康德主义意义上对超越论难题的一种扩展:不仅仅把“自然”,而且也把“文化”的统一体都从精神的法则性来把握。神话的“客观性”就在于它是正确领悟了的“主观性”;它是一种本己的、精神的、“世界格式的创造性原则”(19页)。

按照这个在导论中(1—36页)标明出来的开端,卡西尔将神话解释为“思维形式”(第1章,39—91页)、“直观形式”(第2章,95—188页)、“生活形式”(第3章,191—285页),并且用一个对“神话意识的辩证法”的描画来结束全部讨论(第4章,289—320页)。

关于神话**思维形式**的分析从一种对抗——神话意识的对象与神话意识相对抗——的方式的一般性描述开始。沿循柯亨的康德解释观点而来的数理对象意识是这一特征描画的主导线索:某种被给予的消极的“感觉混沌”经由积极的形式走向某种“宇宙〈秩序〉”。神话的对象意识的基本特征就在于:分界尚**未**出现,即把梦幻中的东西与清醒时经验到的东西;单纯想象的东西与感知到的东西;图像与所画的东西;词(意义)与事物;所希望的东西与实际拥有的东西;活的东西与死的东西分别开来的分界尚**未**出现。所有的东西都保留在神话亲在〈das mythische Dasein〉[①]为之着迷的直接在场者之**某种**均衡的存在平台上。这一对象意识要求它自身特定的和自足的“说明”和“理解”。一个东西和另一个东西的一同到场就“给出”了这样的说明：燕子生出了夏天。这种“随身捎来”
257 具有魔幻力的特征(参见下面)。在此作为捎者起作用的东西，绝不是任意的，这是由魔幻经验中的主导性的基本关联来决定的。这种魔幻的“现实性关联”，例如可能在某种理论性的自然研究看来是相当任意的，但它却有着它本己的真理性。神话思维不会将现实事物的可分析的偶发事件放在因果序列中来认识。在把握整体和部分的诸关系中，可以清楚地看出魔幻现实的纠缠交错。部分“是”整体自身，也就是说，这部分有着和整体一样多的魔幻力。每一个“物品”自身都在魔幻力的整体中得到它和其他事物的附属关联。在神话思维中运作的是“诸关系环节的具体发生或者碰巧一道发生的法则”。(83 页)

在第二章中，卡西尔指出了这种思维形式在理解空间，时间和数方面的影响。在“神话的形式学说”之前一节的标题是：“基本对反”(95—106 页)。对神话的对象意识的特征描画已经显示，神话亲在如何被在场者掌握、迷幻和征服。在场说的恰恰就是超强力，在这里有着相对于日常而言的非寻常的和无法比拟的特质。不过，这绝不是某种 nihil negativum〈绝对的否定〉。在超强力的无常的地域里，它有其存在特质，即它的“常”性。神明与尘世的

① 又可译为“神话性亲在”。这应当与海德格尔对亲在的理解有关，因为神话是和人的历史生存活动相关的一种存在或生存方式。——译注

"判分"就是神话亲在与之"交道"的现实事物的——不论这一存在物的内容是什么——基本规整过程。神话"世界"和神话亲在的这种存在性质自身就是魔纳-意像〈Mana-Vorstellung〉[①]的意义,这一意像,在近几个世纪的神话研究中,作为神话"思维"的一个,或者说就是那基本的范畴,越来越清楚地凸显出来。魔纳所标示的不是客体某个规定了的范围,也不允许去特指某些确定的"精神 258
力量"。魔纳是最一般的存在特质,是那在其中实在事物在所有人类亲在面前一下子突现出来的"方式"。"魔纳"、"瓦康达"〈wakanda〉、奥仁达〈orenda〉、玛尼吐〈manitu〉这些词汇都是当突然面对来袭物直接袭击时的感叹词(98页及以下,195页以下,228页)。[也参见恩·卡西尔,《语言与神话》,瓦堡研究丛书,1925年,第52页及以下。在那里,关于魔纳表像与语言问题的关联,有着更透彻的解释。]

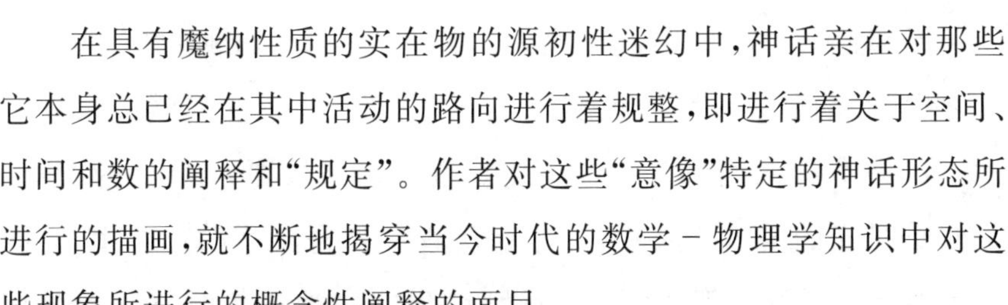

在具有魔纳性质的实在物的源初性迷幻中,神话亲在对那些它本身总已经在其中活动的路向进行着规整,即进行着关于空间、时间和数的阐释和"规定"。作者对这些"意像"特定的神话形态所进行的描画,就不断地揭穿当今时代的数学-物理学知识中对这些现象所进行的概念性阐释的面目。

"对于神明的基本感受"以及随之给出的"判分"不仅预先标画出对空间的总体把握,而且也预先勾勒出了在空间之内的个体分界的方式。空间的源初区划——在其中空间之一般首先得到揭

① "mana"一词出于东南亚和南太平洋诸岛土著语系,指的是当地语言和神话传说中说到的一种超自然的,既至高无上又无处不在的神力或魔力。此处将音译和意译结合,通译为"魔纳"。——译注

示——分作为两个“区域”：一个是“神圣的”、卓绝的、受到相当呵护和防护的；一个是“普通的”，任何时候任何人都可以进入的。但是，这空间绝不是因为有事先“自在的”给出，然后才有神话上的“意义”，相反，首先是在这一称谓方式中，神话亲在才发现“那个”空间。在此，神话的空间定位到处都由白天和黑夜的对立引导出来，而这一对立自身又首先是在神话中呈现出来，这也就是说，它在那特定的魔纳式的强力下强使所有的亲在与它合辙同行。只要这般揭示的空间性之一般共同规定了亲在的可能逗留，那么，空间和它的每
259 次实际上的区划就变成为一种对具有最多种层次的亲在之关联的图式（参见例如，对图腾的观视领域的繁杂分类）。这样，神话亲在就为自己获得了一种具有相同形式的，宜于操控的总体取向。

对于神话亲在来说，时间比空间具有更为源初的建构性。卡西尔将这些关联标明建基在流俗的时间概念上，并且将神话的“时间”特质理解为“在－时间－之中－存在”，例如，诸神的“在－时间－之中－存在”。神秘的现实物的“神圣性”是通过其渊源来规定的。过去本身就证明自己是一切存在物的真实的和最后的缘由。在四季时光的季节交替中，在生命历程和岁月年华的蹉跎中，时间的力道呈现出来。那些单个的时段都是些“神圣的时刻”，而如何对待这些时刻呢？远不是要进行某种单纯的计算，而是由一定的祭祀和礼仪来安排的（例如，成人礼）。时间的顺序，作为命运之路，是一种宇宙洪荒的强力，它通过它的法力展现出一种遍及一切人类行为的责任约束。历法的规整和道德的约束在时间的强力中尚还融在一起。这种对时间的神话－宗教式的基本关系现在就能够特别地强调某种个别的时间路向。每每不同的时间感受的流

变,以及在这种流变中预先就勾勒出来的对时间的见解,就构成了“一个个宗教在其特质上最深层的差异之一”。卡西尔(150页及以下)显示了在希伯来、波斯、印度、中国和埃及宗教中,以及在希腊哲学中时间的诸典型图像的主要特征。

还有,在神话亲在那里,数字和数的关系也从这一无论什么东西都拥有的基本性质,从这一强力出发来得到理解。每个数都有其“独立的面相”,有它本己的魔力。相同的数,尽管可以在内容上有着各各不同的方式,但依照合生原理,就是一个而且是同一个 260
本质:“所有的魔术在很大程度上都是数的魔术”(178页)。数的规定性说的不是一种序列上的编排,而是说它隶属于某个得到了规定的不寻常的威力域。数是将神话的实在性的整体在某种充满威力的世界秩序的统一体中进行连接的中介物。虽然神话关于数的说法可能有多种多样的形态,对个别的数的神话标识也各自不同(例如三,七),但是,从神话式的空间性与时间性各自的基本方式中,毕竟还是有些确定的、源初性的、旨在将一些数字神圣化的勾勒得到了显露。例如,从天廓四方而来的对数字四的神圣化。对数字七的神圣化则更进一步地追溯到在月亮晦朔中显现出来的时间的强力,它将自己明明白白显现出来的月亮的二十八天〈行程〉分作四个等分。而在对数字三的神话标识中,看到的则是父亲、母亲和孩子的人间关系,也就像每当说“俩”和“仨”时,这是在指回到我和你,以及和他的关系——这是些源初性的*强力*关系,它们的数字性还依然在自身中完全带有神话影响的特征。

这样的一种对“**主观现实性**”的提问以及在神话中对这种“**主观的现实性**”所进行的揭明工作,就实现了一种从神话的客观世

界，以及对这一客观世界的揭示和规定方式进行分析那里而来的转向。卡西尔对一直在人种学研究的不同研究方式中占据着统治地位的“万物有灵论”进行了基本的和中肯的批评，从这一批评出发，卡西尔开始他的讨论。神话亲在的世界不可以简单地从当时占统治地位的灵魂观念来得到意义，因为“主体”本身首先还恰恰一直是被遮蔽着的。但只要神话亲在在根本上知晓了自己本身，
261 他就因此再也不会还去从一个纯粹的物的方面来把握的世界出发来得到释义。在通过魔纳而将自己完全呈现为具有现实物特质的东西的境域中，神话亲在领会客体和主体以及它们两者之间的关系。而现在恰恰需要指明的是：神话亲在——它在“尚未规定的生命情感”中保持着与所有存在物紧密粘连——是如何进行世界和我之间的、某种本己的、植根于其特定存在方式的，即植根于其“行动”的“争斗”。原本在行动中得到揭示和界划的现实物的范围，在对这一行动自身的某种特有的反照中，使得这一现实物的不同“能耐”一道展现出来。在神奇魔力的境域中，这一本己的行动也就成了具有某种神奇效应的行为。“那种最初的力量，即人用来把自己，作为某种本己的和独立的东西，置于物的对面的力量，就是**希望**的力量”(194 页)。“他〈人〉所创造出来的那种诸神在形象上的丰富多样，这不仅是要引导人去经历对象性的存在和事件的领域，而且首先是要引导去完全地经历人的本己意愿以及实现的领域，并且，从内部来为人照亮这一领域”(251 页)。这一对“主观性”及其举止的揭露进程就发生在从自然神话到文化神话的过渡之中，直到最后，在或多或少被脱魅的工具使用中，物的存在关联就从自身出发作为独立的东西公开了出来，而其方式就是，人将自

身从对物的魔力粘连中解放出来,并且就在从世界那里的回撤中,正好让世界来“客观地”相遇。

就像从纯粹站在对面的物那里出发和向之回归中,主体极少会发现自己。同样,一种经过了条分缕析的我-你关系以及任何一种这样的社会形态,在对主体性的揭露方面,也极少会具有原始的建构性。那不恰当地被设定为神话亲在之基本现象的图腾崇拜,并不能在社会学上得到说明。相反,所有的社会析分以及由这 262
种析分而给出的个体,正如图腾崇拜一样,自身都要求一种从神话亲在的以及支配这一亲在的魔纳表像的源初存在方式中得来的“奠基”。图腾崇拜的真正难题在于:不仅仅一般说来人和动物以及植物之间有着确定的关联,而且每一特定的族群都有着自己特定的动物图腾。农夫、牧人、猎户,各自都和植物与动物有着某种本己的依附关系,这一依附关系直接作为魔魅的亲缘关联显现出来,但这样就同时以反衬的方式,使得正在遭遇着的、人的生活领域本身的凸显成为可能。图腾崇拜不是由某类特定的植物和动物引起的,而是从那人类与其世界的初始亲在关联中源生出来的。

个体的自我意识是怎样产生的?*心灵*的“概念”是如何组构的?只有通过对魔纳意像的奠基活动,这些问题才可以得到把握。那些后来人们在概念上将之作为肉体与心灵、生与死而区别开来的东西,尽管对于神话亲在来说也一直已经是现实的,但还处在魔魅强力的模态中。依照这种强力,死者也还*存在*,而且,即使未有亲身遇上所涉及的人,某种心灵力量也会显现出来。恰恰正是在这魔魅效应的统一体中,心灵的个别力量,或者更确切地说,一个个分化了的“心灵”才能够出现和彼此相处。与此相应,个体亲在的“展开”就分别在不同的主体中进行，而在这些主体之间则有着确定的通道。在魔幻力对之进行挤迫的情形下，神话亲在所面对的也还有那作为“异他”力量出现的“本己”心灵。在诸保护神的表像都还栩栩如生的地方，本己的自我〈Selbst〉也还同样是一种支撑着个体我〈Ich〉的力量。仅仅在更高的层面上，魔幻的鬼神才变成为通灵者和天才，而这样的结果就是：最终亲在不从某种异它的
263 力量，而是从那种它作为道德主体**能够**自由地从自身出发而又为了自己本身的东西，来规定自身。

如果说诸神的强力和无常原本地和完全地支配着亲在，那么，通往现实的基本交往就绝不可能是一种单纯直观，相反，它同样是一种现实活动，以**祭祀**和**礼仪**的形象出现。所有神话的叙事向来仅仅是对神祇事务的事后报告。而神话亲在反过来也就在这些神祇的事务中直接地表现出来。越早出现的祭祀中，*祭品*就越处在中心位置上。祭品虽然是一种舍弃，但同时却又是一种**自我实施的**行为，而这一行为就为魔幻力所独有的力量准备了某种确定的出场。但在这里，亲在的自由力量就得到了揭示，而人神之间的鸿沟同时扩大，目的在于在更高的层次上要求一种新的克服。

这样，神话作为统一的自主立法的形象力就变得清楚了。这种神话的形态显现出一种内在的辩证法，在其中，早先的形式不断进行扩大和转换，但不会被简单地毁弃。神话的“进程”在亲在那里甚至是无反思地进行。当这一进程穷尽了它的可能性之后，它也就自身来到了它的本己的克服作为顶点。卡西尔寻求从不同的立场——神话将这些立场采纳为它本己的图像世界——来显示这一辩证法（290 页及以下）。

这里所进行的简短报告一定要放弃对丰富的人种学及宗教历史学素材的轻视,卡西尔将这些素材作为他对神话解释的基础,而且,他凭借着本来就透彻和圆熟的描述天赋,深入到个别的分析细处。在这里,汉堡的瓦堡图书馆不仅为作者开放了其丰富而又稀缺的藏品,而且还特别为作者在使用其全部设施方面提供了非同寻常的协助(前言,13 页)。在对神话现象所进行的分析中,特别 264
要提出的是在客体世界的揭露中对工具作用的分析(261 页及以下)和对祭品的分析(273 页及以下)。

对于这里所表明的神话哲学,我们必须表达以下三个方面的态度:第一是要问:这一旨在为神话之亲在的实证科学(人种学和宗教历史)奠基并要对之进行引导的解释究竟成果如何?其次,这需要对神话的哲学性本质分析所依赖的基础和方法论原则进行检验。最后呈现的是,关于对在人的亲在以及在所有一般存在物那里的神话的建构功能的基本发问。

在第一个问题上,卡西尔的工作被证明是一个极有价值的贡献。它从多个方面说明,神话的"阐明"绝不可以回溯到在神话世界内部已确定的客观领域,这就将实证神话研究的疑难索问提升到了一个就基础来说更高的层次上。这样针对自然主义、图腾崇拜、万物有灵论以及社会学的阐释尝试所作的批判,完全是明确无误的和具有说服力的。这一批判的基础就是预先把握的规定性,即将神话规定为精神的某种有其本己律则的作用方式。如果这一对神话的见解在经验性的研究中得以贯彻,那么,这不仅对于那些新发现的事实材料的最初采纳和阐释,而且对于那些迄今已获得成果的加工贯通来说,都会得到一条确定的指导线索。

但如果现在我们不仅要考虑基于这种对实证科学的指导作用，而且还要依据其**本己的哲学**内容，来对这一关于神话的解释进行评判，那么就会出现下面的问题：这种将神话预先规定为形象着的意识的作用方式，其根基是否足够牢靠？这样一种完全不可避
265 免的奠基活动的基础究在何处？这些基础自身足够确定吗？被整理突出出来了吗？卡西尔将神话作为精神的形象力量（“符号形式”）加以指导性的预先规定，这种对预先规定的奠基在根本上就是一种对康德的“哥白尼式的转向”的**呼唤**，按照这一转向，所有“现实性”都应当是进行塑形的意识所形象出来的东西。

首先，我们有充分的理由怀疑，卡西尔以及一般来说新康德主义知识论关于“哥白尼转向”在康德那里的意义的阐释，是否在其本质可能性上触及了作为存在论的超越论疑难索问的内核。纯粹理性批判难道可以被简单地“扩展”为一种“文化批判”吗？姑且撇开这个不谈，单单康德最本己的关于“自然”的超越论解释的基础，是否已经得到了明确的发掘和奠基，这些究竟是确实无疑的还是极有疑问的呢？而这与完全不可拒绝的、在存在论上将没有得到充分规定的、时而被称为“意识”，时而被称为“生命”，又时而被称为“精神”“理性”的东西的存在方式和法理整理出来，有何关系？可是，在对以“拓展”康德难题的方式依循康德的可能举动提出所有的疑问**之前**，还确实应当首先要去澄清那基本的疑难要求本身，而这个要求则蕴含在神话是“精神”的作用方式这一说法之中。只有从这里出发也才能够决定，是否以及在多大的程度上，一种对康德的问题提法或图式的接纳，是具有内在可能性的和有根据的。

神话的本质性解释将神话视为人的亲在的可能性。但只要这一解释还未奠基 在某种受到一般存在问题指引的极端的亲在存在论之上,那它就仍然还是偶然的和漫无方向的。对于这里出现的基本难题,不会在此处讨论。只要通过一种对卡西尔神话解释的内在批判,弄清楚一些主要问题的不可回避性,使卡西尔所提出 266
的任务**在哲学上**变得更加尖锐和明白,这样可能就足够了。卡西尔自己也强调(前言,13 页),它的研究“只是” 要“成为一个最初的开端”。

追随新康德主义的对意识的疑难索问毫无裨益,它恰恰阻碍我们迈进疑难问题的核心。这在著作的安排方面已经显现出来。卡西尔并没有从神话亲在的存在法理的核心特征出发来解释这一存在物,相反,他从神话的对象意识分析,从其思想的和直观的形式的分析开始入手。虽然他完全清楚地看到,思想的和直观的形式,必须溯回到作为“精神的原始岩层”的神话的“生活形式”那里去(第 89 页及以下)。但是,从“生活形式”来**明确和系统地**揭露思想的和直观的形式的源头,仍然也没有进行下去。这一源初关联的未能澄清,甚至连生活形式与直观、思想形式之间可能的内在纠缠关系这样的疑难问题都没有得到提出,这就显示出对**魔纳意像**进行系统定位的不确定性,而这一魔纳意像正是卡西尔在处理一切根本性的神话现象时所必须返归的地方。在思维形式中,魔纳意像并没有被贬低,但另一方面,它也没有作为直观形式得到说明。对它所进行的专题讨论出现在从思维形式到直观形式的、题为“基本对反”的过渡中,这就比起说它从神话亲在之一般的结构整体出发来描述这一“意像”的某种结构上的规定性,还要让人困

窘。但同时，魔纳意像却又被重新标明为“基本的思想形式”。卡西尔在魔纳意像的分析上，反对流俗意义，不再将魔纳把捉为在众多其他存在物中的一个存在物，而是在它那里看见所有的神话现实物的“如何如此”，即看出存在物的存在。虽然在这一点上，卡西尔的分析具有重要性，但现在这一中心难题，必须以下面的方式发
267 问，才会浮现出来：这一基本“意像”究竟是简单的在神话亲在之中的现成存在呢？还是隶属于神话亲在的存在论法理？如果是后者，作为什么？在魔纳意像中呈现出来的不是别的什么东西，而是隶属于每一亲在之一般的**存在领悟**。这一存在领悟，依照亲在之存在的基本方式——在此为神话的——而在特定的方式上有所不同，并且，它从一开始就将思维和直观而显现出来。但这一见解又进一步带来问题：神话“生活”的基本方式——正是在这一方式中魔纳意像作为主导性的和朗现性的存在领悟起着作用——是**怎样的一种方式**？要能够回答这一问题，其前提条件完全在于：对亲在之一般的存在论的基本法理有一个先行的梳理加工。如果这一基本法理就在于应当**在存在论上**去领会的“操心”（参见《存在与时间》，载于《哲学与现象学研究年鉴》，第 8 卷(1927)，180—230 页)，那么，神话亲在原本是通过“被抛状态”得以规定这一点就显现出来了。至于究竟怎样从“被抛状态”出发，进到神话亲在的存在论结构的有根有据的详细说明，我们在这里只可以稍稍提及一下。

在“被抛状态”中，有着亲在向着世界的让渡，而其让渡的方式就在于，这样的一个“在世界之中”为其所让渡的那个东西控制。而只是**为了**一种“向……的让渡”，强制力才可能让自己本身之一

般呈现出来。在这种对强力的依附状态下,亲在由于这一强力而昡晕迷失,他因此就可能将自己仅仅经验为某种依附于并且纠缠于这一现实自身的东西。在被抛状态下,所有无论以何种方式揭露出来的存在物都因而具有这种强制力(魔纳)的存在特质。如果将存在论的解释向前推进,甚至直到那特定的、那被抛状态赖以为基的“时间性”上,那么,那具有魔纳性质的现实物**为什么**以及**如何**恰恰就在某个特定的“当下瞬间”显现出自身,就可以在存在论上得到领悟了。在被抛状态中有着一种本己的动荡驱行,这一动荡驱行从自身出发向着每每总是令人惊异的不寻常之物开放。这 268
样,神话思维的特定“范畴”就在魔纳意像的引导下必然地被“推导”出来。

从对神话亲在的基本行止以及对其关于自己本身的行止的发问中,就有一种不同的现象从先前浑噩未分的现象群中脱颖而出。神话亲在的本己存在在某个“第一强力”中对神话亲在显露出来,而此“第一力量”(强力),依照卡西尔的说法,就是希望的力量(194页)。但**为什么**希望力是第一位的呢?这就应当要去弄清楚这种希望行为乃植根于被抛状态,还要去证明,这一(单纯的)愿望,怎样能够在一种特有的、尚未观览诸多可能性的基础上,拥有那有效应的力量?唯有当这希望活动自身事先就被领会为具有魔纳性质的,它才可能呈现为这般的“具有效应”。但是,如果这一希望活动会造成世界和自我之间的“争执”的话,那么,应当保持注意的就是:神话亲在的这样的一些行止,总是以某些方式来进行的,依此,亲在向着他的世界进行的**超越活动**得到*揭露*,但绝不是首先依此被制造出来。“争执”*建基***在**亲在的超越之中。只是因为神话亲在作为一个“在世界之中”和一个世界有所交道，他才能够复又因此而与“客体”相同一。但现在必须要指明，这一得到正确领会的超越怎样才能够隶属于亲在？从被赋予形式的“感觉”的混沌开始，这对关于超越的哲学疑难索问来说，不仅仅是不够的，而且已经就将作为任何一种“被动性”的可能性条件的源初超越现象遮盖了起来。因此，当卡西尔谈到“印象”时，就出现了某种在根基上的混乱：有时指依据感觉而来的感触，但有时又指从被领会为具有魔纳性质的现实物自身而来的眩晕迷失情状。这样，在神话亲在自
269 身中，魔纳就完全**不是作为存在方式来把握**，而是自身表像为具有魔纳性质的，即作为一个存在物来意像。当然，对魔纳的在存在物层面上的种种释义也不是完全没有道理的。

卡西尔在描画神话的形象力特征时，经常说到神话的*幻想力*。但这一基本能力却依然没有得到完全澄清。这是一种思维的形式呢，还是一种直观的形式？抑或两者都是？抑或两者都不是？在这里，有一种新康德主义绝不会采取的取向，这一取向依据着在《纯粹理性批判》和《判断力批判》中的超越论想象力的现象以及其在存在论上的作用，至少能够让人明白，一种神话的存在领悟比卡西尔所描绘的那个样子，要来得更加的错综复杂和深不可测。

最后还应当来谈及一下指导卡西尔对亲在现象进行解释尝试的**方法论上**的公理：“统领着精神的全部发展的基本规则就在于：精神首先在它的外化中达到它真实的和完全的内在性”(242页，参见193页、229页、246页、267页)。这里，为什么这一基本规则可以成立？这还需要进行奠基工作；还需要对〈以下的〉的基本问题给予回答：人的亲在之一般——它只有迂回到世界那里才会同

时来到其本己的自身处——的存在法理是什么？自身性与自身独立性说的是什么？

但总而言之,我们尚未达到神话的哲学基本疑难：神话之一般以怎样的方式隶属于亲在本身？从什么角度说，神话是对存在一般及其变种的普遍性解释中的一个本质性现象？至于一种"符号形式的哲学"是否足以解决或者只是梳理凸显出这些问题,也许在这里还是不要讨论的好。要想对此采取一种立场,不仅先要描述*所有的*符号形式,而且首先还要将这一系统的基本概念在深层 270
次上梳理出来并将之置于它们的最后基础之上。[现在可参见卡西尔在他的演讲"符号难题和它在哲学体系中的位置"中的那些当然还是相当浮泛的讨论。《美学与一般艺术科学杂志》,第 21 期(1927 年),295 页及以下。]

卡西尔的贡献并不因为我们提出了批判性的发问而被贬低。这一贡献恰恰在于,他自谢林以来,第一次重又将神话作为系统性的难题带进了哲学的视野。这一著述,即使没有被嵌入某种"符号形式的哲学",也依然会是一种新起的神话哲学的极富价值的开端。当然,〈它拥有这一开端的价值,〉唯有当我们重新比以往任何时候都更加坚定地懂得:一种关于精神现象的如此丰富并且和正统意识相对抗的描述,还绝不已经是哲学自身,只有当哲学的那些为数不多的、自古以来就未被克服的、源初性的基本难题得到了重新把握之际,它的迫切需求才会一下子爆发出来。

271 附录Ⅲ　达沃斯讲座：康德的《纯粹理性批判》与一次形而上学奠基的任务

讲座应该表明的主题：康德的《纯粹理性批判》是，或者更确切地说，首先是一次明确的形而上学奠基。

（就否定的方面来说，反对传统的新康德主义的解释：它不是数学—自然科学意义上的知识理论，它压根就不是什么知识理论。）

通过对这一形而上学奠基活动的揭示，应当同时就清楚了，在某种“形而上学的形而上学”之内的对人之本质的发问乃根本性的问题，以及它如何是根本性的。

阐释的重点在于：说明这一奠基之疑难索问的内在途径、主要步骤及其必然性。

据此，全部章节分为三个方面：

1．形而上学奠基的开端，

2．形而上学奠基的进程，

3．形而上学奠基的渊源性。

关于第一点。传统形而上学的康德开端规定了疑难问题的形式。只要 metaphysica specialis〈特殊形而上学〉构成了关于超感性的东西（世界整体、灵魂[不朽]、上帝）的知识，即“真正的形而上学”(康德语),那么,关于其可能性的发问通常也就会是:存在物之一般的知识如何可能?只要存在物知识的可能性中包含有对存在物之存在法理的先行领会,那么,对存在物层面上的知识之可能性的发问,就会被抛回到对存在论知识的可能性的发问上来,即一定会被抛回到 metaphysica generalis〈一般形而上学〉(存在论)的奠 272
基上去。

这样就显现出,对存在论之可能性的发问,如何采取了“纯粹理性批判”这样的疑问形式。

关于第二点。要理解奠基进程,关键在于去弄清楚:唯有纯粹人类理性,即有限理性从一开始就对疑难索问的范围进行了划界,以及弄清这一划界是怎样进行的。要达到这一目标,必然要强调突出一般有限知识的本质和有限性本身的基本特征。由此,就第一次产生出了对作为有限直观的形而上学的感性概念的洞见。它既不是心理学的也不是感觉论的。因为人的直观是有限的,所以人的直观就要求有思维,而思维本身则完全是有限的。(无限思维的理念乃一悖谬。)

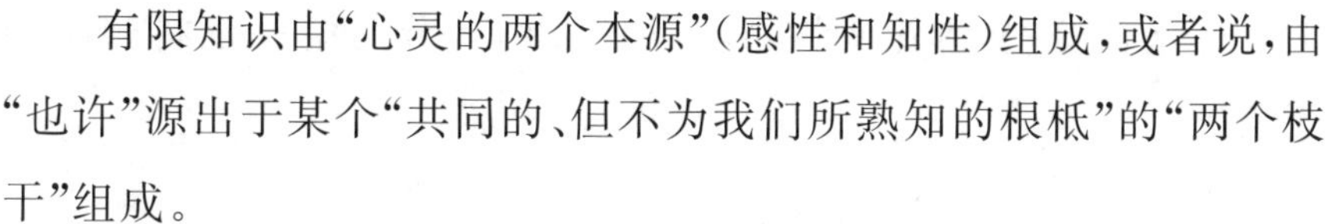

有限知识由“心灵的两个本源”(感性和知性)组成,或者说,由“也许”源出于某个“共同的、但不为我们所熟知的根柢”的“两个枝干”组成。

对存在论知识(先天综合知识)之可能性的澄清,就变成了对纯粹直观和纯粹思维的某种“纯粹”(不受经验约束的)综合之本质的发问。

因此,奠基进程的主要阶段如下:

a)强调提出纯粹知识之本质的要素,即纯粹直观(空间、时间）和纯粹思维（超越论的感性论和超越论的概念分析论）之本质的**要素**。

b）对这些要素在纯粹综合中（第2版，第10节）的**本质统一性**进行特征描画。

c）对这种本质统一性的，即纯粹综合（超越论演绎）的**内在可能性**进行澄清。

273 d）对存在论知识的本质之可能性的**根基**（图式化章节）进行揭露。

关于第三点。奠基的渊源性。

前面的成果：先天综合知识的可能性的根基是超越论的想象力，康德在奠基进程中，返转初始导向，引入了心灵的**第三个**本源。

这个本源并不位于先前提及的两个枝干“之间”，而是它们的根源。

这将通过把纯粹感性和纯粹知性归溯到想象力而使之得到显明——不仅这些，理论理性*和*实践理性的区分与统一也将归溯到想象力。

理性中的开端就这样破碎了。

这样，康德就通过走向极端，将自己本身带到了某个他一定会在其面前退缩的地方。

它表明：迄今为止的西方形而上学（精神、逻各斯、理性）奠基的破灭。

它要求对作为人的自然天性的形而上学之可能性的根基进行

一次彻底的重新揭示，这也就是说，它要求一种指向形而上学本身之可能性的亲在的形而上学，这种亲在的形而上学，必须以一种先于一切哲学人类学或文化哲学的方式，提出人之本质的问题。

274 # 附录Ⅳ　达沃斯辩论：在恩斯特·卡西尔与马丁·海德格尔之间

卡西尔：海德格尔是如何理解新康德主义的呢？谁才是海德格尔所面对的敌手？在我看来，好像几乎还没有一个概念像新康德主义这一概念这样，被描画地如此不清不楚。当海德格尔认定用他自己的现象学批判来代替新康德主义的批判时，浮现在他眼前的是什么呢？新康德主义乃是较为新潮的哲学的替罪羔羊。但我找不到有新康德主义者在当下存在。这里的对立到底在什么地方呢？倘若可以做某种澄清，我将十分感激。而我相信，根本就没有出现什么本质性的对立。关于"新康德主义"这一概念，人们完全不可对之在实质上进行规定，相反，它只具有功能上的规定性。它所涉及的并不是一种教条式的学说体系的哲学流派，而是一个提出问题的方向。尽管我不该如此揣测海德格尔，但我在他这里还是看到了一个新康德主义者的身影。

海德格尔：如果要我首先列出姓名的话，那么，我会说出：科亨〈Cohen〉、文德尔班〈Windelband〉、李凯尔特〈Rickert〉、艾尔德曼〈Erdmann〉、里尔〈Riehl〉。关于新康德主义的共同点，人们只有从其源头上才可理解。新康德主义起源于哲学的窘境，这一窘境关涉到的问题是：在知识整体中，哲学究竟还剩下些什么？在

1850年前后，情况是这样的：精神科学和自然科学囊括了可认知之物的所有领域，结果就出现了这样一个问题，即如果全体存在物都分属于科学，那么，留给哲学的还有什么？保留下来的就仅仅是科学的知识，而不是关于存在之物的知识。在这一观点之下，于是就有了回溯到康德的要求。由此，康德就被看作是数学-物理科 275
学之知识理论的理论家。知识理论成了人们据此来看康德的视角。甚至胡塞尔，在1900年和1910年之间，也在一定意义上落入了新康德主义的怀抱。

我将新康德主义理解为这样的一种对《纯粹理性批判》的见解，它将纯粹理性中的那个一直推进到超越论的辩证论的部分，解说成是与自然科学相关的知识理论。而在我看来，重要的地方在于指出，在此作为科学理论而被提出的东西，对康德来说并不重要。康德并不想给出任何自然科学的理论，而是要指出形而上学的疑难索问，更确切地说是存在论的疑难索问。将《纯粹理性批判》中这一具有积极性的主要部分的核心内容，以正面的方式植入到存在论中，这一点在我看来至关重要。由于我将辩证论解释为存在论，我相信我能够指明，超越论逻辑中的幻相疑难，是一个积极性的疑难，而这个问题在康德那里，如其最先显现出来的那样，只是消极性的；这里的问题在于：究竟幻相只是我们所断言的一个事实呢，还是说，理性的全部疑难必须要这样来把握，即人从一开始就领会把握到了幻相是如何必然地包含在人的天性之中的？

卡西尔：只有当人们历史性地理解科亨，而非单纯地把他作为知识论的理论家来理解时，才算正确地理解了他。我了解我自己的发展并没有脱离科亨。当然，在我的工作进程中还产生了许多别的东西，而且确实，我首先也承认数学化的自然科学的地位。但是，它只能作为一个范式，而不能作为疑难问题的全部。这对纳托尔普〈Natorp〉也同样适用。现在来谈谈海德格尔的系统性的核心问题。

276 事实上我也认为，生产性的想象力在康德那里似乎具有核心意义，关于这一点，我们之间是一致的。我是通过对符号性的东西的工作而被引到这一立场上来的。如果不将符号性的东西追溯到生产性的想象力的能力那里，人们就不可能对它作出解释。想象力是全部思维对直观的关联。康德把具体类象综合〈Synthesis speciosa〉称为想象力。此综合乃是纯粹思维的基本力量。但对康德来说，重要的全然不是综合，而首先是服务于诸具体类象的那个综合。但这一具体类象的疑难问题就引向了图象概念和符号概念的核心。

如果我们关注康德著作的整体，就会有一些重大问题显露出来。其中的一个问题就是自由问题。对我们来说，这个疑难问题永远是康德真正的主要疑难。自由是如何可能的？而康德说，这个问题不可以如此来把握。我们仅仅是把捉到了自由的不可把握性。与此相反，我现在想提一下康德的伦理学：那个被建立起来的法则，不仅对人，而且对所有的一般理性本质来说都是有效的，必须这样，绝对命令才可获得。这里让人感到突然的是这个值得注意的过渡。一个确定领域的限制突然消失了。伦理的东西本身越出了现像的世界。而在形而上学上确实具有决定性意义的东西则在于：随着这一点，现在出现了一个突破。它涉及的是有关向mundus intelligibilis〈智性世界〉的过渡。它对伦理的东西有效，并且在伦理的东西中达到这一点，这个点不再相对于认知着的本质有限性，相反，现在在此被设定的是个绝对物。这个绝对物不可能通过历史得到阐明。人们可能会说，这里有一个康德不会允许迈出的步骤。但我们不能否认这个事实，即自由的疑难问题正是以这种方式提出来的，它突破了源初的领域。

这就和海德格尔所谈论的东西连上了。人们不能对图式化的特殊意义评价过高。康德解释中的最大误解就出现在这一点上。277
不过，康德在伦理的东西那里禁止图式化，因为他这样说道，我们的自由概念等等东西，是洞见（而不是知识），这些洞见自身不可再进行图式化。理论知识有一种图式化，但实践理性则没有。有的充其量只是些不同的、被康德称之为是实践理性的范型的东西。康德在图式化与范型之间作了一个区分。必须要理解，如果在这里不重新放弃图式化，就不能够穿越它。对康德而言，图式化只是起点，不是终点。在《实践理性批判》中，一些新的问题出现了，虽然康德始终还是坚持图式化这个起点，但也将它扩大了。康德走出了海德格尔的难题，但在康德那里，这个范围已经得到扩大。

总之，这个扩大之所以必不可少，是因为在其中心处有一个疑难问题：海德格尔强调指出过，我们的认识能力有限、相对和受到束缚。但由此就出现了这样的问题：一个如此有限的本然存在者，究竟是如何成为有知识、有理性和有真理的呢？

现在就到了实质性的问题上。海德格尔曾经提出过真理的疑难问题并且说，根本就不可能有自在的真理或永恒真理，相反，如果真理在根本上说存在着，那么它们就相对于亲在而存在。这样，结果就是：有限的本然存在者根本不可能有永恒真理。对人而言，没有什么永恒的和必然的真理。这里就又开启了整个的问题。对康德来说，这个问题恰恰在于：尽管有康德本人已指明了的那种有限性，如何依然还能有必然的和普遍的真理？先天的综合判断如
278 何可能？也就是说，这样一些内容上既有限，同时又普遍必然的判断是如何可能的？正是因为这个疑问，康德才会用数学为例来说明：有限的知识置身于与真理的某种关系之中，而这种关系又并非再展开为一种“唯独”。海德格尔说，康德并没有给出任何关于数学可能性的证明。在我看来，这个问题大概是在《导论》中提出来的，但这并不是而且不可能是唯一的问题。然而，首先必须澄清的纯理论问题是：这一有限的本然存在者是如何去规定诸对象，而这些对象本身则又不受有限性的束缚？

我现在的问题是：海德格尔是否愿意舍弃这种完全的客观性，舍弃康德在伦理的和理论的判断中，以及他在《判断力批判》中所为之辩护的那种绝对性的形式？他是否完全愿意回到有限的本质？或者，如果不是这样，那么对他来说，对这个领域的突破究竟在何处？我所以问这个问题，是因为我确实还不知道。因为在海德格尔那里，首先是在确立一个突破点。但我相信，海德格尔不可能并且不会愿意停留在这一点上。他自己必须提出这些问题。然后，一些全新的问题，我相信就会浮现出来。

海德格尔：首先是关于数学化的自然科学的问题。可以说，作为存在物的一个领域的自然，在康德眼中，绝不是个随随便便的东西。在康德那里，自然说的不是数学化的自然科学的对象，相反，自然的存在物就是现成物意义上的存在物。在关于原理的学说

中，康德真正想要给出的并不是一种关于数学化的自然科学之对象的范畴结构学说。他想给出的是一种关于一般存在物的理论。（海德格尔论证这一点）康德所寻求的是一种关于存在之一般的理论，他没有去假定那些似乎已被给予的客体，也没有去假定一个被 279
规定了的存在物的区域（这既不是心理学的也不是物理学的区域）。他寻求的是一种普遍存在论，这种存在论，存在于某种作为自然科学对象的自然之先，也存在于某种作为心理学对象的自然之先。我想要指明的是，这一分析工作并不仅仅是一种关于作为自然科学对象的自然的存在论，而是一种普遍的存在论，一种以批判的方式进行奠基的形而上学之一般。康德自己说过：对于《导论》的论题，他描绘为诸如自然科学是如何可能的等等，但这并不是核心动机，相反，核心动机是关于一般形而上学之可能性的问题，或者说，是这一可能性的阐释。

现在，另一个问题是关于想象力的。卡西尔也想要指明，在康德的伦理学著作中，有限性变成超越的。——在绝对命令中存在着某种超越出有限本质的东西。然而，恰恰正是这个命令概念本身指明了与一种有限本质的内在关联。这种向着某种更高级东西的超出，总也是一种向着有限本质、向着被造物（天使）的超出。这种超越仍还停留在创生性和有限性之内。当康德说到作为自我保有者的人的理性，即说到这样一种理性，这种理性纯粹自立于自身，它既不能遁入某个永恒的东西、绝对的东西之中，但也不能遁入到物的世界之中时，包含在命令本身中的内在关联和伦理学的有限性就在这个地方暴露出来了。这个之间〈Dazwischen〉就是实践理性的本质。如果人们事先就按照道德行为所指引的方向行

事，而很少看到法则本身对于亲在的内在功能，那么，我相信人们对康德伦理学的把握就会出现偏差。如果没有提出这样一些问
280 题，即法则在这里意味什么，律则性本身对于亲在和人格性来说，如何具有建构性，那么，伦理本质的有限性问题就根本无从谈起。不可否认的是，在法则中预先存有某种超出感性的东西。但问题在于：亲在本身的内在结构是怎样的？它是有限的还是无限的？

在对有限性的超出所进行的这一发问中，有着疑难问题的全部核心。我说过，这是一个特殊的问题，询问的是有限性之一般的可能性，因为人们可以有个形式上的、简单的论辩：一旦我对有限的东西进行陈述时，而且，一旦我要把有限的东西规定为有限的东西时，我必须已经有了一个无限性的观念。这暂时还说不出太多，但在这里，说有个核心疑难存在，就已经足够了。现在就内容而言，恰是在作为有限性的构成物而被突出出来的东西那里，无限性的这一特征方才得到显现，这是我想要澄清的东西，于是我曾经说：康德曾把图式化的想象力标画为一种源生的展现〈exhibitio originaria〉。但是，这种源初性是一种展示，即一种表现的展示，一种自由式的自身给予的展示，在这中间，有着对某种领受活动的依存性。而且，这种源初性在某种方式上乃是作为创生性的权能在那里出现。人作为有限的本质，在存在论上具有某种确定的无限性。但是，人在对存在物自身的创造中绝不是无限的和绝对的，相反，他只是在存在之领会的意义上才是无限的。但是，正如康德所言，只要对存在的存在论上的领会还只是在存在物的内在经验中方为可能，那么，这种存在论上的东西的无限性，在本质上就还是与存在物层面上的经验联结在一起的，这样

的话，人们一定会反过来说：这种在想象力中暴露出来的无限性，恰好就是对有限性的最强有力的证明，因为存在论是有限性的某种指归。上帝不具有有限性。而人拥有着展示，这正是对其有限性的最强有力的证明，因为存在论只需要一种有限的本然存在者。

于是，卡西尔的与真理概念相关的反问就出现了。在康德那里，存在论的知识乃普遍必然的知识，它预先设定了一切实际性的 281
经验；对此我可以指出的是：康德在许多地方都说过，使得经验成为可能的东西，即存在论知识的内在可能性，乃是偶然的。——真理自身在其最真的层面上，是与超越的结构相一致的，这样的话，亲在才会是一个既向着其他存在者，同时又向着自身敞开的存在者。我们是这样的一种存在者，这种存在物使自身保持在存在物的无蔽状态中。我把这种使自身这样保持在存在物的敞开状态中称之为“在－真理－中－存在”。我还要更进一步地说：在人的“在－真理－中－存在”的有限性的根基处，同时也还存在着一个“在－非真理－中－存在”。这个非真理属于亲在结构的最内在的核心。我相信正是在这里，找到了康德的形而上学“幻相”在形而上学上得以被奠基的根源。

现在来讨论一下卡西尔关于普遍有效的永恒真理的问题。当我说，真理是相对于亲在而言的，这绝非一个在如下意义上的存在物层面上的陈述，即我说真的东西始终仅只是个别人所思所想的东西。相反，这个命题是个形而上学的命题：真理之一般只能作为真理而存在，而且，如果亲在生存着，真理之一般作为真理就只有一个意义。如果亲在并不生存，那就没有真理，这样，就根本什么都没有。反之，正是伴随着像亲在这样的东西的生存，真理才会来到亲在自身之中。但现在的问题是：真理永恒性的有效性究竟是怎么回事呢？这个问题总是把人们引向有效性的问题，引向表述出来的命题，而且由此出发，人们首先回到具有效用的东西。然后，又为此找到了价值或者诸如此类的东西。我认为，这个问题必须以其他的方式来展开。真理是相对于此在而言的。但这样说并不等于说不存在这样的可能性，即对每个人都如其所是地敞开存
282 在物的可能性。但我将要说的是，真理的这种超主体性，这种作为“在－真理－之中”的、超出个别者自身的真理的突破活动，就已经意味着：被交托给了那个存在物自身，被置入了对那个存在物自身进行塑形的可能性之中。凡是在这里可以作为客观的知识来兑现的东西，都依照其当下的实际性的个体之生存而获得某种真理性的内容，这一真理性的内容，作为内容，述说着那存在物的某些事情。如果有人说，在流动着的生命历程对面，有一持存物，有一永恒的东西，一个意义和一个概念，那么，对他而言所说的特定的有效性就得到了糟糕的解释。我提出相反的问题：在这里真正的永恒究竟意味着什么？我们究竟是由何处知道这一永恒性的？这种永恒性难道只是时间的ἀεί〈永远〉这一意义上的持存性吗？难道这一永恒性不只是在时间的某种内在超越性的基础上才成为可能的吗？我对时间性的全部解释就是要对这种形而上学的意图进行发问：即超越论的形而上学的所有这些名称，例如先天、ἀεὶ ὄν〈永远存在者〉、οὐσία〈实体〉，难道都是偶然的吗？或者说，它们都从何而来呢？如果它们说的是永恒的东西，那么，如何去领会它们呢？它们只能够被领会，而且这一领会唯有通过如下的方式才

有可能,即:在时间的本质中就有着一种内在的超越性;时间不仅是那种使这一超越成为可能的东西,而且时间自身在本身中就具有某种境域的特征;在将要来到的、在正在回忆着的行为中,我总是同时就具有涵括现在、将来和曾在之一般的一个境域;在这里,出现一种超越论存在论的时间规定性,在这一时间规定性中,如同实体的持存性那样的某种东西就首先被构建出来了。——从这个角度来看,我对时间性的整个解释就应当可以理解了。为了强调时间性的这一内在结构,为了指明时间并不只是诸种生命经历在其中得以进行的一个框架,为了使时间性的这种最内在的特征在亲在自身中成为可敞开的,我在书中[①]所作的努力就成为有必要的。这本书中的每一页都是针对如下的情况而写的,即:自古至
今,存在问题都是在一种对时间的完全不理解的意义基础上进行 283
解释的;时间始终都被归属于主体。考虑到这个问题与时间的关系,考虑到存在之一般的问题,我们需要首先来挑出亲在的时间性,但这并不是通过某种理论进行制作,而是相反,对人的亲在的发问将在一种完全确定的疑难索问中被提出。——论及人的亲在的《存在与时间》的整个疑难索问,绝不是什么哲学人类学。面对这一疑难索问,哲学人类学太过于狭窄、太过初浅了。我相信,在这里存在着一个迄今为止其本身还没有被展开出来的疑难索问,而这个疑难索问是通过下面的问题而被规定的,即如果存在领悟的可能性是可能的,如果因此人的超越的可能性,以及因此对存在者进行塑形的可能性,还有在人类自身的世界史中的历事发生

① 此处应指《存在与时间》一书。——译注

〈Geschehen〉的可能性都应当是可能的话；而且，如果这一可能性建立在对存在的某种领悟的基础之上；如果这种存在论上的领悟在某种意义上是指向时间的，那么任务就是：着眼于存在领悟的可能性而去把亲在的时间性强调突出出来。而且，在这一点上聚焦着所有的疑难问题。对死亡的分析，虽然在某个方向上也具有把亲在的极端性的将来突出强调出来的功能，但它并没有把关于死亡本性的终极的和形而上学的整个命题，都突出强调出来的功能。畏之分析的独特功能并不在于使得人的某个核心现象昭然若揭，而是为如下的问题进行准备：即在亲在自身的怎样的形而上学意义的基础上，才有可能一般说将人置于像虚无那样的东西之前呢？畏之分析就是针对这种情况才提出来的，即：将虚无这样的东西仅仅作为理念来思考的可能性，也是一同建立在“畏”的亲身情态这

284 一规定性中的。仅仅当我领会了虚无或者畏，我才有可能领会存在。如果虚无不可领悟，那么存在也不可领悟。只有在对存在与虚无之领会的统一性中，关于渊源的问题才会从“为什么”中喷涌而出。人为什么能够对“为什么”进行发问？他为什么必须要发问？这个关于存在、虚无和为什么的中心问题既是最基本的问题，也是最具体的问题。这些都是亲在的全部分析工作所导向的疑难问题。而且我相信，从这一先行把捉中，人们不久将会看到，这一《存在与时间》的批判工作赖以为基石的整个假定，还没有切中目标意图的真正核心；另一方面，我会坦然地承认，如果人们在一定程度上把《存在与时间》中对亲在的这种分析，完全当作是关于人的一种研究，并进而提出问题，即在关于人的这种领悟的基础上，对文化以及文化领域的某种塑形的领悟应当如何可能？如果人们

如此这般地提出这个问题，那么要从这里出发来说出什么东西，那是绝对不可能的。所有这些问题都与所关涉的、我的中心问题不相适合。同时，我还提出了一个更进一步的方法论的问题:亲在的形而上学，在为形而上学之可能性奠定根基的疑难问题中，有着其规定性的根据，但这种亲在的形而上学现在必须如何开端？难道没有以某个确定的世界观作为其基石的吗？如果我说，我给出的是一种立场中立的哲学，那么我就可能误解了我自己。在这里出现的一个问题是:哲学和世界观的关系问题。哲学并不具有提供世界观的任务，尽管世界观乃哲思活动的前提。哲学家给出的世界观，绝不是什么直接在某种理论学说的意义上，也不是什么在某种效应影响意义上的世界观，相反，哲学家所给出的世界观的立足点就在于:在哲思活动中将亲在自身的超越，也就是说，将这个有 285
限本然存在者的内在可能性与存在物的整体关联起来，并将之推向极端。现在让我们换个话题，卡西尔说，我们不把握自由，而只是把握自由的不可把握性。自由不让自身得到把握。对“自由是如何可能的?”进行发问，这是荒谬的事情。但由此并不推出，在这里在某种程度上有个非理性的问题，相反，因为自由决不是个理论把握的对象，而毋宁说是个哲思的对象，所以，自由只是存在而且只能存在于解放活动之中，除此之外，它不能被称为别的什么东西。与人的自由唯一相适合的关联，就是人的自由的自身解放活动〈Sich-befreien〉。

哲思活动不是什么学问探讨的事情，而是一个个哲学家都一无所知之事，它是哲学家为之献身的志业。为了进入这种哲思活动，人之亲在的解放活动必须成为作为哲思活动的哲学可能奋力

去做的独特的和核心的事情。在这个意义上，我愿意相信，在卡西尔那里，有一个在文化哲学意义上的完全不同的 terminus ad quem〈终极点〉；而且，如果文化哲学并不保持作为而且也不是关于种种不同领域的单纯描述，它同时还扎根于其内在的动力，这样，它就可以在作为基本历程的亲在自身的形而上学中，被明确地、事先而非事后地看见的话，我也愿意相信，只有在人类历史的历事发生中，文化哲学的问题才会获得其形而上学的功能。

对卡西尔的提问：

1）人有哪些通往无限性的道路？人能够参与这种无限性的方式是怎样的？

2）这种无限性应当是作为对有限性的褫夺性规定而获得的吗？还是说，这种无限性是某种本己的领域？

3）哲学的任务，在多大程度上是让〈人〉从畏那里出来而成为
286 自由的？抑或说，哲学的任务并不是将人如此极端地交付于畏？

卡西尔：关于第一个问题。除了通过形式这一中介之外，别无他途。形式的功能就在于：人通过改变他的亲在形式，也就是说，当他通过把他体验经历到的所有东西，全都转换成某种客观的形态时，他也就一定在这种客观的形态中把自身客体化了。这种自身客体化的结果就是，他现在虽然并不随之就彻底地从出发点的有限性那里得到了自由，（因为这毕竟还与他本己的有限性相关联），但当这个出发点从有限性中产生出来之时，它也就把有限性带入了某种新的东西之中。这就是内在的无限性。人不可能从其本己的有限性一跃而入某种彻底实在的无限性。但他能够并且必须具有形而上的地基，这一形而上的地基能够将他从其生存的直

接性状态导入纯粹形式的区域中。而且，他只能以这样的形式来拥有其无限性。“从这一精神王国的圣杯中，无限性向着他涌流而出”。这个精神王国并不是一个形而上学的精神王国，真实的精神王国恰恰是被他自身创造出来的精神世界。他能够创造精神世界，而这就是其无限性的印迹。

关于第二个问题。这不仅是一种褫夺的规定性，而且它还是某种本己的领域。但是，它不是那种仅仅通过对有限的东西加以纯粹地否定来达到的领域；在无限性中，不仅仅是某种对有限性的抗争被造就出来，而且，它还在某种意义上，恰恰就是总体性，就是有限性自身的充实完成。但有限性的这种充实完成正好就构成了无限性。歌德说：“如果你想要迈进无限，唯有在有限中走向各方！”当有限性使自身得到充实完成之际，也就是说，当它走向各方之时，它也就迈进了无限性。这是褫夺的反面，它是对有限性自身的完全性的满足。

关于第三个问题。这是一个完全极端的问题，人们只能以一 287
种坦诚的方式来回答它。哲学让人自由，但仅仅自由到能够的那个程度。当哲学这样做时，我相信，它完全就在某种极端的意义上，将人从畏惧，即纯粹的亲身情态中解放出来。我相信，也依照海德格尔今天在前面的解释，自由本来就只有在不断进步的解放道路上才能实现。即使对于海德格尔来说，这条道路也是一无限的过程。我相信，他会同意这一理解。尽管如此，我也看到这里有着最困难的问题。我想说，自由解放实际上就是意义，就是目标，它的意思是说：“请从你们那里抛开尘世间的畏吧！”而这正是我一直熟悉的观念论的立场。

珀斯[①]：做一点语文学方面的评论。两位先生说的是完全不一样的语言。对于我们来说，这就涉及必须在这两种语言中抽取出某种共同的东西。卡西尔在其“行为空间”中已经尝试进行一种翻译。我们必须从海德格尔那里得到对这一翻译的认可。这种翻译的可能性一直伸展到不可翻译的东西出现为止。那些东西都是用来表达每一种语言之特征的术语。我曾经试图从这两种语言中收集一些这样的术语，关于这些术语，我怀疑它们可以被转译为对方的语言。我所选的海德格尔的术语是：亲在、存在、存在物层面上的东西。与之相反，卡西尔的术语却是：精神的功能项、原初空间向其他空间的转换。倘若双方在这些术语中没有找到任何转换翻译，那么，在这些术语中，卡西尔和海德格尔哲学的精神就会出

288 现分别。

312 海德格尔：卡西尔在第一场报告中使用了 terminus a quo〈起点〉和 terminus ad quem〈终点〉这样一些说法。人们可能会说，在卡西尔那里，就其对正在进行塑形的意识之形式的整体性进行某种揭示而言，terminus ad quem 就是文化哲学的全部整体，而 terminus a quo 则是充满疑问的。我的立场则与之相反：这个 terminus a quo 乃是我所展开的核心的疑难索问之所在。这个问题就在于：我对这个 terminus ad quem 真的那么清楚吗？对我来说，这个 terminus ad quem 并不存在于某种文化哲学的整体中，而是在τί τὸ ὄν〈存在（物）是什么？〉，或者说，在“什么叫存在之一

① 珀斯（H. J. Pos）据说是一位荷兰学者，他参加了达沃斯讲座。参见英译者关于此人注释。——译注

般?”这样一个问题中。从这一问题出发，去为形而上学的基本问题获得一个地基，对我来说，这就产生了一种亲在之形而上学的疑难索问。或者，我要再说一次康德解释的核心：我的意图并不是要引入与某种知识论解释相对立的新东西，不是要尊崇想象力，而是说应当要清楚，《纯粹理性批判》的内在的疑难索问，亦即关于存在论之可能性的发问，要去逼迫人们回到对这一概念的传统意义的彻底突破上，而这一概念，则曾是康德的出发点。在形而上学奠基的尝试中，康德被迫使真正的地基〈Boden〉走向渊基〈Abgrund〉。如果康德说：三个基本问题都要回溯到第四个问题：“人是什么?”，那么，这最后一个问题的问题特性就是有问题的。我想要指出的是，从某个逻各斯的概念出发，这根本就不是那么自明的事情；相反，对形而上学之可能性进行发问，它要求亲在自身的形而上学作为对形而上学发问之基础的可能性来出现，这样，“人是什么?”这个问题就不必过多地在某种人类学的系统中加以回答，相反，它首先必须在其要被提出的方向上获得真正的澄清。

现在，我在这里回到 terminus a quo〈起点〉和 terminus ad 289
quem〈终点〉的概念。这仅仅只是一种启发式地提出问题呢？还是说，它存于哲学自身的本质之中？——即这种对问题的提出所具有的 terminus a quo 是那种必将要成为疑难的起点，而且，这种对问题的提出所具有的 terminus ad quem 是那种与 terminus a quo 攸关的终点。在我看来，这一疑难索问似乎在迄今为止的卡西尔哲学中还没有得到明确的涉及。对卡西尔来说，首要的事情在于提取出各种不同的塑形形式，这样就可以随后依据这些塑形活动，去导出塑形力的某种确定的维度走向。现在有人可能会说：

这个维度走向，的确在根本上与我称之为亲在的东西相同。但这好像不对。这一区别在自由这一概念上表现的是再清楚不过了。我曾经谈过自由解放的一种意义，即亲在之内在超越的自由解放乃是哲思活动自身的基本特性。这里，这一自由解放的真正意义并不在于：在某种程度上对于正在塑形着的诸意识图像，以及对于形式领域成为自由的；相反，它的真正意义在于：对于亲在的有限性来说成为自由的。一旦进入了亲在的被抛状态之中，也就进入了那处于自由的本质之中的冲突。我并不给我自己赋予自由，即使只有通过这种自由存在，我才能够是我自己。可是现在，并不是处在某种中立的解析地基上的我自己，而是亲在，这才是本真性的基本演历〈Grundgeschehen〉，在这一基本演历中，人的生存活动以及随之而来的对生存本身的所有疑难索问，就成为本质性的了。

由此出发，我相信，人们就能够对珀斯关于翻译的问题做出回答了。我相信，我用亲在所标明的东西是不可以用卡西尔的概念来翻译的。倘若人们说的是意识，那它恰好就是我要驳斥的东西。我称之为亲在的东西，在根本上并不仅只是人们通过将之标明为
290 精神，也不仅只是通过将之称之为生命而得到了共同规定的那种东西。相反，这里的关键在于人的因缘关联的源初统一和内在结构。人在一定程度上被束缚于肉体之中，而且在这种肉体的束缚中，他与存在物有着某种本己的关联，它在这些存在物中亲身现出〈sich befindet〉，他的这种亲身现出，说的不是一种居高临下般的精神性的东西，而是：这个被抛入存在物之中的亲在，作为自由的东西，他突破存在物，这种突破始终都是历史性的，而且在最终的

意义上也始终是偶然性的。这是如此地偶然，以至于亲在生存的最高形式只能够溯源于处在生死之间的亲在之生生流淌中的罕见瞬间；人只是在某些完全罕见的瞬间才在他的本已可能性的顶尖上生存，但除此之外，他只混迹沉浮于他的存在物之中。

对在卡西尔的《符号形式的哲学》中所涉及的东西的存在方式发问，乃是对内在的存在之法理所进行的中心发问，而这是由亲在的形而上学来规定的。但是，这一规定的意图却并不在于对文化区域和哲学科目进行某种事先给定的体系化。在我的全部哲学工作中，我完全撇开了诸哲学科目的传统形态以及对之的传统划分，因为我相信，着眼于这些东西会走向最大的灾难，即我们再也回不到哲学内在的疑难索问中去。无论柏拉图还是亚里士多德，对于哲学的这样一种划分都一无所知。这样的一种划分曾经是经院的事情，也就是说，是某种已丧失了发问之内在疑难索问的哲学的事情。于是，需要努力去打破这些学科。而且，这是因为当我们精雕细琢像美学等学科的时候，我们就又回到了专涉相关领域的特殊形而上学的存在方式。艺术不仅是进行着自身塑形的意识的一种
形式，而且，艺术自身还在亲在自身的基本演历中有着某种形而上 291
学的意义。

这些区别是我有意突出出来的。如果我们去调和均衡，那就会无益于实质性的工作。正因为只有通过尖锐地提出问题，此问题才会得到澄清，所以，我想在康德的《纯粹理性批判》的旗号下再次提出我们的整个讨论，并且重新将“人是什么”的问题作为中心问题确定下来。但同时，这个问题，我们并不是在某种孤立的伦理学意义上提出来的，所以相反，它只有从双方所持的疑难索问出

发才会变得清楚。对于哲学家来说，人的问题只有在如下的方式上才是根本性的，即哲学家要完全放弃他自己，这个问题不应以人类中心主义的方式提出来，它必须经过如下的澄清：人作为本质，作为那个超越的东西，也就是说，他向着存在物整体和他自身敞开，由于这一出格性特质，人同时也就被置入一般存在者的整体之中——唯有如此，哲学人类学的问题和观念才是有意义的。关于人的本质的问题的意义和合理性既不在于把人当作被给予的客体所进行的经验的研究，也不在于我所勾画的关于人的人类学上，它的意义和合理性唯独在于：它是从哲学自身的核心的疑难索问中被激发出来的，而这个哲学自身的核心的疑难索问，使人返归、超出其自身并进入到存在物的整体中去，这样就使人通过他的一切自由行动，敞开他的亲在的虚无性〈Nichtigkeit〉，这种虚无性并非推向悲观和消沉，而是让我们去领悟：哪里有阻碍，那里才有真正的活力；而哲学的任务就在于，在某种程度上将人从其单纯地利用精神产品的懒惰中拽出，抛回到他那命运的严酷中去。

292 卡西尔：我也反对敉平差异。那个我们都想去努力争取、必须去努力争取，而且也能够达到的东西就是：当我们每个人在保留自己的立场时，不仅看到自己，而且也看到他人。这种一定会实现的可能性，在我看来，就存在于一般哲学知识的理念中，这一理念海德格尔也是认可的。我并非想试图通过使海德格尔脱离他的立场，迫使他进入到另一视野中去，相反，我只想使他的立场对我来说成为可理解的。

我相信，分歧在于何处，这已经更加清楚了。但是，把这一对立一再地重新凸显出来，并无裨益。我们处在一个凭借单纯的逻辑论辩很难达成一致的立场上。不能强迫任何人去接受这个立场，也绝没有任何这样一种纯粹的逻辑，来强迫人们不得不从这个对我本人来说似乎就是根本立场的立场出发。这里我们好像注定要进入某种相对性，“什么样的人就选择什么样的哲学”。但是，这种相对性将把经验性的人设立为中心，我们不可以持守于这种相对性。海德格尔最后所说的那点也非常重要。

他的立场也不能够是人类中心主义的。但如果要这样的话，我就会问，在我们对立之中的共同中心现在在哪里？它不可能在经验性的东西那里，这一点非常清楚。我们必须就在这个对立中来重新寻找共同的中心。而且我要说，我们并不需要去寻找，因为我们就拥有这个中心，而且之所以如此，是因为有着一个共同的客观的人类世界，在这个世界中，个体之间的差异现在虽然是绝对不可放弃的，但是，这一不可放弃的前提却是：个体与个体之间的桥梁在这里现在已经搭起。对我来说，这种情况总是一再在语言的元现象那里出现。每个人都说他的语言，但不可思议的是，一个人 293
的语言却可以被转换成另一个人的语言。并且，我们也是通过语言的中介来理解我们自己的。于是，存在有语言这样的东西，而且，这是某个在无限的不同语言方式之上的统一的东西。对我来说，这是个决定性的观点。也正因为如此，我才从符号形式的客观性出发，因为在此要处理的正是不可把握的东西，而语言则是最清晰的例子。我们断言我们在这里踏上了某种共同的土地。我们将这首先断定为假设，并且，尽管有种种错觉，但我们的这一诉求是不会错的。这就是我想称之为客观精神世界的东西。通过这样一种客观精神的中介，从亲在中编织出来的纽带就将我们复又和另

一个亲在联结在一起。而且我以为，除了通过这诸形式的世界，再没有别的什么途径从亲在通到其他的亲在。这是一个事实。如果不是这样的话，那我就不知道，怎么可能会有像自我理解这样的东西？认知活动也只是以下断言的一种基本情形，而这一断言就是：一种客观的陈述可以有模有样地表述一个实事，并且，它具有必然性的特征，而这种必然性不再顾忌个别的主观性。

海德格尔说，他的形而上学的基本问题和柏拉图、亚里士多德所规定的相同，即存在物是什么？这是正确的。他还进一步说，康德将这个所有形而上学的基本问题重新接续了起来。我完全同意这一点。但在这里，就是在康德称之为哥白尼式的转向的地方，我以为似乎有着某种根本性的差别。在我看来，存在问题似乎根本就不可以通过这个转向而被排除掉。这可能是一个完全错误的解释。不过现在，通过这一转向，存在问题就获得了一种比它在古代所曾有过的那种形态复杂得多的形态。这个“转向”在于什么地方呢？“迄今为止人们一直认为，认识必须依照对象，……但现在人

294 们却尝试着问一下相反的方向是否可行。如果不是我们的认识必须依照对象，而是对象必须依照认识，那么情形将会怎样呢？”这意味着，有一个关于一般对象性之存在构成的问题先行于对象之规定性这一问题。而且，凡是对这个一般对象性有效的东西，现在也一定是对这个存在结构内部的每一个对象都有效。在我看来，这一转向中的新颖之处似乎就在于，现在已不再存在有这样的诸多结构中的某个唯一的结构，相反，我们有着完全不同的诸多存在结构。每一新的存在结构都具有其新的诸先天预设。康德指出，他被束缚在了经验之可能性的条件上。康德又指出，新形式的每一

方式现在如何每次都涉及对象性的一个新世界;美感对象如何不再束缚于经验对象;它如何拥有它本己的先天范畴;艺术是如何建立起一个世界的;以及这些规律又是如何不同于物理规律的。由此,一种全新的多样性就进入到了对象之一般的疑难问题中来。这样,新的康德式的形而上学现在就恰恰从旧的教条式的形而上学中产生了出来。在旧的形而上学中,存在曾是实体,是一个基础者。在新的形而上学中,存在,用我的话来说,不再是一个实体的存在,相反,存在乃是出自功能性的规定和意义的某种多样性。在这里,我想似乎就存在有一个可以把我的立场与海德格尔的区别开来的根本点。

我仍然坚持康德对先验的东西[①]的问题提法——这一提法经过柯亨一再地重新表述。柯亨看出,先验方法的根本就在于:从一个事实开始;但他仅仅给出了这个一般性的定义:从一事实开始,
目的是要对这个事实的可能性进行发问。柯亨不过是将此一般定 295
义进一步狭窄化了而已,这样,他就总是把数学式的自然科学视为真正值得发问的东西。康德并非局限于此。而我要询问的则是语言事实的可能性。可以设想,我们能够通过这一中介从亲在到亲在进行领会理解,这是怎样发生的?我们现在一般说来都能够把一件艺术品看作是一种具有客观规定性的东西,看作是客观的存在物,看作是在其整体性中具有完整意义的东西,这些是如何可能的?

① 在这里,康德的 transzendental 还保留传统的译名,即“先验的”,参见本书第16页译注。——译注

这个问题必须得到解决。或许由此出发并不能解决所有的哲学问题，也并不能走向广阔的地域。但首先将这个问题提出来，这是必要的。而且我还相信，只有提出了这个问题，才会自由地通达海德格尔的问题提法。

海德格尔：卡西尔讨论的最后一个问题将康德与古代进行了对比，这就给我又一次机会，来描画一下这整个的工作。我说，必须要重温柏拉图的问题。但这不可以说，我们就退回到了希腊人的回答。这里强调出来的是，存在本身已经被分散在了一种多样性之中，并且，其中的一个核心疑难就在于，为了从存在的理念那里领会存在方式的内在多样性，要去获得地基。而在我这里就是：将存在之一般的意义争取为核心的意义。而且，我的探究所唯一努力的方向就在于去争得一个对存在，对其结构以及其多样性进行发问的境域。

单纯的调和将不会带来积极性的后果。哲学，作为某种有限的人的事务，其本质就在于它限制在人的有限性之中，而任何其他的人类创造性事业都和哲学不一样，因为哲学所朝向的乃是人类
296 整体的和最高层次的东西，所以在哲学中，有限性必须以一种完全彻底的方式显示出来。

现在的情形是，您要从我们的争辩中得到这样一点，即不是去辨认哲人间立场的不同；也不是去专注卡西尔和海德格尔。相反，以您现在所到达的程度，已经足以觉察到，我们正行进在重新认真地发问形而上学的核心问题的路上。而且，我想向您指出，您在这里小范围内看到的东西，即哲人间在统一的疑难索问中的差别，倘若在一个大的范围里，则又会以完全不同的方式表达出来；而且，将自身从各种立场和观点的争辩分歧中解放出来，并看到观点之分歧过程恰恰正是哲思劳作的源头活水，这才是关于哲学史的争辩中的具有根本性的东西，也是进入哲学史的第一步。

297

附录Ⅴ　关于奥德布雷西茨和卡西尔对《康德书》的批判

基本问题：人的认知之有限性的本质和根据；有限性之一般的疑难问题

1. *认知的有限性*

（针对奥德布雷西茨、卡西尔对我的康德解释的批判）

1）将我们的认知与绝对的认知进行比照，应当出现什么？想要出现什么？只是想说明：从我们的知识的有限性这话的意义中，就可以看出这一知识的有限性。

绝对认知仅仅是一种建构出来的理念（参见第 24 页[①]），而且是从我们的认知而来的；在此认知中，特定的有限物被分离出来，而那本质所是的东西成为自由身。为此，并不需要对绝对知识的现实的现成存在——这是说上帝存在自身——有什么事实上的知识；而且，恰恰正是通过用这一上帝来建构主导性理念，我们才证明了有限性。

---

① 此页码乃《康德与形而上学疑难》德文版页码，下同。——译注

2)但是,有限的认知,根本就无法像奥德布雷西茨(《德国哲学散页》,第1卷,1931年)认为的那样,是我从绝对直观中"演绎"出来的,好像"思维的直观特质"能够"从 intuitus originarius〈源生性直观〉的高级概念中必然产生出来"一样。

还有,这一特质根本就不会从任何地方经由演绎产生,相反,它在依赖于所予的基本经验中,向我们公开自身。所有情况都保留着,与在古人那里时无异,即使人们看上去将之标画为有限的认知(无疑,这一"有限的"必然会有不同的阐释,例如从"尘世的"这一阐释的角度和层面),但这样的话,它就*必须*联系和涉及 298
康德的角度,才可得到把握和称谓。(参见现象与本体!《康德与形而上学疑难》第33页以下!;参见《康德与形而上学疑难》:有限性——得到澄清的,在此处,这涉及我们的、着眼于认知自身的认知。)

认识之有限性基础的被抛状态(参见《康德和形而上学疑难》第26页),首先被把握为对我们自己所不是的存在物的依赖。有限性首先不是认知活动的有限性,而仅仅是被抛状态的一种本质性结果。而且,如果假定必然要去阐释和规定关于存在物的经验的话,那么,作为服务于直观的思维之必要性的根据也正好就在这里。(如果对作为更为原本的有限知识的有限直观来说,〈思维〉被证明为是必要的,那么,这同时也就证实了这种伺服地位和服务活动对于知性来说是根本性的。(参见《康德与形而上学疑难》第27页以下。)

"思维"是有限性的指标,也就是说,是对直观之依赖性的指标,而直观自己,则又从对所予,即被抛状态的依赖那里产生。这种源生过程和建立根据的过程就意味着本质性关系。思维不会沦入直观（奥德布雷西茨），但它一定会保持为表像活动，而且，这一对某物的表像活动，一般说来，要这样来领会，即：如果有限直观要想成为知识，那就必然需要这一表像。

“认知原本就是直观”（《康德和形而上学的疑难》，第21页，参见那里的评注！），这也就是说，认知的根本特征就是直观。但对于这一有限认知来说，这一特征虽然具有第一位的奠基性的必然性，但它——恰恰因为其有限——不是足够的。

从思维的伺服地位这一特征出发，判断的形式以及命题式－实在式的本质才可显明。

对于有限认知来说，知性是本质性的，这也就是说，它本身，就
299 其有限性的特质而言，超过直观。

2. 针对卡西尔的批判

一个基本问题的*两个方面*，知识的本质：

1）知识“原本”（参见文本）就是直观（并不是知识＝直观），但无限的东西：“仅仅”直观（作为建构的有限性）。

“原本的”涉及的是“次等的”，但次等的并不是无关紧要的，究其根本来说，它也是同样必须的，可是，这个“必须”是在伺服型的结构意义上说的；这个服务者——作为*有限的东西*——恰恰弄错了身份，不过，这却不是非－有限性的证据，而正是相反。康德自己并不是这一现象的始作俑者。

2）所有关于知识的说法：a）既非“单独的”直观也非“单独的”思维；b）但也不是：既直观也思维，总是两者；而是c）第三个东西，

但这个东西是作为本源性的东西，是想象力和“时间”；但这样的话，却是个疑难问题！

3. 卡西尔

该怎样看知性的自发性学说？正是在那里，我将想象力置于中心。

但是，卡西尔没有说的是，这种对知性的强调恰恰是模棱两可的，而且，马堡学派所做的完全是不同的事情——仅仅知性，仅仅逻辑，而直观仅仅是令人讨厌的残渣，应当是在无限性的进程中被清除的废料！空间和时间乃知性概念！！

我从未宣称，知性只是简单地加上某些后来者，而这些后来者似乎是些可有可无的东西！（捕风捉影）

所以，卡西尔和他的擎火炬女神①所想要的东西只是一幅图画，他对思维关涉直观这一本质没有说出任何东西；但是，想象力现象中的疑难，就恰恰被掩蔽了。

4. 回应卡西尔：知性与有限性的本质 300

作为擎火炬者，知性进行服务，无论如何这都是服务性的；而且，什么叫擎火炬呢？——照明！

他事实上恰恰不是光的给予者，而是光的匮乏者；它作为知性只是进行规定。它只是作为图式化的知性进行阐明；若仅从自身出发，它甚至连服务都不能提供。

① “Fackeltrager”（持火炬手）的另一个衍生意义为“启蒙者”。——译注

卡西尔拘泥于书本，而恰恰忽视了对纯粹知性与逻辑的疑难索问。

5. “有限性”（卡西尔）

无疑——难题，但关键的问题却是：为什么？以及如何！

唯有这样才会对有限性进行哲思，因为也许对于这个人或那个人来说在某个悔恨时刻浮现出来的东西，绝不会成为哲学的推动力 。

卡西尔看起来好像占有中心的主题，但他却完全错过了它。

6. 卡西尔（一般）

卡西尔遵循着他美好的原则——对意图进行探究（“有限性”？既是又不是！）：存在问题和人的问题，甚至连这些都恰恰成为有疑问的——还有，整个的意识问题在动摇中；马堡学派：直观与思维，还有第三种！

不！无论是这个疑难还是针对这个问题的完整解释都没有得
301 到领会和评估。取而代之的是：从任何方面来的棘手的反对意见，都是部分地！正确。卡西尔完全没有弄清，对于解释工作来说，关键就在于将疑难强调凸显出来，就是说，首先应当，而且是通过对康德的回忆来弄清这一疑难。这样就要求有某种解释。这就规定了历史的客观性。一个所谓和我们也许“毫无瓜葛”或者在所有的方面都无规定的（埃宾豪斯①语）康德自身，根本就是一

① 这里也许指20世纪德国新康德主义哲学家鸠里乌斯·埃宾豪斯（1885—1981年）。——译注

个误解。

但卡西尔所从事的正确的解释工作也同样带着这一隐藏的理念。

7. 针对卡西尔

同意：不可能彻查疑难索问的全部范围(25)。〈我的〉意图也不是，而且从来就不是仅仅去阐释一个部分，而是从一个，也就是说，从那个基本疑难出发，去弄清在康德那里的"形而上学的疑难"。而且，正是这个从之出发的"部分"，被流行的阐释预判为仅仅是"知识理论"。

在这个部分中，应该去追踪向着形而上学疑难的视角——即使康德，也在根本上变更着这一疑难——变更的基础和处所。

8. 针对卡西尔

意图：澄清共同的努力！

问题：为什么卡西尔不能坚持在我所选择的地基上？(第4页)

1)形而上学的疑难 是否得到了不同方式的展开和奠基？

2)康德难道实际上不在这一地基上行进吗？

3)或者说，有争议的仅仅是：在多大程度上他意识到了这点并且他原本是怎样做的？

关于3)，我会立即承认，我的解释是暴力性的和过度的，但前提是1)和2)！！ 302

意图就在于走向康德——还有形而上学的疑难！

9.

对于众所周知的“给赫茨的信”中那段令人喜爱的引文，我们需要最终来怀疑一下它的正确性。很少有人会想到，在康德相信“大约在三个月之内”就可以完工之后，他花费了差不多十年的时间。

这样，一定有什么别的东西在此期间断掉了。在这封信中，疑难问题还太过于传统，虽然已经批判性地指向关于纯粹知性知识的可能性问题，但似乎这一问题只是简单地自己存在在那里而已。即便看到了感性的东西，有限性也还不是真正地处在中心位置。

10. 卡西尔

单纯人类学的东西和有着感性内容的法则、现像和物自身。不是存在与时间，而是**存在与应当**。

但是：理念——本身就是**图式**！（类推）。法则——**本质上表像出来的东西**。

11.

在应当存在之模态中的存在。

12.

303 自由的实践上的实在性。这一理智性的东西恰恰在理论上**不可**把捉。

有限的理性的本然存在者——由感性激发的理性的本然存在

者。这一本然存在者本身绝不单纯是人类学的，相反，他乃完整性的本然存在者。恰恰要去克服这一区别——感性内容与那单纯"心理的"。

304

附录Ⅵ　自1866年以来的〈马堡〉哲学讲座教席的历史

马堡大学的哲学探究在哲学史上作为“马堡学派”已经有着它固定和明确的地位，而这份报告在时空上所涵盖的就是这一哲学探究的建立、拓展、兴盛和转型。

十九世纪中叶的黑格尔学派的崩溃导致了哲学的某种普遍性陨落。当时，实证科学（历史学和自然科学）一路高歌，哲学完全丧失了它的尊荣。在它的栖身之所，充斥着无知和对其本己性本质的颠倒。哲学与自己本身背道而驰，要去通过适应作为**自然科学**“哲学”（心理学）的，或者作为哲学**历史**的实证科学，来在宰制性的科学意识面前获得价值承认。

这一自1860年以来就兴起的科学哲学的复兴，尽管是在探索之中，但其目标就在于重新获得对原本的哲学疑难索问的领悟。马堡大学所做的研究工作，其关注就集中在关于哲学的对象、运作方式和系统统一性方面，这些关注具有决定性的推动力并且产生了权威性的成果。这一工作，通过对**康德**的“批判”进行一种新的“本己化获得”，首先来企求重新确信哲学的科学性本质。当然，在60年代，“回到康德去！”这一呼唤已经在E.策勒〈Ed. Zeller〉（1849—1862年，马堡哲学教授）、O.李伯曼〈Otto Liebmann〉、

H. 赫尔姆霍茨〈Herm. Helmholtz〉和 F. A. 朗格〈Fr. A. Lange〉〔1873—1875 年，马堡哲学教授〕那里明确地听到。不过，一直到了 H. 柯亨〈H. Cohen〉的著作《康德的经验理论》（1871 年），正在 305
起步的对康德的重新本己获得过程才第一次抓住了科学性的要害，这就从肯定和否定两个方面规定了后来出现的各式各样的新康德主义。在同一时间内，还出现了两部著作，W. 狄尔泰〈W. Dilthey〉的《施莱尔马赫的生活》第一卷（1870 年）和 F. 布伦塔诺的〈Fr. Brentano〉《从经验观点出发的心理学》第一卷（1874 年），这两部著作已经有了置身于更新康德之外的倾向。它们后来却成了**狄尔泰**的以亲在历史性的疑难索问为指向的生命哲学的起点和发展由**埃·胡塞尔**奠定了基础的**现象学**研究的推动力。这两个如今在体系上已经开始走向融合的方向上，正在出现克服新康德主义的苗头，其克服的方式就是，从它们出发，对“马堡学派”进行深化和重组。

朗格曾经在他的主要哲学著作《唯物主义的历史》（1865 年）中指出，康德的批判唯心主义的一个基本哲学意义就在于，必须在其中克服那作为“简单的、**起着规整作用的**世界观”的唯物主义。朗格通过自己的钻研达到了对康德的领悟，在这一领悟的基础上，朗格立即就认识到了柯亨著作的效力，他毫不犹豫，对他自己的康德理解从根基上进行了一次全新的检查。朗格促成了柯亨在马堡大学完成教职资格论文（1873 年 11 月）。在魏斯堡恩〈Weissborne〉去世后的荏年，柯亨已经被举荐为正教授的唯一人选。尽管他没有取得这一教授位置，但到了 1875 年的复活节，他成了一名副教授，并在朗格去世之后（1875 年 11 月）担任了他的教授职位，直至1912年。荣休之后，柯亨搬到了柏林，在那里，除了频繁的写作活动之外，他还在那里的犹太神学学校讲演和授课，直至去世（1918年4月）。

柯亨在超越论统觉的源初综合统一中来寻找康德疑难索问的
306 核心。他从纯粹思维的整体融贯关联出发，对数理知识的对象的对象性源头进行发问，而在这一发问中，他看到了现实性之一般的结构性疑难。哲学的任务就在于对科学的自然知识进行超越论的-逻辑的奠基活动，基于这一理解，哲学就应当保持为一独立的、在根本上由实证科学来处理的疑难问题领域。而理论知识与主体的道德-实践以及艺术形态的举止之间的分界，就迫使柯亨在他的著作《康德的伦理学奠基》（1877年）和《康德的美学奠基》（1889年）中，表现出一种相应更为广阔的康德解释。

超越论的奠基活动的整体自身有着系统的统一性，对此**系统统一性**的发问，就立足在柯亨的关于对象世界的三重的超越论奠基活动之中。在他的论文《无穷小方法原理及其历史》（1883年）中，柯亨对于系统理念首先进行了讨论，这对于他的后来工作具有决定性的意义。这一讨论的副标题是："一个为知识批判进行奠基的篇章"。从"理性批判"到"知识批判"，这一说法的改变，应当表明柯亨的一个后来统领他自己的系统构造的根本信念，那就是：知识即科学，而且严格地说来，是数学式的自然科学。批判唯心主义将"科学事实"变成为超越论奠基活动的对象，也正因如此，它才首先是"科学的"。"唯有在科学中，事物才会被给出，才会出现在哲学发问的面前，为其所把握。""正在认知着的意识，……只有在科学知识的事实中，才可能会有那种哲学探究所关联的现实性。"这

样将超越论哲学与科学事实紧密联系在一起的结果，就导致了对 307
原本也作为**科学认知对象**的伦理和美学的对象产生疑问。事实上，柯亨把政法科学设定为先于伦理学而给定的科学，但另一方面，他又在美学中直接诉诸艺术作品，而并不是像体系理念所要求的那样，诉诸**关于**作品的科学。具有这般倾向的逻辑、伦理和美学的基本概念的系统化就在柯亨的三合一体系中（《纯粹知识的逻辑》[1902年]；《纯粹意愿的伦理》[1904年]；《纯粹情感的美学》[1912年]）脱颖而出。而当柯亨将迄今以来的宗教的哲学疑难化解到伦理学的疑难问题中去的时候，他又在他的论文《哲学系统中的宗教概念》（1915年）中，企图按其本己的意义来把捉宗教现象。

尽管除了康德解释的著作外，柯亨关于哲学史并没有发表过什么伟大的作品，但他的系统性工作从一开始就是从一种不断地与前苏格拉底、柏拉图、与库萨的尼古拉〈Nicolaus Cusanus〉、笛卡尔和莱布尼茨的争辩中获取滋养和得到引导的。

P.纳托尔普〈Paul Natorp〉，这是柯亨多年的合作者和朋友。他的贡献在于：通过对问题的系统领悟，他对古代和现代的哲学做出了富有洞见的和具体而微的透彻研究。1881年的秋天，纳托尔普在马堡大学通过了他的教职资格论文，1885年成为副教授，1893年他接替了J.贝尔格曼〈J. Bergmann〉（参见下面）的哲学正教授职位。纳托尔普于1922年荣休，但仍积极授课。1924年8月，纳托尔普在他的70岁生日后不久，与世长辞。因为纳托尔普在哲学工作上，起初与柯亨完全情投意合，所以他后来能够最清楚地看出这一体系的根本性漏洞和片面性，并且能够对之进行更为
源初的奠基和具有独创性的深化。纳托尔普的早期研究著作涉及 308

的是对古代哲学进行问题史的开启工作。《古代的知识难题史研究》(1884 年)对科学发生了强烈的影响。而《柏拉图的理念论——一个唯心论的导论》则遇到了激烈的反对。撇开个别解释的可靠性不说,这部著作所完成的迫切任务就在于:要想对哲学史进行澄清,作为这一哲学史工作之解释学前提的、系统性的疑难领悟乃是不可缺少的。在一篇很少为人注意的研究论文《关于亚里士多德形而上学的主题和布局》(《哲学月刊》,第 24 卷,1888 年)中,纳托尔普预先认识到了那些只有在当代才有着更多涉猎的疑难问题和结果。

对逻辑的、伦理的和美学的行为举止所进行的超越论奠基工作在主体中达到了它们的“最高点”。因此,这一奠基活动,通过对在一种非经验的超越论心理学意义上的意识进行专题思考,才第一次自己来到其根据之处。纳托尔普在这一方向上的第一次尝试,是在其《依据批判方法的心理学导论》(1888 年)中披露出来的。在随后的 20 年里,通过与那些在形态上更具活力的关于心理学的基本思考(狄尔泰、胡塞尔)——这些思考的影响今天才在心理学自身中发挥作用——进行争辩,纳托尔普突进到某种极端的发问置疑之中。在对早年的《导论》所进行的改写中,——这篇改写 1912 年以《依据批判方法的一般心理学 I》为名出版——这一新的立场显现出来。在这部著作中,正如在他的全部哲学工作中一样,纳托尔普越来越多地关注于哲学体系的某种*系统性展开*。对超越论哲学中的诸学科进行一种表面的和事后的概述,这是柯亨赖以为基的东西。为了克服这一点,应当首先要和那种柯亨所
309 强制进行的、将精神的一切可能的行为都归结到*有关*这些行为的

科学上去的敉平活动展开决裂。随着科学在方法论上的优先地位的消除，理论行为就移躯来到了“非理论行为”，即道德的、艺术的和宗教的行为的“近旁”。逻辑的理念从某种科学之根基的，也就是说，从某种“理论的”桎梏中被解放出来，而这“理论”，同样还有“实践”和“诗创”，则被事先定位为一般的范畴学说。经过这番准备，进入到对精神的个别性生命领域之独特性进行更为自由的哲学发问，接下来就对精神历史有了一个更为开放的解释。同时，这样一种自由的哲学发问的立场，也使得对“主观精神”和“客观精神”的现象学的范畴分析的根本意义进行某种积极性评价成为可能。而纳托尔普自己的那本〈生前〉准备出版并在死后首次付梓的《关于实践哲学的讲座》(1925年)，则为他思想中的这一新的和全面体系化的倾向提供了一个具体的观察点。

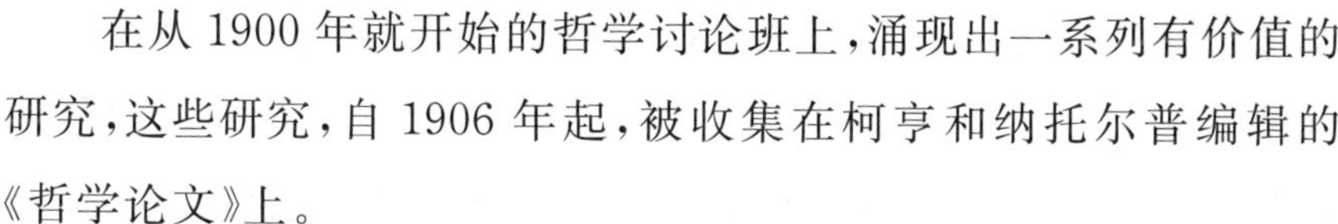

在从1900年就开始的哲学讨论班上，涌现出一系列有价值的研究，这些研究，自1906年起，被收集在柯亨和纳托尔普编辑的《哲学论文》上。

今天，“马堡学派”的发展和重建体现在恩斯特·卡西尔(汉堡大学正教授)和尼古拉·哈特曼〈Nicolai Hartmann〉(1909年马堡大学教职资格论文；1920年副教授；1922年接替纳托尔普任正教授，1925年秋科隆大学正教授)的研究工作中。当A.桂尔兰德〈A. Goerland〉(汉堡大学教授)和W.琴科尔〈W. Kinkel〉(吉森〈Giessen〉大学教授)主要还是坚守那些由柯亨确立下来的立场时，卡西尔多年来一直力求在新康德主义的提问基础上，筹划一种一般的“文化哲学”。他的《符号形式的哲学》(第一部分：语言，1923年，第二部分：神话思维，1925年)企图将精神的种种行式和 310

形态纳入到某种系统意义上的“表达”理念的导引之下。卡西尔与纳托尔普的努力在各自行进的道路上不谋而合，只是纳托尔普将重点更多地放在体系的一般性范畴奠基上，而不是放在对精神的个别“符号”的具体解释上。

哈特曼的研究著作（《知识形而上学的基本特征》[1921 年]和《伦理学》[1926 年]）则沿循着“〈马堡〉学派”疑难索问的根本性变动的方向运行。现象学的研究和对象理论重新唤醒和主导了**存在论**疑难问题的领悟，这些疑难问题规定着自古以来科学哲学的伟大传统。哈特曼就是要将这一重新唤醒以及主导着*存在论*疑难问题的领悟导向这样一种企图，即不仅要从观念论－批判哲学的狭窄视野中捣鼓出知识理论的疑难发问，而且还要从中捣鼓出哲学之一般的疑难发问，这样，他就仍然固守在哲学学科的传统立场上，固守在这些传统立场中占统治地位的问题的方方面面上。这种系统的重建“马堡学派”还产生的后果就是，唤醒对一般的和特别的存在论进行一种全新的领悟。H. 海姆绥特〈H. Heimsoeth〉（马堡大学教职资格论文，1912 年，自 1923 年秋任哥尼斯堡大学正教授）的关于康德哲学的存在论前历史的研究，在根本上推进了关于形而上学之发展的知识。

在“学派”之外，从 1874 年到 1893 年担任哲学正教授的 J. 贝格尔曼，展现出一种强势的和独立的教学风格。他自 1893 年 10 月 1 日起，放弃薪俸，辞去教席，但却保留了作为教职人员全部权利，直至 1904 年辞世。贝尔格曼曾是洛采〈Lotze〉和特伦德伦堡〈Trendelenburg〉的学生。他关于形而上学的逻辑学所做的工作（《一般逻辑》[1879 年]；《存在与认知》[1880 年]；《逻辑学的基本

问题》[1882年];《关于哲学要旨的研究》[1900年]),其影响既平 311
庸又强烈。贝尔格曼1868年创立了《哲学月刊》,这一杂志在1894年与《哲学史文献库》合并,在上个世纪的最后十年成为领袖群伦的专业杂志。

在1908年成为哲学副教授的有:P.蒙策尔〈P. Menzer〉(自1906年起在马堡大学,1908年应哈勒大学邀请担任正教授);H.施瓦茨〈H. Schwarz〉(1908—1910年,后任格莱夫斯瓦德大学正教授);G.密施〈G. Misch〉(1911—1917年,后任哥廷根大学正教授;M.冯特〈M. Wundt〉(1918—1920年,后任耶拿大学正教授);尼·哈特曼(1920—1922年)。

312 说　　明

“评论:恩斯特·卡西尔的《符号形式的哲学》,第二卷:《神话思维》”,柏林,布鲁洛卡西尔出版社,1925 年。发表在:《德意志文学报》(柏林),续辑 5,1928 年,第 21 期,1000—1012 页。

“达沃斯讲演:康德的《纯粹理性批判》与形而上学奠基的任务”。发表在:《达沃斯周刊》,IV(1929),第 7 期,194—196 页。

“自 1866 年以来的〈马堡〉哲学讲座教职的历史”,发表在:《马堡菲力浦大学 1527—1927》,马堡,埃尔维特书店出版社(G.布劳恩),1927 年,681—687 页。

德文全集版编者后记 313

呈现在这里的是《全集》第 3 卷，里面含有《康德与形而上学疑难》扩大的第四版单行本，这一版加进了一个附录部分，它曾在海德格尔亲自关照下，于 1973 年出版。在本卷中，附录部分再次得到扩充，加入了四篇文献。本卷同时作为扩充的第五版单行本出版。

1929 年的第一版由波恩的弗里德里希·科亨出版社出版，该出版社从 1928 年起由维托里奥·克劳斯特曼经手管理。当此出版社由于经济困难倒闭后，美因河畔法兰克福的戈尔哈特·舒尔特－布尔姆克出版社在 1934 年继续出版该书的第一版。自从第二版(1951 年)起，“康德书”——海德格尔自己就这样称呼它——就由维托里奥·克劳斯特曼出版社出版，该出版社在 1929 年就已经负责该书第一版的出版。

在编辑此卷的过程中，编者对照了《康德与形而上学疑难》的手稿。通过将第四版的印版——它不同于第三版而被重新编排——以及将第二版的印版和第一版的印版相比较，就会发现，1951 年重排的第二版，除了有少量的书写方面的错误外——这些错误现已被私下更正，还有四处严重的错漏。在第 28 页，现在 vorstelliger 替代了 vorstellig；在 159 页，Selbst 替代了 Seins；在

185 页，遗漏的句子“daß dieses jetzt anwesende Seiende dasselbe sei, wie das”被重新插入；在第 197 页，ursprünglicheren 重又替代了 ursprünglichen。

正如《全集》第一部分中迄今已出版的第 1、2、4、5、9 以及第
314 12 卷那样，这里呈现出来的第 3 卷也含有海德格尔的第一版自存本上的**页边评注**。以后诸版的自存本上都没有评注。这些评注的排序按照海德格尔使用的符号。在付印中，它们以小写字母在上角标记，作为脚注出现，并以每一节为单位计序。大多数长短不一的评注都用墨水笔书写，其余的则用铅笔书写。有些较长的评注由海德格尔按其位置写在插入的纸条上，并指明页码和段落。很多评注写作年代与恩斯特·卡西尔（1931）和鲁道夫·奥德布雷西茨（1931/1932 年）所发表的两篇对《康德书》的书评同一时间。大多数评注具有内在性解说的特征；只有很少的一些涉及后来的对存在历史的思考层面。还有一些只是用词上的稍许改善。

*

在 1973 年的第四版*附录*中附有两篇文献，这次另外增加了四篇文献。附录现在以新增的《康德书札记》开始，这是海德格尔夹在他的第一版自存本中的。属于这一札记的还有他曾在 1973 年出版第四版时，影印并誊抄在前言中的那张字条。从笔迹和内容来判断，它写自 30 和 40 年代。

接下来第二篇文献是海德格尔的《评述：恩斯特·卡西尔的〈符号形式的哲学〉第 2 部：神话思维》（1925 年），此文首刊在 1928

年的《德意志文学报》上，之后则再也没有被刊印过。这篇刊印物
根据海德格尔遗存的一篇经过小心誊抄的手稿校对过。这是夹在 315
《康德书》的自存本中的一份特版刊本。

第三篇是在第四版中首次发表的，这是一篇在海德格尔亲自关照下写成的，有关他在 1929 年达沃斯高等学校课程第 2 阶段(3 月 17 日到 4 月 6 日)中所做的三次讲演的综述，这三次讲演的主题为“康德的《纯粹理性批判》与一次形而上学奠基的任务”，这个综述乃重新刊印。在遗存稿中，无论是这一综述还是三次讲演自身都没有找到手稿。在综述中提及的三次讲演的章节划分显示出，这一划分与《康德书》的全部四章中的前三章内容相对应。在这三次达沃斯讲演中，海德格尔讲述了他在同年年底出版的《康德书》的前三章的思路。在 1973 年修定第四版时，海德格尔曾告诉本卷的编者，他从达沃斯返回之后，就立即着手《康德书》的撰写，在经历了不间断的连续三周工作之后，初稿完成。

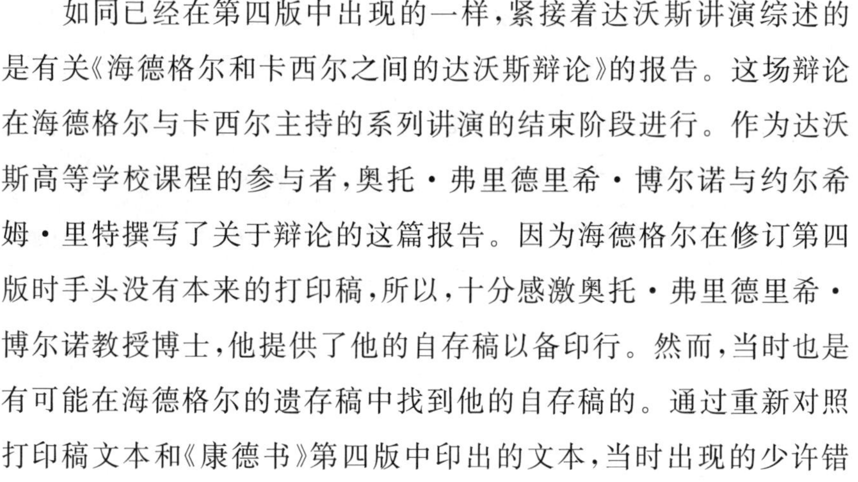

如同已经在第四版中出现的一样，紧接着达沃斯讲演综述的是有关《海德格尔和卡西尔之间的达沃斯辩论》的报告。这场辩论在海德格尔与卡西尔主持的系列讲演的结束阶段进行。作为达沃斯高等学校课程的参与者，奥托·弗里德里希·博尔诺与约尔希姆·里特撰写了关于辩论的这篇报告。因为海德格尔在修订第四版时手头没有本来的打印稿，所以，十分感激奥托·弗里德里希·博尔诺教授博士，他提供了他的自存稿以备印行。然而，当时也是有可能在海德格尔的遗存稿中找到他的自存稿的。通过重新对照
打印稿文本和《康德书》第四版中印出的文本，当时出现的少许错 316
漏也得到了补正。

在《康德书》第一版自存本的夹件中还有一个信封，上面用手写着如下字迹："奥德布雷西茨和和卡西尔对《康德书》的批判。基本问题：人类知识有限性的本质与奠基——有限性之一般的疑难"。这一装在信封中的、针对 1931/1932 年间出版的关于《康德书》的两个书评的手写笔记，在附录中以《关于奥德布雷希茨和卡西尔对康德书的批判》为题印行。这两个书评的单印件也夹在第一版的自存稿中。它们中的某些部分被特别仔细地钻研过，并带有大量的页边评注，而这些评注的内容不断地与海德格尔对这两个书评所做的批评性的反驳相呼应。但是，这些评注也还与在本卷中印行的、在《康德书》自存本上的大量评注有着紧密地关联。恩斯特·卡西尔的书评"康德与形而上学疑难——对海德格尔的康德解释的评论"，发表在《康德研究》第 36 卷，第 1/2 期，1931 年，1—26 页；鲁道夫·奥德布雷希茨的书评发表在《德国哲学活页》，第 5 卷，第 1 期，1931/32 年，第 132—135 页。

附录的结尾是一篇重新印行的文献：《自 1866 年以来的马堡哲学讲座教职的历史》。海德格尔曾在 1927 年将此文发表在题为《马堡的菲力浦大学 1527—1927 年》的纪念文集上。因为海德格尔在该文中展现了"马堡学派"（恩斯特·卡西尔位列其中）的新康德主义的建立、发展、兴盛和转型历程，所以他决定，在编纂他的作品全集时，这篇文章应当被收入《康德书》的附录之中。

*

317 页边评注的编录以及附录中的各种首次发表的东西由赫尔

曼·海德格尔博士与哈特穆特·提特耶恩博士核校。对于两位先生在字词和文本的可靠性方面所提供的帮助，我谨表示真挚、由衷的谢意！

汉斯－海尔姆斯·甘德博士以其忠实的谨慎和细心帮我进行校对，对此我也表示真诚的感谢！

巴登的弗莱堡，1990 年 5 月

F. W. v. 赫尔曼

提示：

海德格尔在他的页边评注中，偶尔也引用讲课手稿的页码。编者用现在出版的全集本的相应页码对之进行替代。同样，在海德格尔的评注中，关于作品《论根据的本质》的编撰版号、年代和页码的参阅，也被一并更新。[①]

① 此篇编者后记曾由仲辉译出初稿，最终译稿在初稿基础上修改而成。——译注

德－汉、拉－汉主要译名对照表

Abbildung 映象
Abgrund 渊基、深渊
Ableiten 推导
Ab-nehmen 截－取
Adaequatio 符合
Adickes E. 阿迪格斯
Affektion 感触
Affinität 亲和性
Affizieren 激发
Aktionsraum 行为空间
Allgemein-Vorstellen 表像活动一般
Amt 职权
Anbieten 提供、供奉出来
Anblick 外观
Anblickbilden 外观形象活动
Aneignung 本己化获得
Angewiesen-sein 依……存在
Angriff 出击
Animus 心灵
Anmassung 逾权要求
Anmessen 裁量、测量
Ansatz 开端、开始
Anweisung 指令、指明
Apophantische Sythesis 命题式综合
Aristotles 亚里士多德
Artikulation 环节的勾连交织
Aufweisen 明证、证明
Ausarbeitung 梳理凸显，凸显
Ausdruck 表达
Auseinandersetzung 争辩、争斗
Aus-legung 阐释、阐－释
Aussehenkönnen 能够看见
Auszeichnen 标明

Baumgarten 鲍姆伽腾
Beck J. S. 贝克
Befindlichkeit 亲身情态、亲身状态
Befreiung 解放
Befremdlichkeit 陌异性
Befugnisse 有权、权限
Begegenlassen 让来……相遇、让遭遇
Begründung 建立根据
Behalten-können 能够保持
Beikommendes 手头处理的东西

Beistellen 提供
Bekannt 熟知、知晓、熟悉
Bekommen 获得
Bergmann J. 贝尔格曼
Beständlichkeit 持驻性
Bestand 持驻
Beweggrund 动因
Bewusstseinsproblematik 意识的疑难索问
Bewusst-sein 意识-存在
Beziehung auf ... 关涉所及……
Bezogenheit 因缘关联
Bieten 呈现、呈供
Bild 图像
Bilden 成象、形象出、形成
bildende Kraft 形象力
Bild-geben 给出图像
Bildsein 图像存在
Boden 地基
Bollnow O. F. 博尔诺

Christian Wolff 沃尔夫
Cohen 柯亨
Conceptus dati a priori 先天给予的概念
Conceptus reflectentes 反思性概念
Conceptus 概念
Coram 在……前面
Corbin H. 柯彬

Daimonion 通灵者
Darinnensein 之中存在
Daseinsbezüge 亲在之关联
Dasein 亲在、亲临到此存在、定在
Daß-sein 实事存在
Datis 予料
Davos 达沃斯
Dawider 对举、对反
Deductio 推演
Destruktion 拆建
Dilthey W. 狄尔泰
Dinge on sich 物自身
Dürfen 允许
Durchdringen 穿越
Durchführung 进程

Eberhard 艾伯哈特
Eigen 本己的、独特的
Eigenständiges 独立的东西
Einbildung 想象
Einbildungskraft 想象力
Eindeutigkeit 无歧义性
Einfügen 嵌进
Einhalt 暂停
Einigen 合一活动
Einiges 统一的东西、合一的东西
Einigung 成一、合一、统合
Einsatz 突破
Einschränkungen 限制、限缩
Einspielen 和谐、调音

Einstimmigkeit 一致性
Einstimmung 合拍
Ekstasis 绽出
Empfänglichkeit 感受状态
Endlichkeit 有终结性、有限性
Endlich-sein-können 能够 - 有所终结的 - 存在
Ens commune 一般存在物
Ens creatum 被造物
Ens imaginarium 想象的存在物
Entgegenstehen 对置而成为对象
Entspringenlassen 让……生发
Entstand 站出
Erblickbarkeit 明见性
Erdmann 艾尔德曼
Ereignis 自在发生
Erinnerung 回忆
Erkennen 认知
Erkenntnis 认知、知识
Erkenntniskraft 认知力
Erkenntnisvermögen 认知权能、认知能力
Erleben 生命历程、经历
Ermöglichung 使可能
Ernst Cassirer 卡西尔
Erscheiendes 现像者、现像物
Erscheinung 现象
Erweisen 证实
Essentia 本质
Ewigkeit 永恒、永恒性
Exhibitio Derivativa 衍生性展现
Exhibitio Originaria 源初的展示、源生性展示
Existential 实存
Existenz 生存
Exzentrisch 出格性的

Facultas Formandi 形象力
Facultas Imaginandi 想象力
Facultas Praevidendi 期望力
Faktisch 实际性的
Fichte 费希特
Form 形相、形式
Formale Anchauung 形式直观
Forum 枢机
Fraglichkeit 问题之为问题
Fragwürdigkeit 可疑问性
Freiburg 弗莱堡
Fügen 契合
Fügung 机缘
Fuge 缝隙，接隼
Fundamentalontologie 基础存在论

Gattung 种
Gebiet 领地
Gefüge 嵌合
Gefühlhaben für ... 对……拥有感情
Gegen-es 反对 - 它的东西
Gegenstehenlassen von... 让对象化、让成为……的对象

Gegenwart 当前
Geistige Urschicht 精神的原始岩层
Gelassenheit 任之状态
Gemeinen 常性
Gemeinte 所意指的东西
Gemeldetsein 呈报出的存在
Gemüt 心灵、心
Generalität 一般性、总体性
Genus 同宗
Geradezu 直截了当
Geschaffen 创造
Geschehen 事件、历事发生
Gesichtskreis 视域范围、视野
Gesorget 操心忧虑
Gewaltsamkeit 强暴、强制
Gewesenheit 曾在
Gleichartig 同一类型的
Gliederung 组构成分、章节划分
Göttingen 哥廷根
Grossheit 大性
Grundgegensatz 基本对反
Grundgeschehen 基础演历
Grundlegung 奠基、奠基活动

Haering Th.海林
Hamburg 汉堡
Harmlosigkeit 安全保障
Hartmann N .哈特曼
Heimsoeth H. 海姆绥特
Heimsuchung 家园
Heinze M.海因策
Helmholtz H. 赫尔姆霍茨
Herausarbeitung 凸显、强调
Herleiten 推演而来
Herrmann F. W. v. 海尔曼
Herstellen 制作、制造
Hervorbringen 带将出来
Herz M.赫茨
Heuristisch 启发式的
Hinausbrechen 突破
Hinausgehen 出离而走向……
Hindurchspähend 透彻地探察
Hineinzeichnen 指向性标志
Hingabe on... 对……献奉
Hinnehmend 可领受的
Hin-zu... 到达……上去
Hin-zu-auf 朝向-到达……上去
Hoppe H. 霍培
Horizont 境域

Identifizierung 同一性活动
Identität 同一性
Imaginatio 拟象、想象
Inbegriff 总念
In-der- Wahrheit-sein 在-真理-中-存在
In-der-Unwahrheit-sein 在-非真理-中-存在
Ineinandergefügtes 相互嵌入
Innerzeitige 内时间的

Innerzeitigkeit 内时间性
Interpretation 解释
Intuitu Intellectuali 理智直观
Intuitus Derivatives 衍生性直观
Intuitus Originarius 源生性直观
Intuitus 直观、直觉
Irdische 尘世的
Iudicium Discretum 辨别

Jacobi 雅各比

Kamp 奋争
Kant 康德
Kemp-Smith 坎普·斯密斯
Kinkel W. 琴科尔
Königsberg 哥尼斯堡
Können 能够
Komparation 对比
Konstruktion 建构
Kopenikanischen Wendung 哥白尼式的转向
Korrespondenzbildend 符合式成象的
Kosmos 宇宙
Kümmerlichkeit 苦恼
Künstlichkeit 人为
Kultus 祭祀

Lange Fr. A. 朗格
Lebendigkeit 生命之活性
Leibniz 莱布尼茨
Liebmann O. 李伯曼
Locke 洛克
Logice Oppositum 逻辑悖谬
Lotze 洛采

Mana 魔纳
Marburg 马堡
Mendelsohn M. 门德尔松
Menzer P. 蒙策尔
Metaphysica generalis 一般形而上学
Metaphysica specialis 特殊形而上学
Mich-mir-unterwerfen 我听命于吾
Misch G. 米施
Mitsichbringen 随身捎来
Moerchen H. 默兴
Mundus Intelligibilis 智性世界

Nachbildung 后象
Nachweisen 举证
Natorp 纳托尔普
Naturanlage 自然天性
Nehmender 接纳者
Nicht-hinnehmend 尚未－领受的
Nichtigkeit des Nichten 虚无化活动之虚无性
Nicht-Können 不能够
Nichts 虚无

Nicolaus Cusanus 库萨的尼古拉
Nihil absolutum 绝对的虚无
Noch-nicht-erfüllt-haben 仍-未-完满
Nötigung 势必
Notion 观念

Objekt 客体
Objektiv-subjektiv 既客观又主观的
Oedbrechts 奥德布雷西茨
Offenhalten 保持开放
Ontisch 存在物层面上的
Ontologisch 存在论的、存在论层面上的
Organon 工具论
Origo 起始

Paralogismus 谬误推理
Perceptio 感知
Person 人格
Phänomen 现象
Phantasie 幻想力
Philosophierende 哲思着的
Physiologie 自然物学
Pichler H. 彼歇乐
Plato 柏拉图
Pos H. J. 珀斯
Possibilitas 可能性
Prädikative Synthesis 述谓式综合
Primär 原本的,初始的
Prinzip der Konkreszenz 合生原理
Problematik 疑难索问、疑难之为疑难
Problemstellung 置疑
Problemwort 疑难词
Problem 疑难、疑难问题、疑问、难题
Productiv 生产性的

Quaestio Juris 法权问题
Quantität 数量
Quantum 量
Quellen 源头、根源
Quellgrund 本源

Räumlich 空间性的
Realitas 实在
Reflektierend 反思性的
Rekognition 认定、认定活动
Repraesentatio 表像
Reproduktion 再生产
Rezeptivität 接受性
Rickert 李凯尔特
Riehl 里尔
Riga 里嘎
Ritus 礼仪

Sachheit 事实
Schein 假像、幻像
Scheler M. 舍勒

Schelling 谢林
Schema-Bild 式－像
Schema-bildend 图式－形象化
Schemabildung 图式成象
Schematismus 图式化
Schöpferisch 创生性
Schwarz H. 施瓦茨
Seele 灵魂、灵性
Seiende 存在物、存在者
Sein 存在、是
Seinsverfassung 存在法理
Seinsverständnis 存在领悟
Sekundär 次等的
Selbig 自一的
Selbigkeit 自一性、自身同一性
Selbstaffektion 自身感触
Selbstbewusstsein 自我意识
Selbsthalterin 自我保有者
Sebstheit 自我性
Selbstständigkeit 自身独立性
Selbstzuwendung 自我转过来面向
Seligkeit 天国极乐
Sichbefinden 亲身现出
Sich-beziehen-auf ...与……有自身关涉
Sichdenken 臆想
Sich-fühlen des Fühlenden 情感者的自我－感情
Sich-regeln-lassen 让自我规整

Sichunterwerfen 听命
Singularis 单个
Sinne 感官、感觉
Sinnen 思虑、谋虑
Sinnliche Vernunft 感性式理性
Sinnlichmachen 感性化过程
Sollen 应该、应当
Sollensein 应当存在
Sorge 操心
So-sein 如此是
Spezies 类象
Spontaneität 自发性
Stämme 主干、枝干
Ständlichkeit 驻立性
Stand 驻立
Stellen 提、提出
Subjectio sub aspectum 实体观察
Subsumtion 统摄
Summum ens 最高存在物
Syn-Character “综”的特性
Syn-haft 粘－合的
Synopsis 综观
Synthesis 综合

Terminus a quo 起点
Terminus ad quem 终点、终极点
Todtnauberg 托特瑙堡
Totum simul 一起
Transzendent 超越的

Transzendental 超越论的
Transzendentale Zeitbestimmung 超越论的时间规定
Transzendentalen Einbildungskraft 超越论想象力
Transzendentalphilosophie 超越论的哲学
Transzendenz 超越、超越性
Transzendenzverfassung 超越性之法理

Übersubjektivität 超主体性
Überschritt 逾越
Übrig 剩余的
Umgetriebenwerden 动荡、驱动
Umgreifen 把握
Umweg 迂回
Umwegigkeit 迂回性
Unbegriff 悖谬
Unbekanntes 未知的东西
Un-endlichkeit 非-有限性
Ungemeinen 无常
Unstimmiges 不协调一致的东西
Unverborgenheit von ... 从……去蔽
Unwesen 非本质
Urbegriff 原概念、元概念
Urbild 原始图像，原图像
Urfaktum 源始事实
Urphänomen 元现象
Ursprung 源泉、起源
Ursprünglisch 源初的、源生性的
Ursprünglichkeit 渊源、源生性、源头处
Ursprungsfeld 渊源、渊源域
Urstruktur 元结构

Verbindung 联结
Verendlichung 使有终结
Verfallen 沦落
Vergangenheit 过去
Vergessenheit 遗忘
Vergleichung 比照、对照
Verinnerlichen 内化
Verkennen 弄错
Vermögen 能够、能力、能耐
Vernehmbarkeit 可分辨性、可获悉性
Vernunft 理性
Versinnlichung 感性化
Verstand 知性
Verstandsein 知性之在
Veritative Synthesis 实在性综合
Verwandtschaft 因缘
Verzeichnis 登录
Vollzugzusammenhang 整体融贯关联
Vorausgesetzt 事先被设为前提的
Voraus-setzen 事先 - 设立

Vor-bilden 前－形象
Vorbildung 前象
Vorblick 前瞻
Vorgängig 先行的
Vorgreifen 掌握、事先有所把捉
Vor-halten 持－留
Vor-stellen 表－象，前－置表象，意像
Vorzeichnen 描画、描述
Wahr-sein 真在、真实存在
Wasgehalt 实质内容、事实内容
Was-sein 如是存在
Wassein 是什么
Weltbürger 世界公民
Wesen 本质存在、本质、本相
Wesensbau 本质建构
Wesensbestimmung 根本规定
Wesensverfassung 本质法理
Wesensverhältnisse 本质关系
Wesentlich 本质的、根本上的
Widerstandscharakter 对峙性质
Wieder-bei-bringen 重新－提－供
Wiedererinnerung 再忆
Wiederholen 复返、回复
Windelband 文德尔班
Wissen 知道

Worauf 所涉……
Worauf-zu 朝向……上去
Woraufzu 所向的东西
Wurzel 根柢、根
Wurzelsein 根柢存在

Yena 耶拿

Zeitanblick 时间之外观
Zeitbildend 时间性地形象着
Zeitigen 到时
Zeitinbegriff 时间总念
Zeller. E 策勒
Zerliederung 分解
Zueinander 相互
Zuflucht 避难出路、避难暂栖地
Zugänglisch 相遇
Zum-Dasein-kommen 亲－临之在、来－到－亲在
Zum-Sein-Kommen 来－向－存在
Zurück-zu-in 返归－回到……中来
Zusammenfügend 一同嵌入
Zustellen 提交给
Zuwendung-zu 转过来面向
Zwischenvermögen 居间能力

译　后　记

《康德与形而上学疑难》是20世纪德国哲学家马丁·海德格尔的主要著作之一，其内容原为海德格尔的成名作《存在与时间》的写作计划之一部分。[①] 1929年春天，在瑞士的达沃斯高等学校，海德格尔应邀就康德哲学作了三场讲座并和新康德主义马堡学派的晚期代表人物卡西尔（E. Cassirer）进行了一场著名的辩论。[②]随后，海德格尔写成《康德与形而上学疑难》。本书1929年出版第1版，后被海德格尔称为《康德书》。中译本根据德国法兰克福的维托里奥·克劳斯特曼出版社于1998年出版的《康德与形而上学疑难》单行本第6版译出，而这一版，与1991年由同一出版社出版的《海德格尔全集》德文版第3卷，即单行本第5版扩充版，在文字和页码上完全相同。

迄今为止，《康德与形而上学疑难》在德国一共出版了6版。除去1929年的第1版外，第2版（1951年）、第3版（1965年）、第4版（1973年）均于海德格尔生前再版，海德格尔为之分别撰有序言

① 参见本书第4版序言以及马丁·海德格尔《存在与时间》（图宾根：马克斯·尼麦耶出版社，1979），第8节，“本书章节的构想”。

② 参见本书附录III“达沃斯讲座：康德的《纯粹理性批判》与一次形而上学奠基的任务”和附录Ⅳ“达沃斯辩论：在恩斯特·卡西尔与马丁·海德格尔之间”。

或前言。这里值得提出的是1973年出版的第4版扩大版。在这一版中,海德格尔新加了一个附录部分,其中含有关于他1929年在达沃斯高等学校的讲座以及与卡西尔辩论的两篇文献。海德格尔去世之后,《康德与形而上学疑难》作为《海德格尔全集》第3卷在1991年出版,由海德格尔的最后助手、弗莱堡大学的哲学教授弗·威·冯·海尔曼(F.W.v.Herrmann)编辑,这也是本书的第5版扩充版。全集版在附录部分中,除了第4版已有的2篇文献外,新加了4篇文献。而且,海德格尔在自己所存的《康德与形而上学疑难》第1版样书上的大量页边评注也作为脚注在全集版中收入。1998年出版的第6版单行本完全照搬1991年的全集版,未作任何更动和补充。关于《康德书》的版本以及出版方面的详情,有兴趣的读者可参阅收在本书结尾的赫尔曼教授的编者后记。[①]

《康德与形而上学疑难》的中文翻译,可以追溯到20世纪70年代初。牟宗三先生在1971年出版的《智的直觉与中国哲学》一书中,从当时的英文译本转译了《康德与形而上学疑难》的第16节、第25节以及第4、第5节的个别段落。[②] 后来,邓晓芒先生又从德文版翻译了第1章和第4章共13节,译文在孙周兴先生编辑的《海德格尔选集》上卷[③]中出版。附录IV《达沃斯辩论:在恩斯特·卡西尔与马丁·海德格尔之间》也曾在近几年中由辛启悟先

① 参见本书德文《全集版》编者后记。

② 参见牟宗三,《智的直觉与中国哲学》(台北:台湾商务印书馆,1971年)。

③ 参见邓晓芒译、杨祖陶校《康德与形而上学问题》,载孙周兴编《海德格尔选集》上卷(上海:上海三联书店,1996年)。

生和赵卫国先生两次译出发表。[①] 虽然出于统一全书译名与风格的考虑，我对这些章节都进行了重译，但这些先前的译文，无疑为全书的翻译奠定了初步的基础。海德格尔在书中还多处引述康德的《纯粹理性批判》，在翻译这些引文的过程中，我参照了李秋零先生和邓晓芒先生的两个中文译本。[②] 此外，理查·塔夫特（Richard Taft）1997 年修订出版的英译本[③]也是我时常参照的译本。为了帮助读者理解本文，我还选用了英译本的少量注释。

和我同时代的许多朋友相似，我的哲学学习和思考生涯，严格说来，也是从西方哲学原著的阅读和翻译开始的。20 多年前，我曾有幸参与海德格尔的《存在与时间》与《形而上学导论》的翻译工作。[④] 所不同的地方大概在于，前两次是由熊伟先生和陈嘉映先生担任主译，我更多做的是辅助性的或者是部分性的工作，而这次从头至尾，基本由我一人担纲。熊伟老师和嘉映师兄对哲学翻译和思考的热忱、认真和谨严，一直是我为学和译述的标杆与楷模。20 多年前曾经有过的对哲学经典的翻译经验，让我深知在汉语世界中译事的重要、艰辛与前人工作的不易。也许可以毫不夸张地

① 参见辛启悟译“海德格尔与卡西尔之间的达沃斯辩论”，载倪梁康编《中国现象学与哲学评论》第 5 期，2003 年；赵卫国译“卡西尔和海德格尔在瑞士达沃斯的辩论”，载《世界哲学》，第 3 期，2007 年。

② 参见李秋零译《纯粹理性批判》（北京：中国人民大学出版社，2004 年）；邓晓芒译、杨祖陶校，《纯粹理性批判》（北京：人民出版社，2004 年）。

③ 参见理查·塔夫特译《康德与形而上学疑难》，第 5 版扩充版（印第安纳波利斯：印第安纳大学出版社，1997 年）。

④ 陈嘉映、王庆节译、熊伟校，《存在与时间》（北京：三联书店，1987 年）；熊伟、王庆节译《形而上学导论》（北京：商务印书馆，1996 年）。

说，中国现代思想和学术的发展，肇始于西学经典的汉语翻译，而且许久以来，中国思想学术的发展高度和限度，也都和西学经典在汉语中的翻译水平息息相关。这一情形和格局，应当说至今未有大的改变。因此，我们每一位有志于西学思想经典的译者，在面对原典时，需要保持一种“虔敬”的态度，始终“战战兢兢，如履薄冰”。海德格尔曾经有过这样一个比喻，说如果一个医生在治疗病人时张冠李戴，那么我们马上就知道这很危险，因为人命关天。但我们往往不太在意诗文经典的阐释，因为这好像无关紧要，反正“诗无达诂”，出不了什么大事。但海德格尔接着说，这只是似乎看起来无关紧要而已，“有朝一日——或许 50 年，或许 100 年——就会有某种事情发生”。[①] 虽然海德格尔这里在讲诗文经典的阐释，但我想思想原典的阐释和翻译也是如此。50 到 100 年后，也许就会有某种事情发生，好事乎？坏事耶？只是现在的我们不得而知而已，故不得不慎！

中译本的注释共有 4 种。海德格尔的原注、页边评注、选用的英译注和中译注。中译注除了标明文中一些相关概念之间的字词和字义联系外，还着重说明了译者对有关核心概念的中文译名选用的考虑以及与一些现行中文译名间的异同，这些都不可避免地掺杂进译者本人对海德格尔和康德哲学乃至全部西方哲学传统的理解和思考。为了方便读者查阅，我将 4 种注释分别标明并统一编号，作为脚注列出。德文原文的页码也在相应译文的页边标明。

① 参见马丁・海德格尔，《物的追问：康德关于超越论原理的学说》(图宾根：马克斯・尼麦耶出版社，1987 年)，第 41 页。

正文中的( )和[ ]符号，均为海德格尔原来使用。译者使用〈 〉符号，用于标明：a）有必要列出的德文原文；b）原书中拉丁文、希腊文以及其他文字的中译；c）少量增添的文字以补足文句或语气。另外，原文中有些海德格尔生造的词或词组，例如“让对象化”（Gegenstehenlassen），“转过来面向……”（Zuwendung zu）等，我除了在译文中标明德文原文外，常常也加双引号，使之能作为一个独立的词或词组在中文中被辨别出来。

本书的中文翻译工作开始于2005年，2006年底译出初稿。初稿译出后，我有意将之闲置了一段时间。2008年开始修改，2009年春完成定稿。其间，曾以译稿为基础，2007年秋季学期在香港中文大学哲学系开设“海德格尔与康德”的研究生课程；2009年5月在中国人民大学哲学院国际前沿教师研习讲座，成系列地讲授“海德格尔《康德书》研究”。在研讨讲座过程中，译文的部分章节，曾作为讲义发给学生。同学们的热烈讨论和提问，尤其是对我的译文的一些意见让我受益匪浅。香港中文大学哲学系的博士生仲辉、硕士生林尚德分别帮助校读了译文全文或部分章节，均提出过一些建议，并在文字和文本编辑方面，给予帮助，在此表示感谢。需要感谢的还有陈嘉映、孙周兴、李秋零、倪梁康、张继武、李永平、赵卫国、关子尹、刘创馥、刘玮、Sabastien Billioud等诸位好友，我曾就书中的一些核心概念的译名，和他们分别交换过意见。刘创馥、刘玮还对书中的拉丁文译名和段落的翻译提出过很好的建议和协助。还有，远在巴黎的陶云飞小姐为书中出现的法文文献的查证，也提供过帮助。最后，上海译文出版社的方红玫女士（现任职于同济大学出版社）是帮助联系出版此书的最初联系人，

戴虹女士是本书的责任编辑，没有她们的努力，耐心，包容和尽职专业的编辑工作，这本译著的出版是不可能的。本书的翻译工作还曾得到香港中文大学的“直接研究基金”的资助，在此一并致谢。

在德国哲学和思想的历史上，康德与海德格尔的哲学都以思想内容艰深与行文怪僻著称。而在这一点上，海德格尔的《康德书》可谓集两者之大全。尽管在翻译过程中，我力求使用日常、平实和尽可能简单的中文语句来进行理解和翻译，但我深知，译文在很多地方难免仍旧佶屈聱牙，甚至译错译漏。为此，我真心地希望专家学者和细心的读者，如发现译文中有任何不对、不妥、不好的地方，一定不吝赐教，以便来日再版时订正和修正。

王庆节

2009 年 6 月于香港中文大学

借商务版《海德格尔文集》结集出版的机会，我对收入其中的《康德与形而上学疑难》进行了修订。此次修订调整了个别译名，理顺了一些语句，纠正了旧译本中由于种种原因造成的一些误译、误排与误勘现象。尤其需要感谢徐申编辑大量细致和认真的工作，以及对译者译文的尊重，没有这些，此译本的质量改善将难以保证。最后，也感谢细心的读者和学界朋友的不吝赐教，希望译本能在未来得到继续的更新和不断的改善。

王庆节

2017 年 10 月于香港中文大学

图书在版编目(CIP)数据

康德与形而上学疑难/(德)海德格尔著;王庆节译. —北京:商务印书馆,2024
(汉译世界学术名著丛书:120年纪念版:珍藏本:增订本)
ISBN 978-7-100-23669-0

Ⅰ.①康… Ⅱ.①海…②王… Ⅲ.①康德(Kant,Immanuel 1724-1804)—形而上学—研究 Ⅳ.①B516.31②B081.1

中国国家版本馆 CIP 数据核字(2024)第 076611 号

汉译世界学术名著丛书
(120年纪念版·珍藏本·增订本)
康德与形而上学疑难
〔德〕海德格尔 著
王庆节 译

商 务 印 书 馆 出 版
(北京王府井大街 36 号 邮政编码 100710)
商 务 印 书 馆 发 行
北京通州皇家印刷厂印刷
ISBN 978-7-100-23669-0

2024 年 5 月第 1 版　　开本 710×1000 1/16
2024 年 5 月北京第 1 次印刷　　印张 23¼
定价:128.00 元